김교신 일보

믿음이란 한 알의 밀알이 땅에 떨어져 죽음으로 많은 열매를 맺음과 같이 진리의 열매를 위하여 스스로 죽는 것을
뜻합니다. 눈으로 볼 수는 없으나 영원히 살아 있는 진리와 목숨을 맞바꾸는 자들을 우리는 믿는 이라고 부릅니다.
「믿음의 글들」은 평생, 혹은 가장 귀한 순간에 진리를 위하여 죽거나 죽기를 결단하는 참 믿는 이들의, 참 믿는 이들을
위한, 참 믿음의 글들입니다.

김교신 일보

김교신 지음
김교신선생기념사업회 엮음

홍성사

간행사

김교신선생기념사업회는 선생이 직접 쓴 수기본(手記本) 일기를 쉽게 풀이하여 《김교신 일보(金教臣 日步)》라는 이름으로 출판한다. 이 육필 원고는 선생이 당시 미쓰코시(三越)사 제품 공책(Note Book)에 손수 적은 〈일보(日步)〉 No. XXVIII(a. Fri. Jan. 1st. 1932 ω. Fri. Mar. 31st. 1933)와 NO. XXIX(a. Sat. Apr. 1st. 1933 ω. Fri. Aug. 31st. 1934) 두 권이다. 제28권은 그 공책 12쪽부터 107쪽까지, 제29권은 112쪽에서 206쪽까지이며, 일기를 쓴 장소는 '경성부외(京城府外) 공덕리(孔德里) 활인동(活人洞) 130'이다.

일보(日步)라는 말은 '날마다의 걸음'이라는 말이다. 하루하루의 삶(걸음)을 의미하며 나아가 날마다의 걸음(삶)을 기록한다는 뜻일 것이다. 선생이 일기장을 일보라고 한 것은 우치무라의 "일일일생주의를 김교신 자신만의 종말론적 기독교관으로 해독하여 하루하루의 삶에 충실하려 애썼던 것"이라는 뜻으로 이해되고 있다. 선생이 '일보'에서 보이는 '하루'를 중요시한 것은 이유가 있을 것이다. 무교회주의자들 중에는 삶의 여정을 일 년 단위의 나이로 계산하기보다는 하루 단위로 계산하는 이들이 있다. 이 땅에 온 지 몇 년 되었다는 식으로 말하기보다는 몇 날이 되었다고 계산해서 말하는 것이다. 이는 그들이 "우리에게 우리의 날을 세는 법을 가르쳐 주셔서 지혜의 마음을 얻게 해 주십시오"(시 90:12)라는 시편 기자의 신앙과 지혜에 주목했기 때문이리라 본다. 무교회주의 성도들은 삶의 여정을 1년 단위로 셈하기보다는 시편 기자의 고백대로 하루하루로 헤아린 것이다. 삶을 나이(年)로 헤아리기보다는 날(日)로 헤아리는 것이 삶의 긴장도를 높여 신앙생활에 도움이 된다고 생각했기 때문이다. 자신의 삶을 날마다 하나님 앞에서 헤아리고 되돌아보자는 것, 여기서 일보라는 말은 우리의 영적인 삶과 연관되어 있음을 터득할 수 있다.

선생이 일기를 쓰기 시작한 것은 "열 살 때부터"라고 스스로 말하고 있다. 열 살 때라면 1910년 국치(國恥)를 맞을 무렵이고, 한학을 거쳐 함흥보통학교에 입학했을 무렵으로 보인다. 이번에 간행하는 원본 일기(일보)가 28~29권으로 2년 8개월 치에 해당하지만 그는 평생 일기를 썼던 것이다. 이렇게 쓴 일기는 30여 책이

4

나 되지만, 중일전쟁(1937) 발발로 일제의 전시체제가 강화됨에 따라 소각하지 않을 수 없게 되었다. 얼마나 애석했을까. 1938년 2월 22일자 그의 일기다.

"오늘로 졸업고사 완료. 이번 졸업하는 5학년 반을 담임한 후로 한 가지 저들에게 유익한 일 한 것으로 은근히 자신했던 것은 저들에게 일기 쓰는 습관을 양성해 준 일인 줄로 알았다. 그런데 그 중 한 사람의 일기가 문제되어 화(禍)가 그 생도의 일신에 미쳤을 뿐더러 그 담임교사와 학교에까지 미치리라고 한다. 명령에 의하여 제1학년 이래로 권려하면서 써 왔던 저들의 일기를 모조리 소각하기를 설유(說諭)하고, 나 자신의 일기도 10살 된 때부터 〈성조〉에 공표하기까지 기록한 부분 약 30여 책을 모조리 소각하기에 동의하다. 생각할수록 애석하기도 하나 북지(北支) 혹은 중지(中支)의 전장(戰場) 지역에 살다가 병화(兵火)에 소실된 셈만 잡으면 그만이다."

이렇게 선생의 일기 원본이 소각되었지만, 이 책에 수록된 일기는 소각 당시 30여 권 중 소각되지 않은 두 권에 해당한다. 이 수기본 두 권은 일기를 불태울 때 어떤 이유에서인지 남겨졌다. 정릉 서재의 책들이 대부분 6·25로 망실되었지만 이 두 권은 노평구·류달영 두 분의 손에 넘어간 것 같다. 1982년 〈성서조선(聖書朝鮮)〉을 영인할 때 본책 7권과 함께 별권으로 수기본 일기와 편지 엽서들이 원본대로 영인되었다. 그 뒤 두 권의 수기 원본은 해방 후 몇 분에게 열람된 것으로 보이나 지금은 소재처를 알 수 없다. 그 수기 원본은 쉽게 읽도록 해역(解譯)을 시도한 적이 있으나, "한자어, 일본어 이름과 지명, 성경 원어 등 복합적인 언어 사용과 흘려 쓴 부분의 해독상의 어려움 때문"에 완성된 것은 없다. 김정환 교수가 선생의 평전《김교신 그 삶과 믿음과 소망》을 쓰면서 시도한 적이 있고, '부·키'에서도 미간행 일기 등을 발행하려고 전집 뒷부분에 순서를 남겨 두기까지 했으나 뜻대로 되지 않았다. 최근에는 선생의 후손이 미국에서 운영하는 biblekorea. net에 일부 번역된 부분이 실려 있는 정도다.

일기 원본이 거의 소각되었다고 해서 선생의 일기가 모두 사장(死藏)된 것은 아니다. 1927년 7월에 선생을 비롯한 함석헌·양인성·류석동·정상훈·송두용 등 6명의 동지가 처음 간행하기 시작한 〈성서조선〉에 불완전하지만 그 상당 부분이 남아 있다. 일본 유학에서 돌아온 이들이 동인지로 간행한 〈성서조선〉은 초기에 〈독상여록(獨想餘錄)〉·〈독상편편(獨相片片)〉·〈여적(餘滴)〉 등의 난을 두고 동인의 소식을 알렸다. 이 소식난이 1929년 8월호부터는 〈성서통신(城西通信)〉 난으로 이름이 바뀌었다. 김교신이 1930년 5월(제16)호부터 〈성서조선〉의 발행 책임을 맡게 되자 6월(제17)호부터 자신의 일기를 간추려 게재하게 된다. 일기를 통해 그는 독자들과 새로운 소통의 장을 마련하려 했던 것이다. 그 뒤 〈성서통신〉 난은 1936년 1월호부터 〈성조통신(聖朝通信)〉이라는 이름으로 바뀌어 1941년 1월호까지 일기를 계속 실었다. 그러다가 1941년 3월(제146)호에 "당분간은 〈성조통신〉(난)을 폐지하고 오로지 성서 주해 같은 순 학구적인 것으로만 지면을 채워서 속간하기로 한다"는 광고를 낸 후 일기는 더 이상 게재되지 않았다. 그동안 일기는 본문보다 작은 활자로 매권 7, 8쪽에 걸쳐 게재되었다.

〈성서조선〉에 게재된 일기는 그 뒤 노평구 님의 노력으로 '부·키'에서 〈김교신 전집〉 5권(일기 I), 6권(일기 II), 7권(일기 III)으로 편집, 간행했다. 이번에 간행하는 《김교신 일보》는 〈성서조선〉에 게재되었던 일기와 시기적으로 겹치는 부분이 있다. 둘을 비교해 보니 많은 차이를 발견할 수 있다. 그럴 수밖에 없는 것이, 《김교신 일보》의 일기가 매일 빠짐없이 기록된 것이지만, 〈성서조선〉에 공개한 일기는 한 달에 기껏 6~7일 치의 기록에 불과했다. 또 일기를 공개하는 데 가정사나 민족 문제 등 사적 공간에서 간직해야 할 내용을 공개하는 데는 자기 검열을 철저히 하지 않을 수 없었다. 그 때문인지 일기를 〈성서조선〉에 공개할 때는 이미 써놓은 일기에 설명을 부연 또는 축소하거나 전혀 내용이 다른 것을 내보이기도 했다.

두 일기를 대조해 보면 이런 점이 잘 나타난다. 1932년 1월 2일(토) 치의 경우, 《김교신 일보》에는 "7시 지나서 기상. 당직으로 10시경 등교하여 종일종야 학교에 머물다"라 쓰고 최영과 이순신의 시조 한 수씩을 적어 놓았다. 그에 비해 같은 날짜의 〈성서조선〉(《김교신 전집》)에 게재된 일기는 "오산 함석헌 형 내서(來書)에 왈" 하면서 무려 3페이지(국판)에 이르는 장문을 대치해 놓았다. 전혀 일치하는 부분이 없다. 1934년 6월 12일(화) 치의 경우도, 《김교신 일보》에는 시혜·정손 두 자녀의 건강 문제를 두 줄 정도 적었는데, 〈성서조선〉의 같은 날 일기는 충성스러운 모 의사로부터 온 〈성조〉지 관련 서신을 길게 소개했다. 물론 그 반대의 경우도 간혹 있다. 그렇더라도 〈성서조선〉에 실린 일기는 신변잡사를 나열한 일기라기보다는 그날의 어떤 주제를 가지고 자신의 생각을 알리면서 독자들과 소통하려는 데 목적이 있었다. 따라서 이번에 《김교신 일보》가 간행되면, 〈성서조선〉에 게재된 같은 시기

6

의 일기와 대조해 봐야 하는 새로운 과제가 주어질 것으로 생각된다.

김교신선생기념사업회는 2015년 선생의 서거 70주년을 맞아 육필 원고《김교신 일보》를 영인하여 출판한 바 있다. 그의 수기 원본의 존재를 확인하기 힘든 데다〈성서조선〉영인본 별권에 붙여 간행된 영인본《김교신 일보》조차 접하기가 점차 어렵게 되어 따로 한 권의 영인본으로 간행했다. 이 책의 해역·출판은 마침 홍성사에서 김교신 선생 전집 간행에 협조하겠다는 고마운 뜻을 전해 주었기 때문에 시도하게 되었다. 이 책의 1차 해역은 우치무라 간조(內村鑑三) 선생 전집을 우리말로 번역한 바 있는 김유곤 선생이 맡아 주셨고, 2차 해역은 김철웅 선생이 거의 1년의 시간을 바쳐 수고해 주셨으며, 양현혜·전인수 교수가 일본어 및 주해를 도왔고, 박상익·박찬규·양희송·이만열이 해역한 원고를 같이 읽으며 검토했다. 이 책이 이렇게 아담하게 단장된 것은 홍성사 여러분의 숨은 봉사가 있었기 때문이다. 김교신 선생을 흠모하는 분들에게 이 책이 그의 인격과 체취를 직접 느끼게 하는 귀한 선물이 되었으면 한다.

2016년 10월 26일
김교신선생기념사업회 이만열

차례

일러두기

∘ 이 책은 사료로만 있어 온 영인본《金敎臣 日步》(김교신선생기념사업회 엮음,
   도서출판 익두스, 2015)를 해역하고 오늘날 독자들이 이해할 수 있도록
   연구 작업을 통해 참고자료 및 각주와 함께 엮어 펴낸 것이다.
∘ 원본은 '일보 제28권(1932.1~1933.3)'과 '일보 제29권'(1933.4~1934.8)으로 나뉘어 있는데,
   이 책에서는 '1932년 1~6월', '1932년 7~12월', '1933년 1~6월', '1933년 7~12월',
   '1934년'의 다섯 장으로 나누었다.
∘ 해역(解譯)하면서 가능한 한 원문의 의미가 손상되지 않게 했으며, 필요한 경우
   원본에 표기된 한자어를 괄호 안에 명기했다.
∘ 등장인물은 모두 원본대로 나타냈으나, '매(梅)'로 표기된 김교신의 부인(한매韓梅)은
   '아내'로 나타냈다.
∘ 달이 시작되는 곳에【 년 월】로 명시한 것은 편집자가 표기한 것이다.
∘ 원본 일기는 매일 시작 부분에 날짜와 날씨, 그날 읽은 성경구절, 취침 시간
   (혹은 기상 및 취침 시간) 순으로 기록되어 있는데, 이 책에서는 아래와 같이 처리했다.
   ① 날짜와 날씨, 그날 읽은 성경구절 등이 한 줄로 되어 있는데,
      이 책에서는 2~3행에 걸쳐 나누어 표기했다.
   ② 날짜와 요일이 영어식으로 표기되어 있으나(예: Fri. Jan. 1st.) 이 책에서는
      우리 식으로(예: 1월 1일 금요일) 바꾸었다.
   ③ 날씨는 '晴', '雨', '溫', '冷'… 등의 한자로 표기되어 있으나 우리말로 바꾸었다.
   ④ 그날 읽은 성경구절은 책명이 헬라어 약자로 되어 있으나(예: Maρ.V. 1-21)
      이를 우리말로 풀어서 표기했다.(마가복음 5:1-21)
   ⑤ 성경 구절 뒤에는 취침 시간이 명시되어 있는데, 취침 시간만 있는 경우(예: 十二時)는
      '12시 잠'으로 표기했다. 1933년 2월 27일 이후 일기에는 기상 시간과 취침 시간이
      함께 나타나 있는바, 원문에 표기된 대로 나타냈다.[예: 7-1·30(오전 7시에 기상하여
      밤 1시 30분에 취침했음을 말함)]
∘ 원본에서 판독되지 않는 글자는 ○표로 나타냈다.
∘ 인명 가운데 괄호 안 한자가 모두 명시되지 않은 것은 원문에 표기된 대로
   둔 것이다.[예: 최영호(崔榮호)]
∘ 원본에는 간혹 페이지 윗부분에 표제어처럼 쓴 말들이 있다.(예: '모친 귀경(母親歸京)',
   ['동아일보 청독(請讀)'] 등). 이는 해당 날짜 무렵의 중요한 일로서 별도 메모해 두려
   한 것으로 보이는데, 이 책에서는 해당 날짜 위에 굵은 사체(斜體)로 명시했다.
∘ 본문에 나오는 헬라어 성경 구절 관련하여, 원본에는 헬라어로만 명시되어 있으나
   이 책에서는 한글 성경 구절(개역개정판)을 함께 나타냈다.
∘ 무슨 말인지 명확하지 않아 해역이 불가능한 경우에는 원문대로 두었다.
   (예: '쩍이를 다다매고', '째우든' 등)
∘ 모든 각주는 해역자 주다.

1932년

1~6월

김교신 초상(1938년 양정고보 졸업 앨범에서).

1929년경 찍은 것으로 보이는 가족사진.
뒤에 선 김교신 왼쪽에 장녀 진술, 앞쪽으로 왼쪽에 심부름하는 아이 순선,
가운데가 모친 양신, 그 오른쪽이 부인 한매. 모친 앞에 선 아이는 정혜, 부인이 안고 있는 아이는 시혜.

1932년 1월 1일 금요일. 맑음.
임신년

경성(京城) 시외 고양군 용강면(龍江面)[1] 공덕리(孔德里)[2] 활인동(活人洞) 130번지에서 제3년째 새해를 맞이하다. 집터는 아직 야마모토 하루오(山本春雄) 씨의 땅을 빌리고 있어 매년 25엔(円)[3] 20전(錢)[4](35평)씩 세를 내고 있다. 건물은 기와집 8칸, 흙벽과 초가인 헛간 3칸인 것을 소유하였으니 우선 부족함이 없다.

모친은 임오생(壬午生)이시니 만 50세가 되는 해요, 아내(梅)가 정유생(丁酉生)으로 만 35세, 나는 31세, 진술(鎭述)이 16세, 시혜(始惠)가 6세, 정혜(正惠)가 3세(모두 만으로)요, 그 외 태중에서 만삭된 것과, 심부름하는 김순선(金順善, 12세)으로써 한 가족을 이룸. 대문에는 우편에 '성서조선사(聖書朝鮮社)'의 명찰이 붙고, 좌편에는 나의 이름(名札)이 붙었다. 〈동아일보〉에 유익한 글이 보였다.

> 태산(泰山)이 높다 하되 하늘 아래 뫼이로다
> 오르고 또 오르면 못 오를 리 없건마는
> 사람이 제 아니 오르고 뫼만 높다 하더라 (양사언)[5]

> 이런들 어떠하며 저런들 어떠하리
> 만수산 드렁칡이 얽혀진들 그 어떠하리
> 우리도 이같이 얽혀져서 백년까지 누리리라 (이방원)[6]

> 이 몸이 죽고 죽어 일백 번 고쳐 죽어
> 백골이 진토 되어 넋이라도 있고 없고
> 님 향한 일편단심이야 가실 줄이 있으랴 (정몽주)

> 이 몸이 죽어가서 무엇이 될꼬 하니
> 봉래산(蓬萊山) 제일봉에 낙락장송 되었다가
> 백설이 만건곤할 제 독야청청하리라 (성삼문)

기타 (1)춘향전 (2)지백(智伯)의 신하 예양(豫讓)의 고심(苦心)[7] (3)아코우(赤穗) 의사(義士)[8] (4)미생(尾生)의 포주지신(抱柱之信)(孝己를 爲해) (5)롱펠로우(Longfellow)의 "에반젤린" (6)테니슨(Tennyson)의 "이노크 아덴의 일생" (7)삼국지의 유비, 관우, 장비의 우의(友誼)

등이 만재(滿載)되었다.

1년 첫날 아침에 등교하여 나는 모든 의식에 불참하는 자라는 별명이 있다 함을 서봉훈(徐鳳勳)[9] 씨에게서 듣다. 금년부터 잘 참석하라고 하기에 신년식의 말석에 섰다.

연하장 쓰기와, 다치이와(立岩), 후쿠다(福田), 우메다(梅田) 등 여러분에게 새해 인사 다니다가 해가 저물다.

저녁에 경성제면소(京城製綿所)[10]로 류영모(柳永模)[11] 선생을 찾아뵈다. 많은 이야기를 나누고 밤 11시 지나서 물러나니 문 밖에는 오리온자리가 찬란하였다.

1월 2일 토요일. 맑음.
마태복음 7장. 11시 잠.

7시 지나서 기상. 당직으로 10시 경 등교하여 종일종야(終日終夜) 학교에 머물다.

녹이상제(綠耳霜蹄) 살찌게 먹여 시냇물에 씻겨 타고
용천설악(龍泉雪鍔)을 들게 갈아 둘러메고
장부의 위국충절을 세워볼까 하노라 (최영)

---

1. 1914~1936년까지 경성부 용산면·서강면 전부와 연희면 일부를 통합한 면으로, 현재의 서울시 영등포구 여의도동과 마포구 대부분이 이에 해당한다.
2. 현 서울시 마포구 공덕동이 1914~1936년까지 경기도 고양군에 속했을 때의 명칭으로, 공덕동 130번지 일대는 2011년 토지개발사업으로 새로운 번지를 부여받아 현재 공덕교회 및 공덕삼성래미안5차 아파트 단지로 편입되어 있다. '활인동'은 마을 이름으로 지번과는 상관없다.
3. 1931년 기준 1엔(円)은 품목에 따라 다르나(당시 백미 10kg에 1엔 60전) 평균 현재의 4~5천 배에 해당한다고 한다. 즉 1엔은 현재의 4~5만 원에 해당.
4. 1전(錢)=1/100엔
5. 원문은 '이이(李珥)'로 잘못 표기되어 있다.
6. 원문은 '이성계(李成桂)'로 잘못 표기되어 있다. 그날그날 신문에서 별도의 기사로 시조에 대해 설명하고 있는데, 이를 옮기는 과정에서 착오로 보인다. 이 시조를 예로 들면 다음과 같다. "다른 사람도 아니오 자기 아드님 태종으로 하여금 그를 달래게 한 이 시조를 보아도 이 사이의 소식을 짐작할 수 잇지 안흔가."(후략)
7. 《열국지》에 나오는 이야기. 지백의 신하 예양이 임금의 원수를 갚기 위해 벙어리가 되고, 몸에 옻칠을 하여 문둥이가 되고 거지가 되어 제나라를 멸한 조양자(趙襄子)를 죽이려 했다.
8. 1702년 12월 아코 번(赤穗藩)의 사무라이 47명이 주군의 원수를 갚기 위해 기라 요시나가(吉良義央)를 토벌한 사건.
9. 서봉훈(徐鳳勳): 양정의숙 3회 졸업. 후에 양정 제3대 교장 역임(1941~1947).
10. 1928년 이후 류영모는 아버지 류명근이 차려 준 솜 공장 '경성제면소'를 경영하고 있었다.
11. 류영모(柳永模, 1890~1981): 서울 출생. 호는 다석(多夕). 15세에 김정식의 인도로 기독교에 입문했다. 1910년 이승훈의 초빙으로 오산학교 교사로. 1921년 조만식의 후임으로 오산학교 교장으로 재직했다. 이후 농사를 지으며 제자들을 가르쳤으며, 1928~1963년까지 YMCA 연경반을 지도했다. 평화주의자이자 종교다원주의자로 알려져 있다.

한산섬 달 밝은 밤에 수루(戌樓)에 혼자 앉아
큰 칼 옆에 차고 깊은 시름 하는 차에
어디서 일성호가(一聲胡笳)는 남의 애를 끊나니 (이순신)

1월 3일 일요일. 맑음.
욥기 39장, 마태복음 8장. 11시 잠.

7시 기상. 아침밥을 학교에 날라다 먹고, 오류동(10시 반 차로)에
가니 류영모, 김산(金山)[12] 및 마산 친구 1명이 집회에 참석하였기
에 일요예배하다. 김산 씨가 강만영(姜萬英) 걸인을 소개하는 이야
기에 모두가 깊이 감격하다. 집회 후에 김영택(金永澤) 씨 집을 백
사촌(栢寺村)으로 찾아 갔으나 부재중이었고, 성백용(成百庸)씨 새
집을 방문. 저녁 5시 반에 출발하는 차로 귀경. 송두용(宋斗用)[13]
씨가 배갑균(裵甲均) 생일잔치를 마친 후 집에 와서(밤 10시경) 유숙
(留宿)하다.

1월 4일 월요일. 맑음.
욥기 15장, 마태복음 9장. 12시 잠.

6시 기상. 정오 경 송(宋) 씨 떠나다. 오후 원고 집필 준비. 기대하
였던 휴가 2주도 3분의 2를 허송했으니 슬프도다(痛哉).

까마귀 검다 하고 백로야 웃지 마라
겉이 검은들 속조차 검을소냐
겉 희고 속 검은 것은 너뿐인가 하노라 (고시조)[14]

1월 5일 화요일. 맑음, 따뜻함.
욥기 16장. 12시 잠.

7시 기상. 원고 준비 중이나 오늘까지 1매(枚)도 못 쓰다.
오후 잠깐 등교, 우편물 가져오다. 사촌댁(沙村宅) 숙모(韓淑)가 돈
빌려달라는 것을 거절하는 답장 쓰다. 이용도(李龍道),[15] 전계은(全
啓殷)[16] 목사에게 답장 쓰다. 정상훈(鄭相勳)에게 태도를 결정하라
는 편지 보내다.
모친의 기도에 적막(寂漠)함을 금할 수 없다. 교량(敎良)[17]이 자식
낳기를 급히 원하시며, 내가 학교 교원(敎員)으로도 잘하고, 전도

14

(傳道)에도 육신이 튼튼하여 잘 하도록 기도하시니, 이렇게 좋은
청탁을 다 들어 주실까 몰라.

1월 6일 수요일. 맑음, 따뜻함.
마태복음 10장, 욥기 17장. 11시 반 잠.

8시 기상. 오후에 잠시 학교에 가서 원고를 쓰려 하였으나 진도가
나가지 못하다.

κα' ο λαμβνει τν σταυρν ατο κακολουθεπσω μού οκστιν μου ξιο' ερν
τν ψυχν ατο πολσει ατύ καπολσα' τν ψυχν ατο νεκεν μο ερσει ατύ

또 자기 십자가를 지고 나를 따르지 않는 자도 내게 합당하지 아니
하니라 자기 목숨을 얻는 자는 잃을 것이요 나를 위하여 자기 목숨
을 잃는 자는 얻으리라(마태복음 10:38-39)

만주는 확실히 일본 것이 된 모양이다. 이 나라가 망할 때에도
저처럼 싱거웠을 터이지. 독일처럼 일본도 세계역사에 공헌이 있
고자 함인가. 역사를 쓰게 하시는 이의 의도를 따져 헤아리기 어
렵다.

---

12. 김산(金山): 1898년 함경북도 종성 출생. 신성중학교 재학 중 3·1 독립만세 시위 및 항일운동으로 1년간
옥고를 치렀다. 숭실대, 중국 남경 금릉대 신학과를 졸업했고, 1927년 귀국하여 마산독립예수교
회, 평양 신리교회, 서울 신설동교회 등에서 목회 및 사회 계몽 활동을 했다. 1960년 서대문구에
서 제5대 민의원. 1932년 5월 6일 일기에 언급된 사회주의자 김산(金山)과 동명이인이다.
13. 송두용(宋斗用, 1904~1986): 충남 대덕군 회덕면 신대리 출생. 도쿄 유학 중 우치무라 집회의 조선인 성
서연구회 일원으로 〈성서조선〉 창간 동인에 참여했다. 1930년부터 문맹퇴치를 위해 오류학원을
개원, 운영하다 해방 후 의무교육 실시로 국가에 기부(현 오류초등학교)했다. 1937년에는 김천의
개인 소유 농지를 소작인들에게 무상 분배했으며, 1942년 〈성서조선〉 사건으로 1년간 옥고를 치
렀다. 해방 후 〈영단〉, 〈숨은 살림〉, 〈성서신앙〉 등 신앙잡지의 창간·속간을 계속하다 1967년 〈성
서신애〉로 개제, 속간한 것을 지금까지 후진들이 발간하고 있다. 1976년 개설한 '오류문고'는 구
로구청 지정 제1호 작은도서관으로 운영되고 있다.
14. 이 고시조의 지은이는 이직(李稷)이다.
15. 이용도(李龍道, 1901~1933): 독립운동가, 부흥사. 1919년부터 독립운동으로 4차례 수감되었다. 1928년 협
성신학교(현 감리교신학대) 졸업 후 강원도 통천에서 사역했다. 한때 이단시되면서 자생 교단인
예수교회를 1933년 설립했다. 김교신과 이용도는 몇 번 만난 적이 있고, 관계도 상당히 우호적이
었다. 이용도는 부흥회에서 〈성서조선〉을 가끔 소개했다가 무교회주의자로 몰리기도 했다. 김교
신은 이용도를 "양과 같이 순하고 사슴 같이 갈한 영혼"이라고 한 바 있다.
16. 전계은(全啓殷, 1869~1942): 당시 함경남도 문천군(현 강원도 문천시) 출생. 1909년 평양장로회신학교에
입학하여 1914년 졸업. 문천교회 초대목사. 예수님이 걸어서 전도여행한 것을 본받고, 오지 교인
심방을 위해 주로 걸어서 전도했다. 김교신은 〈성서조선〉 1942년 3월호에 "전계은 목사의 부음"
이라는 글을 싣고(《김교신전집》 1권 310쪽. 재인용), 5월호를 전계은 목사 특집호로 만들려 했으나
성서조선 사건으로 폐간되어 나오지 못했다.
15 **17.** 김교신의 아우.

박경찬(朴敬贊) 씨 부친상에 조문을 보내 드리다.

1월 7일 목요일. 맑음.
마태복음 11장, 시편 1편. 11시 잠.

8시 기상. 연일 해빙(解氷)이 늦은 봄 같더니, 어젯밤 적설량이 한 치[18] 남짓에 이르다.

λέγουσιν, Ηὐλήσαμεν ὑμῖν καὶ οὐκ ὠρχήσασθε, ἐθρηνήσαμεν καὶ οὐκ ἐκόψασθε.

이르되 우리가 너희를 향하여 피리를 불어도 너희가 춤추지 않고 우리가 슬피 울어도 너희가 가슴을 치지 아니하였다 함과 같도다
(마태복음 11:17)

오후 잠시 학교 들르다. 이기분(李基份)이 고향에 있다가 상경. 날 꿩고기(生雉) 한 마리 고맙게 주시다.
장도원(張道源)[19] 씨의 편지가 와서 답장 쓰다. 이용도 씨에게 발신. 김형윤(金炯允), 김재호(金在浩) 입금. 김천수(金千壽) 새로 들어오다. 이시영(李時榮) 씨에게 감사 편지 보내다. 원고를 휴가 중에 완결하려던 것이 겨우 15매 쓰다.

1월 8일 금요일. 맑음.
마태복음 12장. 11시 반 잠.

6시 반 기상. 어제부터 기온이 뚝 떨어지다. 조화무궁(造化無窮). 7시 반 경에 종희(倧熙)가 함흥으로부터 상경하다. 교란(敎蘭)[20]이 함흥으로 돌아왔더라고 말하다.

Τίς ἐστιν ἡ μήτηρ μου, καὶ τίνες εἰσὶν οἱ ἀδελφοί μου; … Ἰδοὺ ἡ μήτηρ μου καὶ οἱ ἀδελφοί μου. ὅστις γὰρ ἂν ποιήσῃ τὸ θέλημα τοῦ πατρός μου τοῦ ἐν οὐρανοῖς αὐτός μου; ἀδελφὸς καὶ ἀδελφή καὶ μήτηρ ἐστίν.

…누가 내 어머니이며 내 동생들이냐 하시고 … 나의 어머니와 나의 동생들을 보라 누구든지 하늘에 계신 내 아버지의 뜻대로 하는 자가 내 형제요 자매요 어머니이니라 하시더라(마태복음 12:48b,

제3학기[21] 시업식 오전 9시 반. 순종과 학이시습(學而時習)과 生○
에 관한 감상을 이야기하였다. 오늘밤 숙직. 박경찬 씨가 밤에 학
교에 와, 신성학교(神聖學校)[22]에서 동맹휴업 건으로 사직하고 구
직 운동 중이라 하다.

1월 9일 토요일. 오후 약간의 눈.
마태복음 13장, 시편 3편. 12시 잠.

7시 반 기상. 2시간 수업. 일본생명(日本生命)에 55.50 지불하다.
양인성(楊仁性) 군이 함흥으로부터 귀임(歸任)하는 길에 내교(來
校). 차중에서 경신학교(儆新學校)[23] 학생의 폭행 등 길게 이야기하
다. 밤에 다시 활인동(活人洞)에 왔다가 박경찬이 와서 이야기 나
누다. 천천히 함께 걸어서 오늘 밤 귀임.

1월 10일 일요일. 맑음.
시편 4편. 12시 잠.

8시 기상. 오전 중 원고 8매 쓰다. 산보 중에 동네 장로교 목사를
만나다.
오후 집회를 다시 시작하다. '성서 연구의 목적'이란 제목으로 강
의하다. 류영모 선생이 와서 참석. 곽인성(郭仁星), 곽옥임(郭玉任),
이창호(李昌鎬),[24] 권석창(權錫昌), 정재훈(鄭在勳), 김종희(金倧熙) 등
이 참석하다. 류 선생은 저녁 식사 후 돌아가다.

---

18. 1치=3.03cm
19. 함흥 만세운동을 주도한 혐의로 함흥지방법원에서 보안법 위반으로 유죄판결을 받고 1920년 7월 23일
경성복심법원에서 징역 8개월을 선고받았다. 〈성서조선〉 제26호부터 제69호까지 총 46편의 글
을 게재했다.
20. 김교신의 사촌.
21. 일제강점기에는 3학기제를 운영했다. 1학기: 4. 1~8. 31(5-6주 방학 포함). 2학기: 9. 1~12. 31(약 1주 방학).
3학기: 1. 1~3. 31(약 1주 방학). 일본은 현재도 약 70%의 고등학교가 3학기제다.
22. 민족의 선각자 양전백(梁甸伯), 김석창(金錫昌) 두 목사에 의해 1906년 평안북도 선천군 선천읍에 설립된
기독교계 중등사립학교. 1911년 105인 사건, 1929년 학생만세시위 등 관서지방 대일항쟁의 민중
봉기를 선도했다. 1938년 조선총독부의 선교교육 불허로 폐교 결정한 것을, 선천의 오씨 문중
기부로 조선인 위주의 별도 재단을 만들어 인계 받았다.
23. 현재 서울시 종로구 혜화동에 있는 경신중·고등학교의 전신. 1886년 서울 정동의 H. G. 언더우드(원두
우) 선교사 자택에서 '언더우드 학당'으로 시작하여 1901년 종로구 연지동으로 이전하고 경신학
교로 개칭. 1939년 김홍량이 인수받아 운영하다 1957년 현재의 혜화동으로 이전했다.

오늘 아침 김기헌(金基憲) 씨가 명란 한 통 혜송(惠送)하였더니, 밤에 친히 와서 이야기 나누다. 장복(張福)의 졸업 후 취학문제 등 여러 가지를 의논한 후 9시 반 함흥으로 돌아가다.

오늘 오후에 공덕리 감리교회 목사 김수철(金洙喆) 씨 외에 권명주(權明周) 씨, 남충현(南充鉉) 씨 두 분이 집에 와서 원조를 요청하다.(이교식李敎植 간수)

1월 11일 월요일. 흐림, 밤에 약간의 비.
마태복음 14장, 시편 5편. 오전 1시 잠.

7시 반 기상. 수업 준비의 부족을 느끼다. 열등생 공부 방법을 상의하다.
밤에 집필, 15매 쓰다. 배움이 부진.

Ὀλιγόπιστε, εἰς τί ἐδίστασας;
καὶ ἀναβάντων αὐτῶν εἰς τὸ πλοῖον ἐκόπασεν ὁ ἄνεμος.

믿음이 작은 자여 왜 의심하였느냐
하시고 배에 함께 오르매 바람이 그치는지라(마태복음 14:31b-32)

최규회(崔圭會) 기숙(寄宿) 1932. 1. 12
이거(移居) 1932. 5. 7

1월 12일 화요일. 맑음.
마태복음 15장, 시편 6편. 11시 잠.

7시 반 기상. 어제 밤은 춥지 않음. 최규회(崔圭會)가 오늘 밤 8시에 옮겨와 기숙하게 되다.

ἄφετε αὐτούς· τυφλοί εἰσιν ὁδηγοί τυφλῶν· τυφλὸς δὲ τυφλὸν ἐὰν
ὁδηγῇ, ἀμφότεροι εἰς βόθυνον πεσοῦνται.
Ἀκμὴν καὶ ὑμεῖς ἀσύνετοί ἐστε; οὐνοεῖτε ὅτι πᾶν τὸ εἰσπορευόμενον
εἰς τὸ στόμα εἰς τὴν κοιλίαν χωρεῖ καὶ εἰς ἀφεδρῶνα ἐκβάλλεται;
τὰ δὲ ἐκπορευόμενα ἐκ τοῦ στόματος ἐκ τῆς καρδίας ἐξέρχεται,
κἀκεῖνα κοινοῖ τὸν ἄνθρωπον.

그냥 두라 그들은 맹인이 되어 맹인을 인도하는 자로다 만일 맹인이

맹인을 인도하면 둘이 다 구덩이에 빠지리라 하시니 … 너희도 아
직까지 깨달음이 없느냐 입으로 들어가는 모든 것은 배로 들어가
서 뒤로 내버려지는 줄 알지 못하느냐 입에서 나오는 것들은 마음에
서 나오나니 이것이야말로 사람을 더럽게 하느니라(마태복음 15:14,
16b-18)

양능점(楊能漸) 군으로부터 편지 오다. 꾸어준 돈 50엔(円)과 〈성
서조선〉 대금 5엔을 선금으로 보내왔다. 군(君)이 신앙을 버린 것
도 의외였고, 지금 〈성서조선〉지를 청하여 구독하려는 일도 의외
의 일이다. 군의 모친부터 사람의 신세는 안 진다고!
김해(金海) 박동업(朴東業)[25] 씨도 금일 처음으로 구독. 웅기(雄基)[26]
의 안영준(安榮俊) 씨 편지 오다.

1월 13일 수요일. 맑음.
11시 잠.

7시 기상. 집필. 등교. 집에 오는 길에 이발 목욕.
밤에 베어 씨(Miss Bair)[27] 댁 회화반 출석. 동아백화점[28] 구경. 몇
가지 물건 사다.

---

24. 이창호(李昌鎬): 양정 졸업 후 간세이가쿠인(關西學院) 대학 신학부를 졸업했다. 일제 말 만주국 길림신
학교 교수로 있다가 탄압으로 신학교가 문을 닫자 귀가하여 두문불출하던 중 김교신의 부름을
받고 흥남 일본질소회사에 가서 함께 일했다. 김교신이 병사하자 장례 절차를 주관했으며, 해방
후 신광여자중고등학교 교목을 역임했다. 그의 회고에 의하면, "학생 시절 선생님 방에 들어가
서도 늘 발견할 수 있었던 것은 우리나라 지도였으며, 본궁 시절에도 선생님 방에 들어가서 첫
눈에 띈 것은 한국 지도였습니다. …정말 선생님은 신앙인이면서 국토를 사랑하신 애국자이셨습
니다. 그러므로 선생님께서는 늘 말씀하시기를 내 나라, 내 땅의 흙 맛을 알아야 한다고 강조하
셨습니다."(《김교신 전집》 별권 166~169쪽)
25. 박동업(朴東業, 1903~1979): 경남 김해군 대저면 삿개마을(현 부산광역시 강서구 대저동)의 기독교 가정에
서 태어나 평생 종교와 농촌 교화운동에 앞장섰다. 김해교육위원회 부의장을 지냈고, 대저노인
대학을 설립하여 봉사했다.
26. 함경북도 경흥군에 있는 항구도시로, 1921년 개항했다. 수산물·공업제품·목재·지하자원 등의 집산지.
27. 베어(Miss Blanche Bair, 배의례, 1888~1938): 미국 감리교회 여선교사. 1913년 내한하여 여성 계몽운동
에 힘쓰며 영어를 가르쳤다. 그녀에게 영어를 배운 김교신은 이렇게 말했다. "미국 선교사 배의
례(裵義禮) 양(미스 베어)이 세브란스의원에 입원 중 어제 별세하였다고 보도되니 애석 불금. 25세
부터 50세까지 인생의 가장 꽃다운 시기를 반도에 바쳐 주었다. 양정학교에 회화 가르친 인연으
로 친분이 있어 농후한 복음 전도하기에 전력하라고 권해 보았으나 저도 일반 미국 선교사의 예
에 빠지지 않고 사교니 봉사니 음악이나 구락부니 하는 것으로써 귀여운 일생을—전만고 후만고
에 다시 볼 수 없는 이 세상의 일생을 보내고 말았다."(《김교신 전집》 6권 354쪽.)
28. 1930년대 초 동아백화점과 화신백화점은 한국인이 시작한 백화점의 양대 산맥이었다. 동아백화점은
(주)화신상회가 시작된 다음해인 1932년 1월 서울 종로2가에 설립되었는데, 화신과 경쟁하다 얼
마 지나지 않아 그해 7월 화신백화점에 인수 합병되었다. 김교신의 둘째 딸 김시혜의 회고에 의
하면, 김교신은 일본 백화점보다 화신에서 물건을 사게 했다. 당시 화신백화점은 조선인은 조선
인의 백화점을 이용해야 한다며 민족 감정에 호소하기도 했다.

1월 14일 목요일. 맑음 온화.
시편 8편. 오전 2시 잠.

〈Expository Times〉[29] 1월호 도착. 수업 후에는 원고 집필하다.
아직 편집이 되지 않아 민망하기 이를 데 없다.

1월 15일 금요일. 맑음 따뜻함.
시편 9편. 10시 잠.

장도원 씨로부터 원고 4매 도착하다. 기대가 틀어져서 낭패.
원고 쓰기에 바빠 다른 것들을 돌볼 겨를이 없다.

1월 16일 토요일. 맑음.
시편 10편. 11시 잠.

4시 기상, 집필. 등교하여 수업. 오후에 소사 감리교회(素砂監理教
會) 김형식(金亨植) 목사가 집에 와서, 오는 27일부터 31일까지 사
경회(查經會) 인도하기를 승낙시키고 가다.

1월 17일 일요일. 맑음 추움.
시편 11편. 11시 잠.

5시 반에 집을 나와 함흥 한언(韓堰) 군의 상경을 마중 나갔으나
(경성역) 만나지 못하고 혼자 돌아왔는데, 후에 주(朱) 씨의 안내로
한 군 모친이 한림(韓林)[30] 군을 면회하러 집에 오시다. 오늘밤 집
에서 묵으시다.
오후 2시에 집회. 여호수아를 이야기하다. 곽인성, 곽옥임, 이창
호, 이건표, 권석창, 최찬훈(崔燦壎), 정재훈 외에 아랫방 종희와 규
회 참석. 폐회 후에 원고 필사(筆寫)를 서로 나누어 돕도록 하다.

1월 18일 월요일. 아침에 눈, 후에 맑음.
시편 12편. 오전 3시 지나서 잠.

7시 기상. 집필. 오전 중 한림 군 면회하려는 그 모친을 안내하느
라고 2시간 수업 못하고 오후 2시간만 수업하다.

등교하니 함(咸),[31] 양(楊)의 편지 오다. 모두 유쾌한 것.
창문사(彰文社)[32] 인쇄소에 32엔 30전 지불 청산하고 절연 선언
하다.[33]

1월 19일 화요일. 맑음.
시편 13편. 12시 잠.

제37호 원고 오늘 마치다. 전부 두 벌씩 쓰다.
조금 한가하기로 한림 모친 이야기 들을 기회가 있었다. 태중에
무지개 본 일, 기장짚단에다 낳아 구부린 일, 6세 되는 2월에 강
을 하야 일(一)천 원 일, 7세 때 집을 보라니, 쩩이를 다다매고 지
붕에 올라앉았던 일, 불이 났을 때에(7세), 3세 되는 정희(貞姬)를
흙무더기 위에 앉히더니, 동시에 제사용으로 길어두었던 물둥글
가르타고 퍼가지 못하게 한 일 등.
모친 자신은 방아장수 하면서 남편을 공부시켰고, 시형(媤兄)을
길들이기 위하여 27세 되는 새아씨가 향교(鄕校)로 10여 일간 따

29. 1889년 스코틀랜드 신학자 제임스 헤이스팅스(James Hastings)가 창간한 성서연구(biblical studies) ·
이론(theory) · 목회(ministry)에 관한 전통 있는 학술잡지. 종교학 · 성서학 · 철학의 최근 국제적인
학문 경향과 목회적이고 실제적이며 신학적인 관심을 결합시키려 했으며, 예배나 설교, 주석 자
료 등을 수록했다.
30. 한림(韓林, 1900~?): 함경남도 함흥 출생. 와세다 대학을 졸업했다. 1926년 고려공산당청년회 중앙후보
위원으로 선임되었고, 1927년 조선공산당 일본부 선전부원 및 고려공산당청년회 일본부 초대
책임비서와 신간회 도쿄지회 책임을 맡았다. 1928년 4월 조선공산당 일본 총국책임비서가 되었
으며, 같은 해 일본경찰에 검거되어 1930년 10월 경성지법에서 징역 4년 6개월을 선고받았다.
3 · 1운동 때 감옥에서 예수를 영접했으며 김교신을 전도하기도 했다. 사회주의자로서 이데올로
기는 달랐으나 김교신과 둘도 없는 친구.
31. 여기서 "함(咸)"은 함석헌(咸錫憲, 1901~1989)이다. 함석헌은 평안북도 용천군 출생으로, 김교신과 도쿄
고등사범학교 동창이자 〈성서조선〉 동인이다. 전 〈씨알의 소리〉 발행인. 김교신과의 우정은 각별
하였다. 함석헌은 추억문에서 "오늘에 와서 그를 생각함이 더 간절하다. 그날(해방)에는 단순히
기쁜 생각에 그랬지만 오늘에 그를 그리는 생각은 그 의미가 다르다. 오늘에는 사람이 그리워서
다. 이 나라를 위해 산 사람이 그리워서다"((김교신 전집) 별권 10쪽)라고 했다. 김교신을 그려 쓴
것으로 유명한 그의 시 "그 사람을 가졌는가"의 마지막 절은 "온 세상의 찬성보다도/ '아니' 하고
가만히 머리 흔들 그 한 얼굴 생각에/ 알뜰한 유혹 물리치게 되는/ 그 사람을 그대는 가졌는가"
로 맺는다.
32. 1921년 8월 YMCA 관련자 및 3 · 1운동 관련자들이 한국인 자본으로 설립된 문서선교기관의 필요성을
강조하면서 주식을 모집, 1923년 1월 31일 명월관에서 창립총회를 열고 '조선기독교 창문사'를
설립했다. 당시 주주가 1257명이었고, 초대 사장에 이상재가 선출되었다. 같은 해 7월 정기간행
물 〈신생명(新生命)〉을 창간했으나 1925년 4월 통권 21호로 조선총독부에 의해 폐간되었다. 그 후
1934년 9월에 '주식회사 조선기독교 창문사'는 화가 구본웅의 부친이 인수하여 '주식회사 창문
사'라는 이름으로 새 출발을 했다.
33. 일반적인 상황에서 김교신이 절연 선언을 했다면 인쇄가 예정보다 많이 지연되었을 때다. 그런데 이 경
우는 원고가 도착하기 전이므로 〈성서조선〉 인쇄비를 올려달라고 요구했을 가능성이 높다. 김교
신 입장에서는 재질이나 인쇄 상태도 미흡하다고 느껴 왔는데 가격까지 올려 달라니 화가 나서
21   절연 선언을 했을 것이다.(1932년 1월 20일자 일기로 유추함)

라다니던 일, 과수에 약수(藥水) 만들던 일, 맏며느리를 계산법 가르치기 위하여 4엔(円)으로 뽑잇돈 놀이를 하게 한 것이 3백여(餘)엔 된 일, 과수원 살 때 20엔이 부족한 것을 과감하게 만들어 220엔으로 4일갈이(四日耕)[34]를 산 일, 수년간에 8천 엔 부채를 정리하고 천오백 엔이 남아 있다는 일. 한림(아들)의 장래에 관하여 여자로서 담대한 것, 집 지을 때 문 째우든 주의력 등.

1월 20일 수요일. 맑음.
12시 잠.

7시 반 기상. 오늘 아침 한림 군 모친이 함흥으로 가서서 경성역에 전송하다.
제37호 원고 한 벌은 총독부로, 한 벌은 창문사로 보내다.
김재련(金在鍊) 씨가 어제는 전화로, 오늘은 학교에 찾아와 이야기해서 부득이 다시 창문사로 보내게 되다. 인쇄와 지질에 유념하기로 하고, 매월 27엔으로.
북간도(北間島)[35] 허상훈(許相勳) 씨와, 시내 우메다 가오루(梅田薰)[36]씨의 엽서 오다.
밤에 회화반 출석.

1월 21일 목요일. 흐림.
마태복음 16장, 시편 15편. 10시 반 잠.

7시 기상. 저녁에 진술(鎭述)이 태화(泰和)여학교[37]에 간 줄 알았는데 아현보통학교에 갔다가 10시 가까이 집에 돌아와 야단치다.

τὸ μὲν πρόσωπον τοῦ οὐρανοῦ γινώσκετε διακρίνειν, τά δὲ σημεῖα τῶν καιρῶν οὐ δύνασθε;

너희가 날씨는 분별할 줄 알면서 시대의 표적은 분별할 수 없느냐
(마태복음 16:3b)

1월 22일 금요일. 맑음.
마태복음 17장, 시편 16편. 11시 잠.

6시 반 기상. 원문호(元文鎬) 씨가 부친의 병환으로 함흥에 가 있

다가 오늘 아침 상경하여 우리 집에 왔다. 밤 8시에 출발하여 도쿄로 향하다. 니혼(日本)대학에 재학 중이라고 하다.

Διὰ τὴν ὀλιγοπιστίαν ὑμῶν· ἀμὴν γὰρ λέγω ὑμῖν, ἐὰν ἔχητε πίστιν ὡς κόκκον σινάπεως, ἐρεῖτε τῷ ὄρει τούτῳ, Μετάβα ἔνθεν ἐκεῖ καὶ μεταβήσεται· καὶ οὐδὲν ἀδυνατήσει ὑμῖν.

너희 믿음이 작은 까닭이니라 진실로 너희에게 이르노니 만일 너희에게 믿음이 겨자씨 한 알 만큼만 있어도 이 산을 명하여 여기서 저기로 옮겨지라 하면 옮겨질 것이요 또 너희가 못할 것이 없으리라 (마태복음 17:20)

안상철(安尙哲)[38] 씨의 진체[39]통신(振替通信) 오다. 밤 예배 시에 시편 16편 5-6절을 해설하다.

1월 23일 토요일. 맑음.
마태복음 18장, 사사기 1장, 시편 17편. 11시 잠.

7시 기상. 등교 수업. 한억, 김기헌, 임란재(任蘭宰)에게서 편지 오다. 황증(黃曾) 씨에게서 〈성서조선〉지 주문 오다.

Ἀμὴν λέγω ὑμῖν, ἐὰν μὴ στραφῆτε καὶ γένησθε ὡς τὰ παιδία, οὐ μὴ εἰσέλθητε εἰς τὴν βασιλείαν τῶν οὐρανῶν. ὅστις οὖν ταπεινώσει ἑαυτὸν ὡς τὸ παιδίον τοῦτό, οὗτός ἐστιν ὁ μείζων ἐν τῇ βασιλείᾳ τῶν οὐρανῶν.

진실로 너희에게 이르노니 너희가 돌이켜 어린 아이들과 같이 되지

---

34. 쟁기로 나흘 동안 갈 수 있는 논밭의 넓이.
35. 간도는 동간도(북간도)와 서간도로 나누는데, 일반적으로 북간도는 두만강 북쪽인 연변 지역을, 서간도는 압록강 북쪽 지역을 말한다.
36. 당시 경성제대 의학부 병리학 교수.
37. 1921년 감리교 여선교사 마이어스(M. D. Myers)는 3·1독립선언서가 낭독되었던 '태화관'을 인수하여 여성과 아동을 위한 한국 최초의 사회복지관인 '태화여자관'으로 개관했다. 태화여학교는 '태화여자관' 안에 있던 여학교로, 이를 이숙종(李淑鍾) 여사가 인수 받아 경운동(慶雲洞)으로 이전하고 성신여학교(誠信女學校)로 인가받아 운영했다.
38. 안상철(1898~1892): 함경남도 함흥 출생. 1919년 경성공업전문학교 재학 당시 3·1 운동에 참여하다 체포되어 징역 6월형을 언도받았다. 김교신은 그를 '우리의 누가'라고 부르며 가깝게 지냈다. 함흥에서 내과를 개업하고 있던 안상철은 김교신이 사망할 당시 그를 치료했다. 2007년 건국포장을 추서 받았다.
39. 대체(對替)의 옛말. 어떤 계정(計定)의 금액을 다른 계정으로 옮겨 적는 일로. 송금 방법으로 이용했다.

아니하면 결단코 천국에 들어가지 못하리라 그러므로 누구든지 이 어린 아이와 같이 자기를 낮추는 사람이 천국에서 큰 자니라(마태복음 18:3-4)

수업을 마친 후 수색에 가다. 김봉수(金奉守) 씨의 안내로 부근의 토지를 구경하다. 주택지로서 알맞은 곳인 듯하다. 오후 6시 집에 돌아오다. 밤에 모친과 진술이 시내로 들어가다.

1월 24일 일요일. 맑음 따뜻함.
시편 18편. 9시 반 잠.

7시 기상. 오전 11시 동네 장로교회에서 설교하다. 영원긍정(永遠肯定)[40]에 관한 말씀 중 일부.
오후 2시 연구회. 사사기. 곽(郭) 군 남매 두 사람 외에, 양정 학생 7인 참석.
이봉수(李鳳秀) 씨 내방. 현재 근무하는 총독부 편집과에서 교육계로 희망한다고 하다.
1929년 12월 13일 민중대회 건으로 투옥되었던[41] 허헌(許憲), 홍명희(洪命熹), 이관용(李灌鎔), 조병옥(趙炳玉), 이원혁(李源赫), 김동준(金東駿) 제씨는 지난 27일에 출옥(出獄)되었다는데, 그 이름에 '씨(氏)' 자 붙인 것이 모조리 삭제되어 있음도 가소롭다.

1월 25일 월요일. 맑음.
시편 19편. 오전 3시 잠.

7시 기상. 등교. 수업. 제37호 교정.
김봉수 씨 내교. 토지건 상의.

1월 26일 화요일.
시편 20편. 10시 잠.

8시 반 기상. 이병길(李炳吉)의 형 내교. 병길의 학업에 관해 상의.
밤에 권봉민(權鳳民) 씨가 집에 오다. 일본에서 법학을 공부할 터인바, 학교 선택 상의 차 내담. 메이지(明治)대학이 좋겠다고 소개하다.

1월 27일 수요일. 맑음.
12시 잠.

오전 중 등교, 수업. 오후에 제37호 교정(학교에서).
밤 7시 반부터 경인선 소사역전 감리교회에서 부흥회를 인도하
게 되다. 목사 김형식 씨, 전도사 한윤수(韓允洙) 씨의 안내로 외
딴 초옥(草屋)인 예배당에 가니, 남녀 합 40명 미만이 모였다. 성
서의 내용(분류)과, 성서 연구의 목적에 관하여 약 1시간 반을 말
하였다. 집회를 마친 후에 부흥회 방법을 바꾸어달라는 한(韓) 전
도사의 주문이 있었다. 김 목사 방에서 숙박.

1월 28일 목요일. 맑음.
11시 잠.

냉돌(冷突)에서 지난 밤 내내 한 숨도 자지 못하고, 오전 5시에 기
상하여 5시 반부터 새벽기도회. 회개라는 제목으로 말씀(마가복
음 1:15. 에베소서 4:22-24)하다. 송 형과 그 동생이 와서 참석.
오전 8시 28분 차로 등교하여 수업. 밤 6시 45분차로 다시 소사
에 가서 7시 반부터 제2일 밤 집회. 거짓 선지자를 삼가라는 제
목으로.

1월 29일 금요일. 맑음.
11시 잠.

5시 40분 기상. 기도회 시간에 지각하다. 삼복(三福)(열왕기상 3:5-
13)을 이야기하다. 8시 28분 차로 학교에 가다. 4시간 수업. 아내
가 분만할 듯해서, 산파 한 사람을 낙원의원 장예세(張禮世) 씨에
게 청하였더니 오지 않다.
저녁에 소사교회에서 집회. 빌레몬서를 설교하다. 송회용(宋會用)
씨 와서 참석. 오늘 밤에는 여선교사 1명, 감리교 목사 1명이 와

---

40. "영원의 긍정"은 〈성서조선〉 제21호(《김교신 전집》 제2권 305쪽에서 재인용)에 있는 글의 제목이기도 하다.
김교신은 이 글의 마지막을 이렇게 마무리한다. "특히 조선 사회나 기독교회의 돌아가는 모습에
실망하고 믿음, 순종, 기도에까지 권태로움을 느끼게 된 어르신, 장로, 선배들이여! 무(無)에 근
거한 우리의 신실로 판단하지 말고, 하나님의 성실로 눈을 돌립시다. 그의 언약과 행사를 긍정
합시다. 영원히 긍정합시다."
41. 광주 학생 항일운동으로 신간회 간부 44명과 자매단체 근우회 간부 47명이 경기도 경찰부에 검거된 것
을 말한다.

서 참석하였다. 여전히 50명 청중이 구하는 바와, 내가 전하려는
것과는 합치(合致)에 이르지 못하여 답답.

1월 30일 토요일. 맑음.
12시 반 잠.

5시 기상. 5시 반부터 가나의 혼인에 관하여 이야기하고, 두 사
람의 기도가 있었다. 역시 15인 내외의 모임이었다.
태모(胎母)가 염려되어 7시 반 차로 소사를 출발하여 집에 오니,
오전 5시 20분경에 일녀(一女)를 더하니, 이것으로 제4녀가 생겼
다. 이제는 4부 합창이 가능하구나.
등교하여 2시간 수업. 오후 제37호 나오다.
밤 7시 반에 소사교회 부흥회 인도(약 40명). 골로새서 1장 1-12절
을 설교하다. 마친 후에 목사 숙소에서 교회 간부 7, 8명과 함께
다과회를 갖고 위로함을 받다.

1월 31일 일요일. 맑음.
시편 25편. 11시 잠.

새벽기도회에서 마태복음 24장의. 예수는 남을 구하면서도 자
신을 구할 수 없었다는 것을 말하고, 창세기 32장 32절 이하로써
기도를 청하다. 성령의 감동이 풍성하였다. 약 10명 출석.
한윤수 씨의 회개가 있었고, 작별시에는 김형식 목사와 한윤수
전도사가 역까지 전송하였고, 교회에서 일금 3엔, 어떤 노부인이
계란 1꾸러미(10개)를 고맙게도 주시다. 일생 처음으로 부흥목사
노릇하다.
돌아오는 길에 오류동에 내려서 성백용 씨의 아픈 아이를 위문하
고, 류석동(柳錫東) 씨 댁에서 10시 반부터 집회. 나는 복음이 승
리한 경과를 보고하다. 송두용 씨 댁에서 점심을 함께한 후 집에
돌아오다.
오후 2시 30분부터 성서연구회. 룻기 공부. 양정 7인(昌, 建, 燦, 錫,
鄭, 圭會, 熙) 및 곽옥임이 와서 참석하고, 곽인성은 결석하다.
폐회 후 발송 사무.

1932년 2월 1일 월요일. 비.
시편 21, 22, 23, 24편, 마태복음 19장. 11시 잠.

5시 반 기상.

Πολλοὶ δέ ἔσονται πρῶτοι ἔσχατοι καὶ ἔσχατοι πρῶτοι.

그러나 먼저 된 자로서 나중 되고 나중 된 자로서 먼저 될 자가 많으니라(마태복음 19:30)

2월 2일 화요일. 비.
시편 28편. 일찍 잠.

5시 기상. 감기로 다시 자리에 눕다. 오전에 등교하여 2시간 수업 후 집에 돌아와서 자리에 눕다. 한약 2첩 복용하니 땀이 매우 많이 나다.

2월 3일 수요일. 비.

9시까지 누워 있었다. 조반 후 다시 자리에 눕다. 결근.
오후에 서신 답장 5, 6매. 정혜(正惠)가 몸에 열이 심하다.

2월 4일 목요일. 흐린 후 맑음.
시편 30편. 일찍 잠.

새벽부터 다시 땀이 많이 나다. 요와 이불이 물에 잠겼던 것같이 되다.
오늘도 결근하고 자리에 누워 있었다. 김봉수(金奉守) 씨가 식전에 내방. 토지 건은 중지하기로 하다. 답답한 때에 〈성서조선〉 구호(舊號)를 보내기 위해 이름을 쓴 것 외에는 아무 일도 못한 하루였다.

2월 5일 금요일. 맑음.
시편 31편.

조금 차도가 있었으므로 등교하였으나 수업을 할 수 없어 조퇴하여 자리에 눕다.
이발·목욕하려다가 모두 만원이어서 기회를 얻지 못하다.
저녁에 유석동 씨 내방. 문병 및 예수교서회 취직 가부에 대한 상의 등. 송(宋)은 오류학원(梧柳學園)[42]을 맡아서 운영하는 것이 옳다고 하다. 10시경 돌아가다.

2월 6일 토요일. 맑음. 임신년 정월 초하루.
시편 32편. 10시 잠.

결근하고 정양(靜養)하다.
구(舊) 정월 초하루. 세배하러 한성부(韓性簿), 교인(敎寅),[43] 박흥기(朴興基), 정재훈, 문도근(文道根) 등이 왔다 가다. 황덕환(黃德桓)이 사과 한 상자를 보내준 것은 처리하기가 곤란하다.

2월 7일 일요일. 맑음.
10시 잠.

오후 2시 연구회의 성서 공부는 쉬고, 틴데일(W. Tyndale)[44]의 사적(事跡)과 오산(五山) 노성모(盧成模) 군의 서신을 소개하다. 성백용 씨가 오류동에서 와 참석하고, 곽 군과 누나, 4학년[45] 을(乙)반 4명과, 아내 및 두 아이가 참석하다. 세배하러 왔던 이기분도 참석하였다가 집회가 끝난 후에 다과회를 마치고 돌아가다. 성(成) 씨는 남아서 송두용 씨와의 감정 문제 등을 자세히 설명하고, 저녁 식사 후 돌아가다.
저녁에 관훈동 청해여관(靑海旅館)으로 류승흠(柳承欽) 선생을 찾아가 뵈니, 양력 과세의 필요를 역설하시며, 몸소 실시하신 지 20년이나 된다고 하다.

2월 8일 월요일. 맑음.
마태복음 20:1-16. 10시 잠.

7시 기상. 감기가 완전히 나아서 약간의 독서를 하다.

Ἑταῖρε, οὐκ ἀδικῶ σε· οὐχὶ δηναρίου συνεφώνησάς μοὶ; ἆρον τὸ
σὸν καὶ ὕπαγε. θέλω δὲ τούτῳ τῷ ἐσχάτῳ δοῦναι ὡς καὶ σοί· ἢ οὐκ
ἔξεστίν μοι ὃ θέλω ποιῆσαι ἐν τοῖς ἐμοῖς; ἢ ὁ ὀφθαλμός σου πονη
ρός ἐστιν ὅτι ἐγὼ ἀγαθός εἰμι; Οὕτως ἔσονται οἱ ἔσχατοι πρῶτοι
καὶ οἱ πρῶτοι ἔσχατοι.

친구여 내가 네게 잘못한 것이 없노라 네가 나와 한 데나리온의 약
속을 하지 아니하였느냐 네 것이나 가지고 가라 나중 온 이 사람에
게 너와 같이 주는 것이 내 뜻이니라 내 것을 가지고 내 뜻대로 할
것이 아니냐 내가 선하므로 네가 악하게 보느냐 이와 같이 나중 된
자로서 먼저 되고 먼저 된 자로서 나중 되리라(마태복음 20:13b-16)

등교하여 4시간 수업. 후에 안종원(安鍾元)⁴⁶ 씨의 초청에 의하여,
우리 직원만 장사동(長沙洞)⁴⁷ 그의 댁에 모여 설날 만찬을 함께
먹다.

2월 9일 화요일. 흐림, 약간의 눈.
마태복음 20:17-34, 시편 35편. 10시 잠.

6시 기상. 감기는 완전히 나았다. 오후에 목욕하고 이발.

---

42. 송두용은 당시 열악한 환경인 오류동 지역 주민의 문맹 퇴치 및 교육을 위해 1930년 12월 3일 오류학원
을 개원하고, 1933년 가을 확장 신축했다. 주간엔 미취학 아동반을, 야간엔 성인반을 운영했다.
이후 우여곡절을 겪으며 유지해 오다가 1946년 8월 전국의무교육 실시로 국민학교(현 오류초등학
교)로 개편하여 국가에 기부했다. 오류학원은 〈성서조선〉 독자 전국 집회 장소로 자주 활용되기
도 했다.
43. 김교신의 사촌동생. 작은아버지 김충희의 차남이며, 김교란의 동생이다.
44. 윌리엄 틴데일(William Tyndale, 1490~1536): 옥스퍼드와 케임브리지 출신의 탁월한 언어학자이며 영국
을 대표하는 종교개혁자. 헬라어 성경을 영어로 번역한 까닭으로 화형당한 순교자다. 당시 소수
의 종교지도자들이 독점했던 라틴어 성경을 히브리어와 그리스어 성경으로부터 일상의 쉬운 영
어로 번역함으로써 성경을 대중화하는 데 결정적 역할을 했다. 1611년 발행한 《킹 제임스 성경》
은 많은 부분 틴데일 성경을 인용한 것으로 알려졌다.
44. 일제강점기 초기에는 학제의 변화가 있었지만 1922년 개정 '조선교육령' 공포로 수업 연한이 보통학교
는 6년(지방에 따라 4년제가 존속), 고등보통학교는 5년이 되었다. 따라서 김교신도 양정에서 한 학
년을 5년간 계속 담임하였다.
46. 안종원(安鍾元, 1874~1951): 호는 석정(石丁) 등. 1909년 양정의숙 숙감(塾監), 학감(學監)을 거쳐 양정고등
보통학교 제2대 교장으로 10년간 근무했다. 조선서화협회(朝鮮書畫協會) 창립회원으로 1936년 제
15회 마지막 협회전까지 출품했으며, 협회 간사, 간사장, 협회장을 역임했다. 서울 종로구 장사
동 227-2번지 자택 사랑채에 '경묵당(耕墨堂)'이란 당호를 걸고 활동했다. 양정학교를 이끌어가
는 교육적 신조와 방법에 대한 물음에 그는 이렇게 답했다고 한다. "신조: 각기 천부(天賦)한 재
질에 따라 지도하며 조장(助長)하여 그들의 개성을 완전 발휘케 함. 방략: 1. 엄격한 규율보다는
순수한 온정으로 2. 체육을 힘쓰고 3. 교수(敎授)는 무실역행(務實力行)."
47. 마을의 청계천 쪽 모래 언덕이 뱀처럼 길게 이루어졌던 데서 마을 이름이 유래했다. 현재 법정동인 장
사동은 행정동인 종로 1~4가동 관할이다.

등교. 4시간 수업. 날씨가 급변하여 눈발이 휘날렸다.

2월 10일 수요일. 맑음.
시편 36편. 11시 잠.

아침저녁으로 집필하나 많이 나아가지 못하다.(不多涉)
류석동 씨 전화. 원고 말이 있었으나 부탁하지 않다.
베어 씨(Miss Bair) 모임에 결석. 다나카 케이지(田中啓爾),[48] 한상용
(韓商鏞), 베어 씨 여러분께 편지 보내다.

2월 11일 목요일. 맑음.
시편 37편. 12시 잠.

8시까지 게으른 늦잠. 등교하여 식에 참여하고, 학생 출석 부
르다.
집에 와서 11시부터 집필하려는데 권직주(權稷周)[49] 씨 부부가 초
행으로 내방. 이어서 박경찬 씨가 집에 오다. 점심을 함께 먹은 후
에 송두용 씨가 세배하러 오니, 앞의 두 분은 돌아가다. 송 씨는
저녁예배에 참석하고 9시 경에 돌아가다. 종일 손님 접대한 것 외
에 한 일이 없다. 밤에 몇 매의 원고를 쓰다.
장도원 씨 원고 40매 도착.

2월 12일 금요일. 맑음.
마태복음 21:1-22. 12시 반 잠.

7시 반 기상. 등교. 수업 후 당직으로 학교에 유숙하다.
함흥 이봉익(李鳳益) 씨 자제의 토지 사건으로 학교에 오다. 토지
건에 관하여 한격만(韓格晚) 씨에게 썼던 편지를 발송하다.
김종렬(金鍾烈) 씨가 재판소를 사직하였다는 전화가 있었다.
장도원 씨께 답신(答信)하다.

2월 13일 토요일. 맑음.
시편 39편, 마태복음 21:23-46. 12시 반 잠.

7시 반 기상. 어제 저녁밥과 오늘 아침밥은 순선이가 학교로 날라
오다.
오후에 류달영(柳達永)50이 집에 와서 졸업 후의 일을 상담. 교사
가 되어 월급쟁이 되는 일을 단념하고, 양정학교 졸업 후 농업
으로 자립 생계(生計)하기를 권하다. 옳은 판단인 줄로 자신하
기에 말하였다.
저녁에 류석동 씨가 집에 오다. 종교 서적을 고물상에 매각할 터
라 하므로 고물상에서 사는 값으로 인수하기로 하다.
요즈음은 유난히 찾아오는 손님이 많아 아직 원고가 덜 되다.
오늘 함(咸) 형의 편지가 오다. 루비콘 강을 건너섰다고 하다. 오
산학교의 앞날을 위해 기도.

2월 14일 일요일. 맑음.
시편 40편, 마태복음 22:1-33. 자지 않고 집필.

오전 집필. 오후 2시에 연구회. 사무엘상을 말씀하다. 남에게도
유익하려니와 첫째로 나 자신에게 유익한 일이다. 성서 공부는
할수록 유익. 곽인성과 정재훈 결석. 기타 7명 참석.

2월 15일 월요일. 맑음, 밤에 눈.
시편 41편, 마태복음 22:34-46. 9시 잠.

밤을 새우면서 집필하여 오전 11시까지 〈성서조선〉 제38호 원고
를 완료하여 당일 제출. 등교하여 4시간 수업하고 나니 조금 피
로를 느끼다. 홍성만(洪成晩) 씨의 불쾌한 엽서 오다.

48. 다나카 케이지(田中啓爾): 일본의 대표적인 지지(地誌)학자. 도쿄고등사범학교 교수. 초등학교 지리교과
서 편집에 종사했다. 당시 일본에서 공부하던 한국 지리학자들에게 많은 영향을 미쳤다.
49. 같은 이름으로 1931년 경성제대 철학과를 졸업하고, 1932년 경성제대 법문학부 조수(助手), 1936년 평
양고등보통학교 교유(教諭)였던 인물이 있다.
50. 류달영(柳達永, 1911~2004): 김교신의 양정 제자 중 하나. 1939년 김교신의 권유로 《최용신 소전》을 집필
했고, 1942년 성서조선 사건으로 1년간 옥살이를 했다. 딸과 김교신 아들의 결혼으로 김교신과
사돈간이 되었다. 1960년대 초 재건국민운동본부장 역임. 김교신은 류달영에 대해 "학업에도 가
장 우수하였거니와 그 심정의 건실 충직함을 타인에게 소개하고자 할 때마다 나로 하여금 눈물
이 앞서지 않고는 말하지 못하게 하였다"고 하였다.

2월 16일 화요일. 맑음, 갑자기 추움.
시편 42편. 10시 잠.

어젯밤 눈이 내리고, 기온이 급강하하여 영하 9.4도.

2월 17일 수요일. 맑음, 추움.
시편 43편, 마태복음 23:1-26. 11시 잠.

7시 반 기상. 오늘 아침 혹한. 영하 14도.
등교, 수업. 밤 회화반은 결석하다.

2월 18일 목요일. 맑음.
시편 44편, 마태복음 23:27-39. 12시 반 잠.

추위가 조금 누그러지다. 등교하여 대구·평양사범학교 입학 지
원자 네 명의 수속을 마치다.
류석동 씨는 〈성서조선〉의 철도 패스(pass) 건[51]으로 용산 철도국
에 교섭하고, 나는 수업을 마친 후에 원정(元町)[52]의 김창두(金昌
斗) 씨를 방문하여 청탁하다.
종희(悰熙)는 감기로 결석하고 종일 이불 속에 있었다. 밤에 집필.

2월 19일 금요일. 흐림.
시편 45편, 마태복음 24:1-28. 10시 반 잠.

6시 기상. 〈성서조선〉 제38호 검열 통과됨.
수업을 마친 후에 철도국 비서관 호시노(星野) 씨를 남대문 역전
관사로 찾아갔으나 면회하지 못하다.

2월 20일 토요일. 맑음.
시편 46편, 마태복음 24:29-51. 10시 반 잠.

6시 반 기상. 어제 밤중에 눈이 6센티미터(二寸) 남짓 내리다. 제
설 작업(運動)이 상쾌하였다.
등교, 수업. 철도국으로 〈성서조선〉 여섯 권 보내다. 창문사(彰文
社)에 24~35호 각 다섯 권씩 합본하러 보내다. 명함 100매 인쇄

하여 오다. 류석동 씨에게 잡지 네 권 보내면서 호시노 씨 방문을 부탁.

오후에 오류동 행. 송두용 씨와 함께 그 형님 댁을 찾아뵙다. 송 씨 부친은 와병 중이시고, 류 씨 부친은 귀향 중이시어서 인사를 여쭐 수가 없었다. 김영택(金永澤)의 집에 가서 후한 대접을 받고, 문일봉(文逸奉) 군을 방문하다. 오류학원과 권영대(權寧大) 씨 방문 후 집에 돌아오다(5시 40분 차로).

2월 21일 일요일. 맑음.
시편 47편, 마태복음 25:1-13. 10시 반 잠.

7시 반 기상. 3한(三寒)이 지나고 4온(四溫)이 온 듯하여 조금 온화하다.
오후 2시, 사무엘하를 강해. 지난주에 비하여 준비가 부실하였다.
곽(郭) 씨 남매와 7~8명의 양정 학생이 출석하다. 옥임(玉任)이 무슨 우환 중에 있는 듯하다고 하다.

> Ἀμὴν λέγω ὑμῖν, οὐκ οἶδα ὑμᾶς. Γρηγορεῖτε οὖν, ὅτι οὐκ οἴδατε τὴν ἡμέραν οὐδὲ τὴν ὥραν,

> …진실로 너희에게 이르노니 내가 너희를 알지 못하노라 하였느니라 그런즉 깨어 있으라 너희는 그 날과 그 때를 알지 못하느니라(마태복음 25:12b-13)

2월 22일 월요일. 눈 온 뒤 맑음.
마태복음 25:14-30, 시편 48편. 11시 잠.

6시 반 기상. 등교, 4시간 수업. 귀가 길에 아현보통학교에 들러 원서 2매 받아 오다.

---

51. 〈성서조선〉을 각 지방에 보내려면 철도역에 가야 했다. 그런데 당시에는 물건을 보내거나 받기 위해 플랫폼까지 갈 때도 입장권을 사야 했다. 김교신은 정기적으로 〈성서조선〉을 부치는 데 입장권까지 사야 하니 곤란했던 모양이다. 그래서 〈성서조선〉을 보내는 경우 입장권을 면제해 달라고 부탁했을 것으로 보인다.

52. 현 서울시 용산구 원효로 1~4가 일대.

Εὖ, δοῦλε ἀγαθὲ καὶ πιστέ, ἐπὶ ὀλίγα ἧς πιστός, ἐπὶ πολλῶν σε
καταστήσω·

τῷ γὰρ ἔχοντι παντὶ δοθήσεται καὶ περισσευθήσεται, τοῦ δὲ μὴ
ἔχοντος καὶ ὃ ἔχει ἀρθήσεται ἀπ᾽ αὐτοῦ.

…잘하였도다 착하고 충성된 종아 네가 적은 일에 충성하였으매 내
가 많은 것을 네게 맡기리니 … 무릇 있는 자는 받아 풍족하게 되고
없는 자는 그 있는 것까지 빼앗기리라(마태복음 25:23b, 29)

김형도(金亨道) 씨로부터 제37호 교정지가 와서 감사.

2월 23일 화요일. 맑음.
마태복음 25:31-46, 시편 49편. 10시 반 잠.

7시 기상. 어제부터 기후 온화. 김봉수 씨 엽서를 받고 수색에 다
녀오다(오후).

Ἀμὴν λέγω ὑμῖν, ἐφ᾽ ὅσον οὐκ ἐποιήσατε ἑνὶ τούτων τῶν ἐλαχίστων,
οὐδὲ ἐμοὶ ἐποιήσατε. καὶ ἀπελεύσονται οὗτοι εἰς κόλασιν αἰώνιον,
οἱ δὲ δίκαιοι εἰς ζωὴν αἰώνιον.

내가 진실로 너희에게 이르노니 이 지극히 작은 자 하나에게 하지
아니한 것이 곧 내게 하지 아니한 것이니라 하시리니 그들은 영벌에,
의인들은 영생에 들어가리라 하시니라(마태복음 25:45b-46)

2월 24일 수요일. 맑음.
마태복음 26:1-35, 시편 50편. 1시 반 잠.

7시 기상. 등교, 수업. 밤에 교정.

2월 25일 목요일. 눈.
시편 57편. 12시 잠.

7시 반 기상. 아침에 인쇄소에 교정지를 전하고 등교. 오후에 학
교에서 교정을 하는 동안 이건표, 이창호, 권석창, 최찬훈이 도와
주고, 장지영(張志暎)[53] 선생이 와서 이야기 나누고 지시하다.

의주(義州) 사람으로, 오사카 중앙신학교 3학년에 재학 중이고, 고향에 갔다가 학교로 돌아가는 길이라는 김금택(金錦澤) 씨가 학교에 찾아오다. 신상철(申翔哲) 및 오산 소식을 전하며, 어젯밤은 함(咸) 형 댁에서 유숙하였다고.

이승원(李昇遠) 씨의 편지 오다.

2월 26일 금요일. 맑음.
시편 52편. 1시 잠.

7시 반 기상. 가르치는 외의 시간에는 교정에 몰두하다.
김주익(金周翼)이 어제 흡연한 것이 발각되어 무기정학에 처하다.
서강(西江) 및 강 부근 일대의 야학, 강습소 등을 전부 폐쇄시켰다는 소식에 분하고 또 한심.

2월 27일 토요일. 맑음.
11시 잠.

7시 반 기상. 등교. 수업 후에 제5학년 성적고사 회의가 있었으나 불참하였다. 저녁 6시 반에 명월관(明月館) 본점[54]에서 학교 직원 전원의 연회가 있었다. 교과서 견본 판매대(販賣代)로 회식한 것이라고 하다.
창문사에 들러 교정 완료하고, 9시에 돌아오다.

---

53. 장지영(張志暎, 1887~1976): 국어학자, 교육자, 언론인. 1906년 관립 한성외국어학교 졸업. 1908년 7월~1911년 6월까지 주시경의 문하에서 국어학을 연구했다. 오산학교·경신중학교·양정중학교(1931. 7~1942. 7) 등에서 교육자의 길을 걸었으며, 조선어연구회와 신간회를 조직했고, 조선어학회 '한글맞춤법 통일안' 제정위원 등으로 활동했다. 조선어학회 사건으로 옥고를 치렀으며, 해방 후 조선어학회 제4대 이사장, 연희대·이화여대 교수를 역임했다. 저서로 《조선어 철자법 강좌》(1930) 등 다수. 양정중학에서 김교신 반 학생이었던 김헌직(金憲稙)은 김교신이 늘 장지영 선생을 칭송하여 "사람이 장 선생님의 1/6의 능력만 가져도 훌륭한 한 사람의 구실을 할 수 있다"고 하였다 한다.
54. 1903년 황토현에 설립된 명월관(현 일민미술관 자리)은 1921년 돈의동 장춘관 자리(현 피카디리 극장 자리)로 이전 확장했으며, 이후 여러 곳에 지점을 운영했다. 본문에서 '본점'이란 돈의동점을 가리키는 듯하다.

2월 28일 일요일. 맑음.
시편 54편. 10시 잠.

7시 반 기상. 열왕기상을 읽다가 다윗 왕이 새 왕 솔로몬에게
유언하여 말하기를, "Be thou strong therefore, and show
thyself a man"[55]이라는 ○○○하여, 한동안 감개(感慨)에 넘치
고 묵상에 잠기지 않을 수 없었다.
오후 2시에 집회. 열왕기상을 강의하다. 여전히 곽 군 남매와, 7명
의 양정 학생이 출석하였다. 폐회 후에 산보 겸하여 수색에 김봉
수 씨를 찾으니, 아직 교섭이 끝나지 않았다고. 걸어서 집에 오니
1시간 10분이 걸렸다.

2월 29일 월요일. 맑음.
마태복음 26:36-75. 12시 잠.

7시 기상.

Ἀπόστρεψον τὴν μάχαιράν σου εἰς τὸν τόπον αὐτῆς· πάντες γὰρ οἱ
λαβόντες μάχαιραν ἐν μαχαίρῃ ἀπολοῦνται.

네 칼을 도로 칼집에 꽂으라 칼을 가지는 자는 다 칼로 망하느니라
(마태복음 26:52b)

오늘 숙직이어서 종일종야(終日終夜) 학교에 있었다.
저녁에 김주익 및 그의 매부가 학교에 와서 정학 해제를 청하다.
이기분이 함흥고보 퇴학생 한 사람을 데리고 와서 4학년 입학을
부탁하고 가다.
내일 3월 1일이 위험하다고 형사 두 명이 학교에 오다.
도지사는 각 학교에 경계를 명(命)하였다 한다.

3월 1일 화요일. 맑음. 목욕.
12시 반 잠.

7시 기상. 제일 먼저 등교한 자는 형사였다. 대단하도다. 그 열성.
학생은 종일 평온하게 수업하다.
〈성서조선〉 제38호가 오후에 나왔기에 발송하다.
모리(森)서점에는 이제부터 거래를 중지하기로 하다. 작년 이래
계산을 마치지 않다.

3월 2일 수요일. 맑음.
12시 잠.

오전 2시간만 수업하고 졸업식 준비.
사무용 가방 한 개를 샀다. 여러 해 동안 원하던 것을 얻게 되어
매우 만족하였다. 남대문통의 후지키(藤木) 상점에서 경매하는 것
을 8엔에 사다.
오늘 밤부터, 40여일 만에 다시 베어 씨 회화반에 참석하다.

3월 3일 목요일. 맑음, 밤에 비.
시편 58편. 10시 반 잠.

오전 10시에 제16회 졸업식. 후에 졸업생과 직원의 다과회 있
었다.
오후에 교안을 준비하고, 5시부터 남대문통 복희루(福禧樓)에서
직원위로회가 있었다(학교 주최).

3월 4일 금요일. 맑음.
마태복음 27:1-26, 시편 59편. 11시 잠.

7시 반 기상. 어제 메주를 쑤었으므로 방안이 과열되어 편안히

잘 수 없었다.

등교하여 4시간 수업하고, 김도경(金道慶)의 형을 접견하고, 도경의 도쿄 유학을 훈유(訓諭)하고, 성유경(成裕慶)을 책망하고, 한격(韓格)을 접견하고, 시혜(始惠)의 입학 수속을 하고, 동아일보사에 컬럼비아대학으로 보내는 〈성서조선〉 합본 세 권을 부탁하는 편지를 써 보내고, 류석동 씨를 잠시 면담하고 나니 매우 피로한 하루였다. 밤에는 잡지 겉봉 수십여 장을 쓴 외에 별로 한 일이 없다.

3월 5일 토요일. 맑음.
시편 60편. 12시 잠.

7시 기상. 시혜를 보통학교에 입학시키려고 수속하다가, 호적계에서 3일이 부족하다 하여 금년은 단념하다. 교육하기 위하여 입학시키려고 하면서, 생년월일을 거짓으로 꾸미려(蔭僞) 함이 옳지 않음을 깊이 뉘우치다.

3월 6일 일요일. 맑음.
시편 61편. 단테. 11시 잠.

7시 반 기상. 준비가 부족한 대로 오후 2시에 예전대로 연구회. 열왕기하를 이야기하다. 이번 학기는 오늘로써 마치고, 주께서 허락하시면 오는 4월 3일 다시 열기로 선언하고 산회(散會)하다. 곽인성 군은 결석하고 기타 곽옥임 외 양정 학생 7인 출석. 오후 김주익의 정학 중 근신 상태를 보기 위하여 염리(鹽里)[56] 심방. 조선총독부 도서관에 〈성서조선〉 창간호부터 38호까지 기증하고, 앞으로도 계속 기증하기로 하다.

3월 7일 월요일. 맑음.
마태복음 27:27-66, 시편 62편. 12시 반 잠.

7시 기상. 어제 밤 다시 추워져서 실외에 얇은 얼음이 보이다. 등교. 오후에 예수교서회(耶蘇敎書會)에 가서 작년도 〈성서조선〉지 위탁판매 대금 2엔 4전을 받다. 밤에 양인성 군에게 전직(轉職)에 관한 장문의 답장을 쓰다.

3월 8일 화요일. 맑음.
마태복음 28장. 시편 63편. 11시 잠.

7시 기상. 김장복(金張福)이 오산고보를 졸업하고 왔다. 참으려 하여도 패씸한 마음이 풀리지 않았고, 그 언행에 신실함을 발견할 수 없어, 적극적으로 입학수속 등을 주선하지 못하였다. 밤 10시에 함흥으로 간다 하고 물러가다.

3월 9일 수요일. 맑음.
마태복음 1:1-17. 12시 반 잠.

7시 기상.
저녁에 베어 씨의 회화반 출석.

3월 10일 목요일. 비.
마태복음 1:18-25. 11시 반 잠.

7시 기상.
양정학교에서는 오늘부터 학년 시험[57] 시작되다. 일본 육군기념일[58]이라 하여 총포 비행기 등의 폭격소리가 시가(市街)를 소동케 하다. 어젯밤에 읽은, 이순신이 12척 남은 전함을 가지고 330척의 일본 배를 치던 사실과 아울러 생각하니 그 동안 300년의 시일이 이렇게도 ○績[59]을 행(行)하였도다.
신문은 브리앙[60]의 죽음을 보도하며, 중국 청년들은 일본의 무력의 위엄에 절대로 굴복치 않기를 선언하여 이르기를, 유혈(流血)로 망한 나라는 멀지 않아서 부흥하나, 유혈이 없이 망한 나라는 영원히 망하더라고.
저녁 식사 후에 대학병원에 입원중인 함흥 장정우(張貞宇) 아주머니를 위문하고, 장복(張福)이 오고간 것 등을 이야기하다.

---

56. 현 서울시 마포구 염리동의 1914~1936년까지의 명칭.
57. 일제강점기에는 3학기제여서 1학기에는 5월에 중간시험, 7월에 기말시험, 2학기에는 10월에 중간시험, 12월에 기말 시험, 3학기에는 3월에 학년말 시험이 있었다.
58. 1904년 러일전쟁 때 일본 육군이 봉천(현재의 심양)대회전(奉天大會戰)에서 러시아 군을 대파하고 봉천을 점령한 것을 기념하는 날(3월 10일). 이 승리는 일본이 동양지도권을 파악하는 원동력이 되었다.
59. 원문에서 이 단어는 이적(異績), 우적(愚績), 묵적(墨績) 등으로 읽힐 수 있으나 첫 글자가 불분명하다.
60. 브리앙(Aristide Briand, 1862~1932): 프랑스의 정치인. 11차례 총리, 26차례 장관직을 역임했으며, 1926년 노벨평화상을 수상했다.

3월 11일 금요일. 비.
시편 66편. 12시 잠.

6시 기상. 제39호 집필 시작.
등교. 시험 감독. 밤엔 채점.

3월 12일 토요일. 비.
시편 67편. 10시 잠.

7시 기상.
등교, 시험 감독. 오후에 서봉훈(徐鳳勳) 씨의 특별한 알선으로 시혜(始惠)의 입학원서를 아현공립보통학교에 제출하다.

3월 13일 일요일. 아침에 눈.
마태복음 2장, 시편 68편. 12시 잠.

6시 기상. 내린 눈에 길이 막혀 산림(山林)으로 못 가다.
종일 집필하였으나 원고지 10매도 못 쓰다. 오늘은 연구회 없다.

3월 14일 월요일. 맑음, 추움.
시편 69편. 1시 잠.

7시 기상. 오후 등교, 시험 감독. 밤에 집필.
정상훈의 도서 중에서, 〈사상강좌(思想講座)〉 제8호를 류석동 씨 것이라 하여 찾아갔다.

3월 15일 화요일. 맑음, 추움, 밤에 비.
시편 70편. 오전 6시 반 잠.

7시 기상. 여러 날 눈발이 휘날리며, 다시 겨울이 온 듯이 춥다.
인원(仁媛)이 개성 호수돈여고를 졸업하고 이화여전 가사과(家事科)에 응시코자 오늘 밤 10시경에 우리 집에 오다. 집필하며 밤을 새우다.
최태용(崔泰瑢)[61] 씨로부터 〈영과 진리〉[62] 제39호[63]가 부치어 오다.
그중에 〈성서조선〉의 김교신에게 드림'이란 공개장이 실렸다.

진술(鎭述)이 시혜(始惠)를 데리고 아현보통학교에 입학시험 보러 가다.

3월 16일 수요일. 맑음, 추움.
11시 잠.

새벽 6시경까지 제39호 원고를 마치다. 2시간 쉬면서 자고. 등교하여 성서통신(城西通信)까지 써서(시험 감독하면서) 오전 중에 원고 109매 제출하다.
저녁 식사 후, 후쿠도미(福富) 교수 댁을 찾아갔으나 부재중이었다. 회화반 출석.
최규회가 오늘 밤 고향으로 돌아가다.

3월 17일 목요일. 맑음, 추움.
마태복음 3:1-12, 시편 72편. 12시 반 잠.

7시 기상. 모친 모시고 치과의전에서 진료를 받다. 마루젠(丸善)[64]에 들렀다가 등교, 채점.

Μετανοεῖτε! (회개하라!)

종희가 오늘 밤 함흥으로 돌아가다.

3월 18일 금요일. 맑음.
마태복음 3:13-17. 11시 잠.

7시 기상.

61. 최태용(崔泰瑢, 1897~1950): 함경남도 영흥 출생. 수원농림학교를 졸업하고 1920년 도쿄영어학교에 입학, 우치무라를 사사하며 성경을 연구했다. 1935년 12월 22일 무교회주의와 결별하고 '기독교 조선복음교회'를 창립, 초대 감독이 되었다. 6·25 때 공산군에게 체포되어 처형당했다.

62. 최태용이 1929~1939년에 발간한 개인잡지였으나 후에 복음교회의 기관지 성격이 강해졌다. 최태용은 〈영과 진리〉 제37호의 "여행기"에서 〈성서조선〉을 "무가치한 잡지로 판단한다"고 비판하고, 다음 제38호에서 "〈성서조선〉의 김교신께 드립니다"라는 글을 통해 "나의 무모한 비평을 취소하고, 그 것이 공공한 잡지에 대한 비평이었기 때문에 책임을 느껴 이 지상으로써 사과"했다. 그러나 "귀형과 나와는 이제 그 맡은 분야를 달리함이 현저합니다"라고 하여 결별을 기정사실화했다.

63. '제38호'를 잘못 표기한 것으로 보인다. 〈성서조선〉의 김교신에게 드림"이란 공개장은 제38호에 있다.

64. 마루젠(丸善): 광복 전까지 서울 충무로에 있던 일본인의 대형 서점으로, 일서(日書)와 영문서적을 주로 판매했다.

Ἄφες ἄρτι, οὕτως γὰρ πρέπον ἐστὶν ἡμῖν πληρῶσαι πᾶσαν δικαιοσύνην.

…이제 허락하라 우리가 이와 같이 하여 모든 의를 이루는 것이 합당하니라…(마태복음 3:15b)

오늘 당직으로 숙박(宿泊)하다. 충희(忠熙) 아저씨의 명함을 가지고 다카하시(高橋)[65] 시학관(視學官)을 방문하다.
오늘 아침에 철도국에 들러서 패스(Pass)권 교부 건을 말하여 보았으나 가망이 없어 단념하다.
한상용(韓商鏞) 씨가 큰아들 홍식(泓植)을 데리고 상경. 내일부터 양정 응시하려고.

3월 19일 토요일. 맑음.
12시 반 잠.

6시 기상. 양정학교 입학시험일. 약 760명의 응시자가 있었다.
오전 8시부터 밤 11시까지 분주하였다.

3월 20일 일요일. 맑음, 추움.
시편 75, 78편. 12시 잠.

입학시험 제2일이다. 오전 8시에 출근하여 오후 7시에 퇴근하다.
145명의 합격자를 발표하고 이 밖에 교장 직권으로 결정한 무능력자 15명이 있을 것이라고 하다. 매년 불쾌한 날.
한상용 씨는 홍식을 우리 집에 맡기기로 하고 오늘 밤 원산으로 돌아가다.
장정우(張貞宇) 아주머니 안과 수술 경과가 양호하여 지난 17일 퇴원하였고, 오늘 두 아이를 데리고 집에 와서 묵다.
밤에 시편 73편을 석명(釋明)하고 예배하다.

3월 21일 월요일. 맑음.
시편 76편. 11시 반 잠.

오전 등교, 성적 계산.
교인(教寅)과 홍기(興基)가 집에 오다. 내일 아침 도쿄로 동행한다고.
홍식이가 집에 와서 묵다.

3월 22일 화요일. 맑음.
시편 77편. 12시 반 잠.

6시 기상. 능곡(陵谷) 소나무 숲에 산책.
등교하여 제1학년 입학자 확정 및 보결(補缺) 입학자 결정하다.
홍식이 오늘 밤 차로 원산으로 돌아가다.

3월 23일 수요일. 맑음.
시편 78편. 10시 잠.

7시 기상. 등교. 학년 성적 사정회. 4학년 을(乙)조 50명 중에서 43명 진급.
마루젠에서 웰스(H. G. Wells)⁶⁶의 《인류의 노동과 부와 행복(The work, Wealth and Happiness of Mankind)》 도착하다.

3월 24일 목요일. 맑음.
마태복음 4:1-16, 시편 79편. 11시 잠.

7시 기상. 게으른 사나이!

Οὐκ ἐπ' ἄρτῳ μόνῳ ζήσεται ὁ ἄνθρωπος, ἀλλ' ἐπὶ παντὶ ῥήματι ἐκπορευομένῳ διὰ στόματος θεοῦ.

Οὐκ ἐκπειράσεις κύριον τὸν θεόν σου.

---

65. 다카하시 도오루(高橋亨, 1878~1967): 도쿄제국대학 한학과(漢學科)를 졸업하고 1903년 대한제국 초청으로 한성관립중학교 교사로 한국에 부임해 1945년 일본의 패전으로 귀국할 때까지 조선총독부 촉탁학자, 시학관, 경성제국대학 교수, 혜화전문학교 교장 등을 역임했다. 식민지 조선의 사상과 종교정책을 수립하기 위한 자료 조사의 결과물인 "조선의 교화(教化)와 교정(教政)"으로 도쿄제국대학에서 박사학위를 받았다. 이후 조선의 언어, 설화, 속담, 민요, 사상, 종교에 이르기까지 다양한 연구 활동을 했다.

66. 웰스(Hebert George Wells, 1866~1946): 영국의 소설가, 언론인, 사회학자, 역사학자. 김교신의 동료 함석헌도 웰스의 역사관에 많은 영향을 받았다. 특히 웰스는 함석헌이 한국 역사가 세계사의 일부임과 과학주의 사상을 인식하는 데 결정적인 역할을 했다고 한다. 1932년 출간된 《인류의 부와 노동과 행복》은 《세계사대계》(The Outline of History, 1919~1920), 《생명의 과학》(The Science of Life, 1929)에 이은 웰스의 3부작.

Ὕπαγε, Σατανᾶ· γέγραπται γάρ, Κύριον τὸν θεόν σου προσκυνήσεις καὶ αὐτῷ μόνῳ λατρεύσεις.

…사람이 떡으로만 살 것이 아니요 하나님의 입으로부터 나오는 모든 말씀으로 살 것이라(마태복음 4:4b), …주 너의 하나님을 시험하지 말라(마태복음 4:7b), …주 너의 하나님을 경배하고 다만 그를 섬기라 하였느니라(마태복음 4:10b)

등교하여 통신부(通信簿) 기입. 오후에 전주(全州) 김종흡(金宗洽)[67] 군 찾아와, 박물실에서 여러 시간(數刻) 이야기하다. 내 위주로 말하고 그는 듣고 갔다. 〈성서조선〉지의 태도에 관하여.

3월 25일 금요일. 맑음.
시편 80편. 10시 반.

7시 기상. 등교. 성적 발표. 진급식. 오늘부터 1주간 휴가.[68]
인원(仁媛)의 고녀(高女) 입학을 구라마치(倉町) 선생께 교섭 청탁하다.

3월 26일 토요일. 맑음, 바람.
마태복음 4:17-25, 시편 81편.
《신곡》 천국편 제6곡(Par. Canto 6). 11시 반 잠.

7시 기상. 장작을 패다.
조금용(曺수用) 내방. 밭 하루갈이(一日耕)와 논 1섬지기[69]를 소작하는데 식구가 열한 명이요, 4% 이자의 부채(負債)가 1200원(圓)[70]이 있어 추수하여도 전부 채권자에게 빼앗기고, 해마다 부채만 증가할 형편이라 한다. 구조할 방법은 무엇인가·
구라마치 선생의 소개로 인원을 제1고녀 5학년에 응시 수속하다. 동소문밖 권직주(權稷周) 씨를 방문하다. 택점은 보성고보에 응시한다고 하다.

Μετανοεῖτε· ἤγγικεν γὰρ ἡ βασιλεία τῶν οὐρανῶν.

회개하라 천국이 가까이 왔느니라(마태복음 4:17b)

3월 27일 일요일. 맑음.
마태복음 5:1-12, 시편 82편. 11시 반 잠.

7시 기상. 오전 9시쯤에 인성 군이 선천(宣川)[71]으로부터 상경. 부친 환갑연으로 함흥에 가는 길에. 밤 10시 출발하다. 오전 중 만영(萬英) 아저씨를 대현리(大峴里)[72]로 찾아뵙다.

오후 4시 반에 Seoul Union Church(서울 연합교회)에 참석. Resurrection Songs(부활 찬양)에 깊이 감동되다. 내가 없는 사이에 주범진(朱範鎭) 씨 부자(父子)가 집에 왔었다고 하다. 황송한 일.

3월 28일 월요일. 눈.
마태복음 5:13-16. 오전 4시 반 잠.

인원을 제1고녀에 데리고 가서 응시하다. 양정학교에 가서 우편물 가져오다.

오후에 총독부에 가서 〈성서조선〉 제39호 원고를 찾다.

밤에 동소문 안 오카모토(岡本) 씨를 방문하고 활인동(活人洞) 셋집 건을 교섭하다.

새벽 4시 지나서까지 원고 교정하다.

67. 김종흡(金宗洽): 일제강점기 전북 고창 지역에서 활동한 교육자. 일본 교토제국대학 종교철학과를 졸업한 후 전주 신흥학교에서 영어를 가르치다 1934년 9월 고창고등보통학교 교장으로 부임·재직했고, 해방 후 서울대 부총장을 역임했다. 김교신의 동계성서집회에서 "중세기 철학과 신앙"이라는 강의를 한 적이 있다.

68. 당시 운영되던 3학기제에서 제3학기는 겨울방학이 끝나고 3월 말까지였다. 제3학기 수료식이 끝나고 4월 1일 제1학기가 시작되기 전까지 일주일 정도 휴가가 주어졌다.

69. 논밭의 넓이 단위. 한 섬의 씨앗을 뿌릴 만한 넓이로, 스무 마지기(약 3~4천 평).

70. 원(圓): 일제강점기 조선은행권의 화폐단위로, 일본은행권(엔円)과 함께 통용되었으며, 1:1로 교환되었다. 조선은행권도 일본 전역에서 자유로이 유통되었다.

71. 평안북도 서부에 있는 군(郡)으로, 강남산맥(江南山脈)의 지맥에 따라 서부의 평지와 동부의 산지로 나뉜다. 조선 기독교 중심지의 하나로, 기독교 계통 학교인 신성(信聖)학교와 보성(保聖)여학교가 있었다.

72. 당시 '경기도 고양군 연희면 대현리'로, 현재 서울시 서대문구 대현동.

3월 29일 화요일. 맑음 추움.
마태복음 5:17-38. 시편 84편. 9시 반 잠.

7시 기상. 오전 중에 권직주 씨가 상택(爽澤)을 데리고 오다. 오후에 만영 아저씨가 집에 와서 모친 일행의 함흥 출발을 31일 밤으로 확정하다.

오후에 단발·목욕하다. 시간을 절약하기 위함과, 학생들 심리(心理)를 위하여.

3월 30일 수요일. 맑음.
마태복음 5:39-42. 12시 반 잠.

4시에 기도. 오전 등교, 당직.

〈성서조선〉 제39호 교정은 학교에서 보았다.

3월 31일 목요일.
오전 2시 반 잠.

6시 반 기상. 오전 중은 인쇄소에 가서 이창호, 권석창과 함께 교정하다.

오후 2시부터 양정 직원회에 참석. 신년도의 여러 가지 사항을 결정.

한홍식이 오늘 아침 상경, 우리 집에 와서 기숙하게 되다.

최규회도 오늘 저녁 9시에 우리 집에 와서 전과 같이 기숙.

모친이 오늘 밤에 함흥으로 출발. 유숙 중이던 인원(仁媛)도 오늘까지 이화여전 가사과 시험을 마치고 함흥으로 돌아가다. 부친 환갑연 참여하려고.

이지호(李芝鎬) 군으로부터 성경 구절 해석상의 질문 편지 오다.

최규회로부터는 부활에 대한 질의서 오다.

젖먹이 정옥(正玉)의 기침병이 점점 심하여 적십자의원에서 진찰을 받았으나 별 효과 없다. 나 자신의 신앙인답지 않은 생활을 깊이깊이 뉘우치다.

1932년 4월 1일 금요일. 맑음.
고린도전서 14장. 시편 87편. 10시 반 잠.

7시 기상. 아침에 김종희(金倧熙) 상경, 전과 같이 기숙하러 집에 오다.

택점이 며칠 동안 유숙하다가 오늘 밤 10시 함흥으로 돌아가다. 종희가 내 대신 전송.

아침 9시부터 양정 시업식. 담임한 5학년 을(乙)조에 대하여, 특히 1년의 계획에 관한 훈화를 하다. 오후 1시에는 신입 1학년 입학식.

젖먹이의 병의 원인은 나의 영적 나태함에 있는 듯하여, 그 병이 심할수록 깊이 반성하지 않을 수 없다.

4월 2일 토요일. 맑음.
마태복음 5:43-48, 시편 88편. 12시 반 잠.

6시 기상. 등교하여 5학년 지리 2시간 수업.

양택점의 입학이 결정되어 삼평(三平)[73]으로 전보(電報)하다.

〈성서조선〉 제39호 오후 7시경 나왔기에 9시 전으로 발송하다.

어제 밤 9시 경, 김한권(金漢權)이라는 금년 봄 보성학교 졸업생을 최규회가 데리고 와서 같은 고향의 인연으로 그 방에 함께 자는 중.

4월 3일 일요일. 맑음 따뜻함.
시편 89편. 9시 반 잠.

6시 기상. 20분간 뛰어서 경성역 9시발 차를 겨우 타고 오류동 하차. 송(宋)·류(柳) 가족과 함께 예배. 나는 누가복음 8:40 이하의 '야이로의 딸 부활'에 대하여 이야기하다.

11시에 오류동 역전 가로(街路)에 나가서 경인간역전경주(京仁間驛傳競走)[74]에 뛰는 양정 선수를 응원 환호하다. 두 서(徐) 씨는 오토

바이로 따르고 김(金), 양(梁), 강(康) 선생들과 수십 명 학생이 나
와서 응원하니 마치 양정학교 운동회 같았다. 양정 A조가 총독
부 팀보다 3분 리드(lead).

11시 8분 차로 집에 와서 조금 쉰 후에, 오후 2시 반부터 금학년
도 성서연구회 제1회 강의를 시작하다. 부활의 학리적(學理的) 설
명보다 예수의 "다만 믿어라", "일어나라!"는 소리가 나의 설명이
된다고 말하다. 이창호, 이건표, 권석창, 최찬훈, 최규회, 김종희
등 외에, 조성빈(趙誠斌),[75] 김명한(金明漢), 김한권 등이 새로 출석
하다.

오후 4시 반에 모리스 홀(Morris Hall)[76]에 출석, 닥터 에비슨(Dr.
Evison)[77]의 창세기 1:1-5, 요한계시록 22:1-6에 관한 감상을 듣
다. 무선전신(無線電信)을 방송하나 수신자가 단지 한 사람, 세계
각국의 개선 진보로 자식이 부모를 닮아(肖似) 가는 것은 아버지
된 하나님의 기뻐하시는 일이라 함은 유익한 지혜였다.

정옥의 기침병이 조금 차도가 있어 안심.

4월 4일 월요일. 비 뒤 맑음.
마태복음 6:1-4, 시편 90편. 10시 잠.

6시 기상.

등교, 수업. 각 학급장(學級長) 10명, 특대생(特待生) 5명 발표와,
어제 경인역전(京仁驛傳) 우승 발표. 경기도에서 우대수당(優待手
當)이 왔다 하여 33엔을 받다.

종희가 오늘까지의 식비를 계산하고 다른 곳으로 이전하겠다는
것을, 아버님 동의가 있을 때까지 기다리라고 만류하다.

류석동 씨가 전화로 〈성서조선〉 제39호의 오자를 지적해 주어
감사.

4월 5일 화요일. 흐림.
마태복음 6:5-18, 시편 91편. 11시 잠.

5시 기상. 오늘 아침에 양인성, 인원, 택점이 상경. 환갑연은 소박
하게 마쳤다고. 택점은 오늘부터 양정학교 제1학년 갑(甲)조에 입
학되고, 인원은 이화여전 가사과 예과에 입학되고, 기숙사로 입
사하여 저녁식사 후 침구 등을 가지고 가다. 인성 군은 참봉(參奉)
건으로 경기중학의 사이토(齋藤) 새 교장을 찾아갔으나 실패하고
오늘밤 우리 집에 와서 묵다.

김승업(金承業)이라는 한정희(韓貞姬)의 남편이 내교하여, 한림 씨를 면회하려고 상경하였다 하므로 면회할 수 있는 방법을 신태헌(申泰憲) 씨께 부탁하다.

4월 6일 수요일. 맑음.
11시 잠.

6시 기상. 아랫방에는 종희, 최규회, 김한권의 3명이 있고, 안방에는 한홍식과 택점이 동거하는데, 신입생 편이 더 근면한 듯하다.

인성 군은 양정학교에 찾아와서 교장 외 여러 선생께 인사하고 저녁 7시 차로 선천(宣川)을 향하다. 택점의 기숙(寄宿) 건을 인수하다.

김승업 씨가 오늘아침에 한림 형 면회한 소식을 전해오다. 살바르산(Salvarsan)[78] 주사 맞기를 원한다 하므로 바로 신(申)씨에게 청탁하다. 김 씨를 저녁 식사에 초청하여 함께 식사한 후, 오늘밤 차로 함흥으로 돌아갔다.

오늘밤 베어 씨 댁 회화반에 출석. 다시 1년간 계속하기로 결심.

---

74. 일제강점기 스포츠는 매우 인기가 있었고 그 가운데 육상은 기본 종목이었다. 당시 곳곳에서 마라톤, 역전경주가 열렸다. 경인간역전경주는 서울역과 인천역을 오가는 장거리 육상 경기다.

75. 조성빈(趙誠斌): 김교신이 5년간 담임한 제자. 경성제대 예과 학과시험 합격 후 구두시험 때 "우리 학교 담임선생 김 모가 예수 믿는 고로 나도 믿습니다"라고 고백하여 김교신을 놀라게 했다. 이후 1936년 5월 29일 밤 심장마비로 사망. 김교신은 1935년 겨울 〈성서조선〉에 연재하던 조성빈의 요한복음 시역(試譯)을 중지시키고, 집회 출석은 물론 문전출입도 금하도록 선언했는데, 이유는 그가 "신앙적 사랑의 기독교를 알 뿐이요, 구약적 의(義)의 종교를 몰랐기 때문"이었다. 그러나 미처 절연 선고를 해제하지 못한 채 가버린 제자의 죽음을 가슴 아파하면서, 〈성서조선〉 1936년 7월호에 "저의 짧은 일생을 회고하면서 그의 유고(遺稿)를 마저 인쇄"하고 있다(〈김교신 전집〉 제1권 304~310쪽 "조성빈 군의 일생").

76. 현 프란시스코회(정동길 9) 자리에 있던 곳으로, 당시 경성외국인학교(현 서울외국인학교 전신)가 1923년 이곳으로 이전하여 1924년 경성외국인학교의 열성적인 후원자였던 모리스(James H. Morris)를 기리기 위해 그의 이름을 딴 모리스 홀을 증축했다. 한때 서울 장안의 문화예술의 전당으로 이름을 떨쳤다.

77. 닥터 에비슨(Dr. Olivier. R. Evison): 1860년 영국에서 태어나 유년시절 캐나다로 이주. 토론토 의대 재임 중 미국인 선교사 언더우드를 만나 그의 추천으로 1893년 한국에 왔다. 세브란스 의학전문학교와 연희전문학교 교장으로 재직하며 우리나라 근대 의학의 개척자 역할을 했다. 1931년 4월 30일 장로교회 선교사 총회 참석차 귀국했다가 1932년 2월 17일 다시 서울에 왔다.

78. 일명 606호, 매독·학질의 특효약.

4월 7일 목요일. 맑음.
마태복음 6:19-34, 시편 93편. 11시 잠.

5시 기상. 금년 4월 1일 이후 매일 운동 유희(遊戲)를 거르지 않기로 작정하고 실행.
학교에서 2, 3학년 보결, 4학년 전학 시험이 있었다.
이번에 김종흡 군의 전임(轉任)[79] 건을 베어 씨께 청탁하다.
저녁에 기숙중인 학생들에게 규율, 예의에 관해 주의를 주다.
7서(七書)[80] 헌 책을 20엔으로 깎아서 대금을 지불하다.

4월 8일 금요일. 맑음.
시편 94편. 11시 잠.

6시 반 기상.
저녁에 한근이 보성학교에서 낙제된 소식을 가지고 오다. 소리 내어 우는 중에 사람 됨됨이의 곧음을 보다.
양정학교 직원 간에 시작된 '진서발간회(珍書發刊會)'에서 제1회로 1권을 나누어 받다.

4월 9일 토요일. 흐림, 비.
마태복음 7:1-5, 시편 95편. 11시 잠.

6시 반 기상.
등교, 수업. 당직으로 유숙. 밤에 류석동 씨 내교. 신앙상의 이야기를 논의하고 돌아가다.
한근(韓根)의 전학 건을 특별히 요청하여 오는 월요일에 응시하게 하다.

4월 10일 일요일.
마태복음 7:6, 역대상 봉독. 시편 96편.
10시 반 잠.

6시 기상. 순선이 가져온 아침밥을 먹은 후, 오전 9시 차로 오류동 행. 류(柳) 형 댁에서 여호수아기를 강의하다. 만 4개월 만에 다시 계속하게 된 것이다. 송두용 부부와 류 형은 매우 감동한 듯하였고, 류 씨 부인은 해주(海州)에 여행 중이었고, 성(成) 씨도 불참. 육상호(陸相鎬)도 없었다. 송 씨의 맏형님과 그 어린 아들 참석. 길 위에서 송 씨 부친께 인사하다.

오후 2시부터 우리 집에서 역대상을 강의하다. 대부분 중복된 내용이므로 힘 있게 이야기할 수 없었다. 이건표, 이창호, 권석창, 최찬훈, 최규회, 김종희, 김한권, 양택점, 한홍식, 곽인성 및 진술이와 아내가 참석하다. 곽 군은 주일학교 임무로 인하여 금후(今後)로 불참하게 되다.

이기분 내방. 임성근(林聖根)이 기숙하려고 오늘도 집에 오다. 너무 좁아서 사절하다.

저녁식사 후에 동대문 안(內) 장안여관에 유숙중인 교선(敎善)을 심방하였으나 부재. 오는 길에 숭삼동(崇三洞)[81] 오카모토 토모시로(岡本友四郎)를 찾아갔으나 역시 외출 중이었다.

4월 11일 월요일. 흐림.
마태복음 7:7-12, 시편 97편. 12시 잠.

6시 반 기상.
장 씨로부터 원고를 쓸 수 없다는 편지가 왔는데, 나 역시 지금까지 1매도 쓰지 못하다.
〈동아일보〉 오늘까지로 구독을 중지하다.

4월 12일 화요일. 비.
마태복음 7:13-14, 시편 98편. 12시 잠.

6시 기상.
저녁에 신상철 군이 집에 오다. 신의주, 오산 등지의 소식을 많이 전하다.

---

79. '전임'은 근무지를 옮기거나 바꾸는 것인데, 김종흡이 영어를 가르쳤던 관계로 김교신이 베어 씨에게 청탁한 것으로 보인다.
80. 일곱 가지 유교 경서(經書). 《논어》, 《맹자》, 《중용(中庸)》, 《대학(大學)》의 사서(四書)와 《주역(周易)》, 《서경(書經)》, 《시경(詩經)》의 삼경(三經)을 총칭.
81. 1914년 행정구역 통폐합에 따라 경성부 숭삼동(崇三洞)이 되었다가 1936년 명륜정(明倫町) 삼정목(三丁目)이 되었으며, 1943년 종로구에 편입, 1946년 명륜동 3가로 바뀌었다.

4월 13일 수요일. 맑음.
12시 잠.

5시 기상. 오늘 아침 6시 50분 경성역에 도착하는 열차로 어머님
및 인민(仁敏) 모자(母子) 등이 함흥으로부터 귀경하시다. 역전으
로 마중 나감. 짐을 많이 가지고 오시다.
함흥 친척 및 친구들의 곤궁한 형편을 듣고 마음이 매우 아프다.
밤에 베어 씨의 회화반에 출석하다.

4월 14일 목요일. 맑음, 밤에 우박 내림.
시편 100, 101편. 11시 잠.

6시 기상. 오전 중에 원고 집필하고 오후에 등교.
종희 숙소 옮기는 일은 중지하고, 세자(世子)를 함흥으로 돌려보
내기 위하여 차비 2원 주다.

4월 15일 금요일. 맑음.
시편 102편. 11시 잠.

6시 기상.
마루젠 서점에 주문하였던 《Septuagint》[82] 도착.

4월 16일 토요일. 맑음.
역대하 1-7장. 12시 잠.

7시 기상.
고(故) 엄주익(嚴柱益)[83] 씨 1주년 기념일이어서 전교 휴업하고 오
후 1시부터 추도식이 있었다. 운동장에다 식장을 설치하고, 재학
생 600여 명과 졸업생 및 내빈 수백 명으로 성대한 식이었다. 그
러나 너무 성대하여 맨 앞줄의 극소수자 외에는 추도사, 추도문
낭독을 들은 사람 없이, 식을 위하여 서 있었을 뿐이고, 아무런
감격도 없었다.
저녁에 박 씨 초대로 전 직원이 청목당(青木堂)[84] 식당에서 저녁

식사. 목욕.

도쿄-요코하마 역전 경주(京濱驛傳競走)에 출전할 양정 선수 일행을 전송하기 위하여 저녁 9시 반 역전에 나가다.

4월 17일 일요일. 맑음.
역대하 8-36장, 시편 104편. 12시 잠.

7시 기상. 늦잠 잔 것을 자책하기 위하여 마루 대청소하다. 수고는 많았으나 일한 성적은 현저히 보이지 않았다. 모든 선한 일은 이러한 법이야.

오카모토(岡本) 씨가 집에 왔기에 동네 122번지 오카모토 소유의 집에 세 든 사람들을 나가도록 함께 가서 독촉하다.

김교선(金敎善), 주수장(朱洙章), 안호번(安鎬藩) 등 고등예비교(高等豫備校)[85] 준비생들이 집에 와서 점심 먹은 후 돌아가다. 모두가 귀한 손님이었다. 단, 주일의 시간을 낭비하다.

오후 2시에 역대하 강의. 이건표, 이창호, 권석창, 최찬훈, 최규회, 김종희, 양택점, 김한권, 한홍식 등 참석. 곽옥임은 출석하였다가, 주일학교 지도를 이유로 금후 출석 중지하게 되다.

저녁에 이○형(李○衡), 이필영(李弼永)이 집에 오다. 다 좋은 학생임을 감사.

4월 18일 월요일. 비 후 맑음.
시편 105편. 12시 잠.

6시 기상. 다음 달 호 원고 아직까지도 마치지 못하여 초조한 마

---

82. 70인역 헬라어(=고대 그리스어인 코이네 그리스어) 구약성경. 가장 오래된 구약성경의 번역본으로 기원전 3세기 이스라엘 12지파에서 6명씩 뽑은 72명의 유대인 학자들이 알렉산드리아에서 70일간에 번역했다는 전설에서 유래했다. 'Septuagint'는 라틴어의 70(Septuaginta)이라는 단어에서 유래.

83. 엄주익(嚴桂益, 1872~1931): 호는 춘정(春庭). 1905년 2월 몽이양정(蒙以養正)의 기치 아래 양정의숙을 설립하여 숙장(塾長)으로 취임했다. 1907년 엄황귀비(嚴皇貴妃)로부터 200만여 평의 토지를 하사받았다. 1910년 국권 상실 후 교육 사업에만 심혈을 기울였다. 1913년 재단법인 양정의숙 이사장에, 같은 해 10월에 양정고등보통학교 교장에 선임되었다.

84. 당시 최고급 식당이자 찻집. 남대문로(현 한국은행 건너편 제일은행 서쪽)에 있었다. 일본인이 경영했고, 1층에서는 양주를, 2층에서는 커피와 양식을 팔았다.

85. 진학 준비를 위한 학교를 일본에서는 '예비교'라 하는데, 대부분 학생은 입학시험에 실패한 졸업생들이었다. 《동아일보》 1923년 11월 26일자에는 "시내 황금정 2정목에 있는 '경성고등예비교'에서는 고등학교나 각 전문학교에 입학하려는 일반 학생을 위하여 입학모의시험을 실시, 정밀첨삭지도"를 한다는 기사가 있고, 1934년 4월 28일자 《조선중앙일보》에는 "평양 유지 협력으로 중등교 수험생을 위한 '고등예비교'를 설립하여 5월 5일 개강한다"는 기사가 있는 것으로 보아 오늘의 입시학원과 비슷하지만 공공성이 강했던 것으로 보인다.

53

음 가눌 길 없다(焦心不一). 차마 결근할 수도 없어 등교하니, 다른 결근·지각한 선생이 많아 쉬는 시간이 많았다. 역시 출근한 것이 학교와 학생들에게 유익하였다. 주문한 냉면이 점심시간 후에 왔으므로 먹지 않았다. 미안.

신상철 군이 학교에 와서 손의 상처를 수술하였다고 돈 1엔을 빌려가다.

밤 12시까지 집필하여도 원고 쓰기는 부진하다. 이번처럼 난산(難産)은 없다.

4월 19일 화요일. 맑음.
마태복음 7:15-20, 시편 106편. 11시 반 잠.

6시 반 기상. 집필은 진전이 없다.
김도경(金道慶), 이원장(李元長)의 학교 회계를 청산하다.

4월 20일 수요일. 맑음.
11시 반 잠.

6시 기상. 집필은 아직도 진전이 없다. 등교, 수업. 농구(basket ball).

류석동 씨 내교하여 오류학원에 관하여 잠시 이야기 한 후에, 서적 양도 건과 신앙생활 등 몇 시간 이야기하며 의논하다.

류영모 씨가 장지영 씨 방문차 내교하여 잠시 만나다. 김정식(金貞植)[86] 선생은 양계장 도난에 대한 책임을 지고 며칠 전에 거처를 옮겼다고. 꽃은 벚꽃, 사람은 무사(武士)라던가![87]

밤에 베어 씨 댁 회화반 출석.

4월 21일 목요일. 맑음.
시편 108편. 11시 잠.

6시 반 기상. 김한권의 본댁에서 사람이 와서 묵다.

4월 22일 금요일. 흐림, 약간의 비.
시편 109편.

6시 기상. 류석동 씨 내교. 그의 도서 10권에 30엔으로 인수하다.

4월 23일 토요일.
시편 110, 111편. 12시 잠.

학생들 도움으로 원고를 복사하다.
오후 직원회에서 소풍(遠足) 모임 건 확정. 5학년은 남한산성으로
정하다.

4월 24일 일요일. 맑음.
밤을 새움.

오전 9시 차로 오류동 행. 사사기를 강의하다. 송 씨 내외, 송 씨
형, 신상철, 류 씨 내외, 류 씨 동생, 김영택(金永澤) 등 참석하다.
11시 8분 차로 돌아오다.
오후 2시 반 우리 집에서 연구회. 에스라를 공부하다. 참석자가
다소 바뀌어, 곽(郭)의 남매는 오늘부터 불참케 되고, 서이범(徐履
範) 씨가 초면으로 오늘부터 와 참석(피어선[88] 금년 입학이라고)하고.
김명한(金明漢) 외 이창호, 건표, 석창, 찬훈, 규회, 종회 등 양정
학생은 여전. 택점은 밖에 나갔고, 홍식은 참석 중도에 자리를 뜨
다. 양인성 군이 집회 중도에 와서 참석. 취직 의논하러 오늘 아

---

86. 김정식(金貞植, 1862~1937): 해주 태생인 한말 독립운동가이자 청년운동가. 대한제국 때 경무관(警務官)
    이었으나 만민공동회에 가담했고, 독립협회 사건에 연루되어 투옥되었다가 옥중에서 회심하여
    기독교인이 되었다. 3년간 옥살이 후 석방되어 황성기독교청년회에 가입, 초대 한인 총무가 되었
    다. 1906년 8월에는 도쿄에 파송되어 도쿄조선기독교청년회를 창설하고 초대 총무를 역임했으
    며, 귀국 후 YMCA 운동을 계속했다. 우치무라 간조(內村鑑三)와 교분이 두터워 무교회주의 신앙
    을 우리나라에 도입하는 데 큰 구실을 했다.
87. 일본에서 벚꽃은 나라 시대는 물론 헤이안 시대에도 그저 새봄을 알리는 꽃일 뿐이었다. 그러나 에도시
    대 가부키 〈추신구라(忠臣藏)〉에서 벚꽃은 억울하게 죽음을 당한 무사를 대변하는 꽃이 되었고,
    근대에 들어오면서 정세가 급변하는 막부 말기 벚꽃은 급진성을 띠기 시작한다. 고대 일본에서
    소녀의 청순한 이미지를 품고 있던 벚꽃은 군국주의의 칼춤 속에서 무사의 생사관과 결부되어
    애꿎게도 죽음을 미화하는 꽃이 되고 말았다. 본문에서는 진퇴를 분명히 하는 조선 무인으로서
    김정식 선생의 정신을 일본의 무사 정신과 견주어 높이 평가한 것으로 보인다.
88. 학교 공식 명칭은 '피어선기념성경학원'. 1912년 아더 T. 피어선(Arthur T. Pierson. 1837~1911) 박사의 유
    언에 따라 설립된 초교파적 성경학교다. 임시로 감리교협성신학교(현 감리교신학대학)를 빌려 사
    용하다 1917년 서울 서대문구(현 종로구 신문로2가 89)에 교사 준공하여 이전했다. 1981년 교사를
55 경기도 평택시로 신축 이전하고 '피어선성서신학교'로 개교, 현재는 평택대학교로 개칭했다.

침 상경하여 오늘 밤 차로 선천으로 돌아가다. 밤에 양(楊)의 부자(父子)와 함께 이화여전에 인원을 찾아보다.
숭삼동(崇三洞)에 오카모토를 찾아갔으나 없었기 때문에 돌아오는 길에 밤 벚꽃을 창경원 안에서 보다.
밤을 새워 집필.

4월 25일 월요일. 맑음.
8시 잠.

오전 7시까지 제40호 원고 2통을 작성하여 하나는 인쇄소로, 다른 것은 경무국(警務局)으로 보내다. 내가 편집을 맡은 뒤로 가장 어렵게 나온 호(最大難産号)였다.
등교, 4시간 수업. 운동.

4월 26일 화요일. 맑음.

6시 기상. 교정의 벚꽃이 활짝 피다.

4월 27일 수요일. 맑음.
약 2시간 선잠.

밤 8시 경에 배갑균 씨가 집에 와서, 송두용의 아버님께서 오늘 오전 10시에 별세하셨다는 소식을 전하다. 즉시 출발하여 오류동 개봉리 후용(厚用) 씨 댁에 가서 유족을 보고 밤을 새우다. 오늘은 일본인 초혼제(招魂祭)[89]로 휴업. 오전에 용산 역전으로 개선군 마중 나감.

한목용(韓穆鏞) 기숙

4월 28일 목요일. 맑음.
잠을 안 잠.

오류동에서 출발하여 봄 소풍에 참가. 5학년은 뚝섬, 봉은사 방면으로 해서, 문병국(文炳國)의 집까지 다녀오다.
오후 7시에 도쿄-요코하마 역전경주에서 개선하는 양정 선수 마

중 나가다. 전교생 600명이 시내 종로에서 동아일보사 앞까지 줄
지어 가다. 전교직원과 선수 일동이 만찬회를 봉래각(蓬萊閣)[90]에
서 열다.

밤 11시 10분 차로 오류동을 향하였는데, 졸려서 역을 지나치다.
소사(素砂)에 하차하여, 걸어서 개봉리 송후용 씨 댁까지 가니, 바
로 입관하려는 때였다. 예배 인도 후 나의 손으로 입관. 오전 4시
에 발인하여 소사면 공동묘지까지 우리끼리 메고 가다. 성백용,
류석동, 신상철 및 송 씨 형제였다.

4월 29일 금요일. 맑음.

매장지까지 관을 옮긴 후 6시 차로 귀경. 등교. 식을 벌이다(천장
절天長節[91]).

여러 날의 피로로 아무 일도 하지 못하다. 오후에는 쉬면서 자고
나서 목욕.

한목용(韓穆鏞)이 어젯밤부터 기숙하여, 건넌방을 홍식, 택점 등
과 함께 쓰도록 주고, 우리 식구는 모두 안방에 거처하게 하다.
나는 뒷마루를 서재로 하다. 부재중에 이용도(李龍道) 목사가 집
에 왔었더라고.

4월 30일 토요일. 맑음.

등교. 2시간 수업. 피로가 아직 안 풀리다.

우리 친목회(김정식金貞植), 양정 직원 위로회 등 연회를 사절하고
집에 와서 주일 준비하다.

함흥 한격만 씨 내교. 흥농원(興農園)에 관계된 일을 알리고 납세
대책을 상의하다.

---

89. '초혼제'란 전사하거나 순직한 사람의 혼령을 위로하는 제사로, 당시는 주로 식민지 통치를 돕다가 죽
은 일제 경찰을 위한 초혼제가 주를 이루었다. 초혼제의 대상은 주로 백성의 돌팔매에 맞아 죽
은 자, 조선독립단의 총칼에 맞아 죽은 자 등이었고, 조선인도 다수 포함되어 있었다고 한다.
1923년 5월 21일자 《동아일보》 기사 일부를 보자. "(전략)그 일이 명의 경관들이 죽어 넘어진 벌
판에 다시 긔백천 사람의 죽엄이 깔렷슴을 과연 기억하는지, 일백한 명의 죽엄은 초혼의 제물을
밧치는 자나 잇거니와 구진비에 추추(작은 소리로 훌쩍이며 우는 모양)히 우는 긔백천의 영혼은 부
칠 곳이 어디인가·"

90. 당시 북미창정(北米倉町, 현재 서울시 중구 북창동)에 있던 중화요리점.

91. 천황 탄생일을 제2차 세계대전 이전까지 '천장절(天長節)'이라 불렀다. 일본의 공휴일인데, 천황이 새로
즉위할 때마다 바뀐다.

1932. 5월 1일 일요일. 맑음.
시편 120편. 11시 반 잠.

오전 8시 차로 오류동 행. 송 씨 선친의 제74회 생일 기념. 아침
밥을 함께 한(후용 씨 댁에서) 후에, 로마서 2장, 베드로 전서 3장
19절 이하, 4장 6절 등으로 감상을 이야기하다. 11시 8분 차로
귀경. 모친은 교대로 왕복하시다.
오후 2시 느헤미야 강의. 문이범(文履範) 씨 외에 건표, 창호, 석창,
찬훈, 규회, 종희, 종용 등 참석.

5월 2일 월요일. 맑음.
시편 121, 122편. 11시 반 잠.

6시 반 기상.
수업을 마친 후에 인쇄소에 가서 제40호 교정 완료. 돌아오는 길
에 현저동(峴底洞)에 이용도 목사 댁을 찾아갔으나, 서강교회(西江
敎會)92 부흥회 인도 중이라 하여 집에 없었다.

5월 3일 화요일. 흐림.
시편 123, 124편. 12시 잠.

6시 반 기상. 등교. 오후 운동.
함흥 사촌(沙村) 숙모로부터 돈을 빌려 달라는 편지 오다.

5월 4일 수요일. 비.
시편 125, 126, 127편. 12시 반 잠.

6시 기상. 오후에 〈성서조선〉 제40호가 나오다. 발송. 회화(會話)
는 결석.
저녁 8시 예배 후에 한목용 기타 기숙생들에게, 나갈 때 반드시
알리고 돌아오면 반드시 인사할 것(出必告反必面), 청결 등을 이야
기하다. 예배 시간을 변경하여 내일 밤부터 밤 10시로 하게 하다.

5월 5일 목요일. 비.
시편 128편. 12시 잠.

6시 반 기상. 교정의 벚꽃은 지고, 녹음이 꽃을 이기다(勝花).

5월 6일 금요일. 맑음.
시편 129편. 11시 잠.

6시 기상. 아침과 저녁에 장작을 패다.
〈삼천리(三千里)〉[93] 잡지에 김산(金山)[94]의 애인이었던 최영숙(崔英淑)[95]의 사망 소식과, 그의 일생기(一生記)를 보다.

최규회 퇴거

5월 7일 토요일. 맑음. 음력 4월 2일.
마태복음 7:15-23. 시편 130, 131편. 11시 잠.

6시 기상. 최규회가 오늘 안으로 옮겨가겠다고 알려오다. 저녁 식사 후 짐을 가지고 물러가다.
양정 교내 각 학년 대항 육상, 정구 대회. '운동장기공제(運動場起工祭)' 있었다.
오늘이 모친 생일이어서 적은 음식을 마련하여 기념하다. 이화여전 기숙사에서 인원이 와서 참석.

---

92. 현재 서울시 마포구 독막로 127(창전동)에 있는 교회. 1941년 이 교회 심성열 전도사는 성서조선 사건으로 구속되기도 했다.

93. 삼천리(三千里) : 1929년 6월 21일자로 창간되어 14년간 152호가 발간된 대중잡지. 〈삼천리〉는 1930년대 잡지계가 소자본의 개인경영이 어려워진 상황에서도 성공적이었다(전시통제경제하의 1941년에도 300쪽을 발간함). 이는 발행인 김동환과 〈삼천리〉가 시류에 발 빠르게 편승하여 잡지를 체제협력을 위한 내용으로 변화한 영향이 크다. 조선을 상징하는 제목의 잡지가 일본의 "대동아" 건설의 길을 선택한 것이다.

94. 김산(金山, 1905~1938): 사회주의 운동가, 독립운동가. 본명 장지락(張志樂). 평북 용천 출신으로, 님 웨일즈의 '아리랑'을 통해 자세히 알려졌다.

95. 최영숙(崔英淑)은 이화학당 졸업 후 중국을 거쳐 스웨덴으로 유학하여 주경야독으로 스톡홀름대학 사회경제학부에서 1931년에 학사학위를 받고 같은 해 11월에 귀국하였으나 조국에는 그녀를 수용할 공간이 없었다. 인도 청년과의 사이에 임신까지 하여, 허약한 몸에 경제적인 압박과 과로로 1932년 4월 23일 28세를 일기로 세상을 떠났다. 최영숙은 김산에게 그녀의 스웨덴 생활을 편지 형식으로 소개했다.

5월 8일 일요일. 비.
시편 132편. 10시 잠.

6시 반 기상. 9시 차로 오류동 행. 룻기를 강의하다. 류(柳) 씨 형제 및 육(陸) 씨, 송 씨 형제 및 배 씨, 신상철, 성백용, 송석도(宋錫道) 등 참석하다.
오후 2시 우리 집에서 에스더를 강의하다. 창호, 건표, 석창, 찬훈 등 외에 종희, 택점, 한목용, 홍식 등 참석하다.
어제부터 배부르게 먹어 설사하고, 피로가 심하여 잠시 낮잠.

5월 9일 월요일. 맑음.
시편 133, 134편. 10시 반 잠.

6시 반 기상. 모친은 어제부터 마가부인 댁 새벽기도회에 참석키 위하여 오전 4시에 나가시다.
김흥권(金興權) 씨가 도쿄 갔던 형원(炯元)을 데리고 학교에 와서 내일부터 등교케 하다.

5월 10일 화요일. 맑음.
시편 135편. 12시 잠.

6시 기상. 학교에서 5학년 주최로 신입생 환영회 있었다(오후 2시).
유석동 씨가 원고 22매 가지고 학교에 오다. 가족이 고향으로 돌아가는 것에 관한 의논 끝에, 지난 금요일 양식이 떨어져서 돈 2원을 변통하여 근근이 목숨을 보전(僅僅保命)하였다는 실토를 듣고 놀라다. 주머니돈 3엔을 보태어 쓰도록 하다.
이헌구(李軒求)[96] 씨의 전화로 함께 경성에 와있는 에카시라(江頭) 군을 남대문 밖 대동관(大東館)으로 찾아갔으나 외출 중이었다.
장도원 씨의 원고 도착. 오늘 밤 나도 집필 시작.

5월 11일 수요일. 맑음.
마태복음 7:24-29, 시편 136편. 10시 반 잠.

6시 기상. 등교하여 한격록(韓格綠), 정국호(鄭國楜), 최병철(崔炳喆) 등을 취조(取調)하고 훈화하기에 여러 시간 걸리다. 밤 9시에 김은배(金恩培),[97] 손기정(孫基禎)[98]의 도쿄행을 전송하다.

5월 12일 목요일. 비 후 맑음.
마태복음 8:1-4, 시편 137편. 9시 반 잠.

6시 기상. 오늘부터 8시 30분 등교. 모친은 며칠사이 오전 4시경
에 마르코(Marco) 부인 댁으로 기도하러 가시고, 홍식이는 오전
4시부터 공부 시작하다. 오전 3시간 늦게 등교. 방과 후 운동.
운동으로 피로해서 집필할 수 없다.

5월 13일 금요일. 맑음.
마태복음 8:5-13, 시편 138편. 9시 반 잠.

6시 기상. 등교하여 정국호 무기정학 결정.
오늘이 음력 4월 초파일이라 하여 집안 사람 전부 새절[99]로 재 구
경 다녀오다. 저녁에 집을 사려고 온 손님이 있으므로 파는 가격
은 900엔, 전세(全貰)로 하면 600엔이라 하였더니 비싸다고 돌아
가다.

5월 14일 토요일. 맑음.
12시 반 잠.

오전 6시 50분 경성역에 도착하는 열차로 원집(遠集) 종조부(從祖
父)께서 상경하시므로 종회(悰熙)와 함께 마중 나가다. 집에 와서

---

96. 이헌구(李軒求, 1905~1983): 문학평론가, 예술원 원로회원, 불문학자. 함경북도 명천 출생. 와세다대학
불문과 졸업. 1931년 경성보육학교 교원으로 재직했으며, 조선일보 학예부 기자, 민중일보 사장
겸 편집국장, 공보처 차장, 이화여대 교수 및 문리대 학장을 역임했다.

97. 김은배(金恩培, 1907~1980): 우리나라 최초로 올림픽에 참가한 육상선수. 양정 2학년 때부터 육상선수로
활약했다. 일본 와세다대학 졸업. 1932년 5월 제10회 LA올림픽 마라톤에 참가하여 2시간 37분
28초로 6위를 기록했다. 1952년 헬싱키올림픽 육상감독. 대한체육회 상무이사 등 역임.

98. 손기정(孫基禎, 1912~2002): 양정고보 김교신 제자 중 한 사람. 평안북도 의주군 광성면 민포리 출생. 일
제강점기 육상 선수로, 1936년 베를린 올림픽에서 마라톤 금메달 수상. 당시 〈조선중앙일보〉와
〈동아일보〉가 그의 사진에서 일장기를 지워버린 일장기 말소사건이 있었다. 해방 후 대한체육
회 부회장, 1966년 아시안게임 한국대표단장을 지냈으며, 1988년 서울올림픽 개회식에서 성화
최종봉송자로 뛰었다. 옛 양정고보 자리에 손기정 공원이 마련되었다. 김교신 회고문에서 그는
" … 그냥 바라보고 있어도, 아니 선생님이 계시다는 생각만 하고 있어도 무엇이 저절로 배워
지는 것 같은 분이 바로 선생님이셨다"고 했다.("비범하셨던 스승님". 〈김교신 전집〉 별권 153쪽)

99. 서울 서대문구 봉원동 산1번지에 있는 봉원사(奉元寺)를 가리키는 듯하다. 영조 때 불에 탄 절을 다시
지으면서 새로 지은 절이란 뜻으로 '새절'이라 불려 왔다고 한다(《한국의 불교성지》 163쪽). 옛 지도
에도 현 위치에 '신사(新寺)'란 지명을 확인할 수 있다고 한다.

아침식사 후에 청량리 의릉(懿陵)[100]의 도(都) 씨를 찾아가 보시고 그 길로 내일 아침 함흥으로 돌아가신다고(15일).

오후 3시부터 제국대학(帝大) 의학부 제3강당에서 박물학회가 개최되어 참석. 우메다(梅谷), 모리(森)[101] 두 분의 강연이 있다.

밤 8시부터 시(市) 공회당에서 시내 각 중등학교 주최의 "양정 군(軍) 개선 환영의 밤"이 열리므로 참석하다. 윤치호(尹致昊), 송진우(宋鎭禹), 아펜젤러(亞篇설라) 등 여러분의 축사가 있었다. 감격이 많고도 컸다. 돌아오는 길에 산마루 바위 위에 앉아서 12시경까지 생각하고 또 기도하다.

5월 15일 일요일. 맑음.
시편 140편. 12시 잠.

정류장으로 마중 나감.
중간시험 기간이기 때문에 오늘은 집회가 없었다. 오후 집필.

5월 16일 월요일. 맑음.
시편 141편. 11시 잠.

등교하니 신문에는 어제 오후 5시경에 일본 도쿄에서 육해군 사관(士官) 10여 명이 작당하여 이누카이(大養)[102] 수상과 명사(名士), 정우회(政友會) 본부, 경시청(警視廳), 변전소 등을 습격하였고, 이누카이 씨는 권총에 즉살 당하였다고 보도하였다. 요사이 일본의 세태불온(世態不穩)함이 어찌 이리 심한가.

5월 17일 화요일. 맑음, 심한 더위.
시편 142편. 10시 반 잠.

어제부터 무더위가 점점 더하여가고(尖熱漸加), 가뭄이 오래되어 수도와 우물이 고갈되고, 열풍(熱風)에 붉은 먼지가 하늘을 덮으니 지옥의 고열(苦熱)이 연상되다.

5월 18일 수요일. 흐린 뒤 비.
시편 143편. 12시 잠.

아침부터 흐리더니 정오 무렵부터 비가 조금 오다. 사람과 가축
과 초목이 다시 살아나는 듯하다.

5월 19일 목요일. 흐리고 약간의 비.
시편 144편. 12시 잠.

오늘부터 제1학기 중간시험 시작. 여전히 오전과 오후로 나누
어 봄.
수업을 마치고 운동(테니스)하다.

5월 20일 금요일. 약간의 비.
12시 잠.

5시 기상. 오전 11시까지 〈성서조선〉지 제41호 원고 완료하여 제
출하고 등교. 오후 시험 감독. 테니스 연습.
밤 8시에 하얼빈(Harbin)과 서울 YMCA의 농구전을 YMCA 구
장에서 참관하다. 가는 길에 정학 중에 있는 정국호의 숙소를 심
방하고(경운동慶雲洞 50), 다시 관훈동(寬勳洞) 46의 박중기(朴重基)
집을 심방하다. 한근(韓根)은 서북여관(西北旅館)에서 옮겨가서 못
만나다.
장 목사에게 학급 기념사진 1매를 보내드리다.

100. 의릉(懿陵)은 조선 제20대 경종(1688~1724)과 계비 선의왕후(宣懿王后) 어씨(魚氏)의 능으로, 서울시 성
     북구 석관동에 있다. 사적 204호.
101. 모리 다메조(森為三, 1884~1962): 일본의 생물학자. 일제강점기 한반도의 생물을 연구했다. 1904년 도
     쿄제국대학 박물과를 졸업한 후, 1909년 관립 한성고등학교 교수가 되었고, 1925년 경성제국대
     학 교수가 되었다. 해방 때까지 한반도의 각종 식생들을 연구했다. 진돗개와 풍산개의 보존, 각
     시붕어, 쉬리 등 한국 생물학계에 큰 역할을 했다.
102. 이누카이 쓰요시(犬養 毅, 1855~1932): 오카야마 현 출생. 1931년 12월 내각총리대신으로 임명받아 수
     상이 되었다. 1931년 만주사변을 일으키고, 1932년 3월, 쫓겨났던 청나라 황제를 허수아비 황제
63   로 하여 만주국을 세웠다. 그해 5월 도쿄에서 해군 장교들에 의한 5·15사건에서 암살당했다.

5월 21일 토요일. 맑음.
시편 146편. 9시 잠.

시혜(始惠)가 어젯밤부터 열이 있는 채 잠자리에 들었더니 오늘 저녁엔 조금 차도가 있다.
시내(市內) 한 독자로부터 익명으로, 5월호의 다수구원론[103]에 반대하는 글이 오다.
저녁에 인원(仁媛)이 집에 왔기에 〈성서조선〉 제40호와 학급 사진 1매 주어 보내다.

5월 22일 일요일. 맑음.
시편 147편. 10시 반 잠.

5시 반 기상. 아카시아 꽃이 피기 시작. 간밤 꿈에 한림 군을 보다. 한결같이 건강하고 쾌활한 것을 치하하였다. 혹시 무슨 병환의 조짐이 아닌지 염려되다.
오전은 오류동에서 사무엘상을 강의하다. 송두용 부부, 류(柳) 부부, 신상철, 성백용 등 참석. 모두 원기 있고, 특히 류 씨는 요사이 10년 만에 처음으로 영적인 환희의 경험을 하였다 하여, 역까지 함께 걸으면서 이야기하다.
오후에는 다수구원론에 관하여 자세히 설명하다. 중간시험 중이므로 5학년생 4인은 불참하고, 최규회가 규복(圭復)을 데리고 와서 참석한 외에는 기숙 중인 종희, 택점, 한(韓) 숙질 및 집 식구들뿐이었다.
5시경에 이봉수 씨가 집에 와서 총독부 내(內)의 관계(官界) 소식을 많이 전하고, 이 달 월급에서 -10엔이 되어, 도와줄 방법을 청하므로 내일 주선할 것을 허락하다.
오류동에서 돌아오는 길에 노량진에서 사육신묘(六忠臣墓)를 참배하고, 산 밑에서 이승원(李昇遠) 씨를 우연히 만나다.

5월 23일 월요일. 맑음.
시편 148편. 12시 잠.

6시 기상. 등교 후 이봉수 씨를 초청하여 일금 10엔을 빌려 주다. 이누카이 내각 총사직 후 1주 만에 어제야 사이토 마코토(齊藤實)[104] 씨에게 지명이 내렸다는 보도가 있었다. 일본의 앞날에 어려움이 많겠구나.

오후 5시부터 일본인 YMCA(태평통太平通)에서, 독일어 강습회에
참석하다. 중등과에 참석하다.
〈성서조선〉 제41호 검열 통과. 원고 수정에 밤이 깊었다.

5월 24일 화요일. 맑음, 마른 바람.
시편 149, 150편. 10시 잠.

〈성서조선〉 제41호 원고를 인쇄소에 넘기다. 제40호의 인쇄비
지불.
오후까지 중간시험 마치다. 5학년 을(乙)반 학생에게 '시험을 마치
고'란 제목으로 약 40분간 훈화를 하다.
농구부장(籠球部長)으로 선수 일동과 초대면식이 있었고, 함께
연습.

주공순(朱恭淳) 발병

5월 25일 수요일. 비.
12시 잠.

6시 기상. 등교. 수업. 오후 독어 강습회에 출석, 사이토(齊藤) 씨
로부터 수업.
정신(貞信)여학교장(조趙 씨가 대리로)으로부터 전화가 있어, 오후 7
시 반에 그의 집을 방문하니 천만 뜻밖에 함흥으로부터 주공순
(朱恭淳)이 왔는데, 정신이상이 생겼으므로 세브란스 병원으로 보
냈다고 하다. 즉시 병원으로 간즉, 정신병임이 분명하고 그 가련

---

103. 하나님은 최다수의 구원을 바라시고, 이를 위해 모든 우주 존재들이 봉사하고 있다는 주장. 김교신은
십자가 대속을 통해서만 인간이 구원받을 수 있다는 십자가 중심주의 신앙을 견지하고 있었다.
그럼에도 그는 "그가 또한 영으로 가서 옥에 있는 영들에게 선포하시니라"(벧전 3:19), "이를 위하
여 죽은 자들에게도 복음이 전파되었으니"(벧전 4:6)라는 구절을 근거로 결국 하나님께서 만인을
구원하시리라는 다수구원론을 신념으로 믿었다. 그는 소수구원론과 다수구원론 모두 성서적 근
거가 있는 것으로, 이는 소신대로 취할 수 있다고 생각했다. 김교신은 십자가의 은혜로 자신의
구원을 확신했지만, 한 사람이라도 멸망한다면 나의 구원을 믿을 수 없다고 고백했다. 그는 "나
의 형제 곧 골육의 친척을 위하여 내 자신이 저주를 받아 그리스도에게서 끊어질지라도 원하는
바로라"(롬 9:3)는 바울의 고백처럼 조선 민족의 구원을 제쳐놓고 자신의 구원을 생각할 수 없다
고 생각했다.

104. 사이토 마코토(齊藤實, 1858~1936): 해군 대장 출신으로 제3대, 제5대 조선 총독. '무단정치'에서 '문화정
치'로 통치 방법을 바꾸어 식민지 반발을 무마하려 했다. 내각총리대신을 지냈으며(1932~1934), 퇴
임 후 1936년 2·26사건 때 급진파 청년장교들에게 살해당했다. 1919년 9월 26일 총독 취임 차 남
대문역(현 서울역)에 도착할 때, 강우규(姜宇奎) 의사의 폭탄 공격을 받기도 했다.

한 모습은 차마 눈으로 볼 수 없어라. 아아 인생! 실신한 중에서
도, 집안 재산을 은행에 저당(抵當)하였다가 탕진한(蕩敗) 것, 작년
에 친정 부친상을 당하였을 때에 상심하였던 것, 세상이 부럽지
않다는 것 등을 말하며, 나를 보고는 하나님의 도(道)는 그러하
냐 하며 인정의 차갑고 야박함을 호소하다.
겨우 새로 설치한 정신병실에 입원시키고, 9시 반경 물러나오다.
오늘 정신학교장과 전(田) 부인이 수고 많았다.
귀가하여 이 소식을 전하니 모친 이하 심하게 놀라, 밤 12시경까
지 사촌댁(沙村宅) 도와줄 방법을 이야기하다가 기도하고 잠자리
에 들다.

5월 26일 목요일. 맑음.
마태복음 8:14-17. 12시 잠.

5시 반 기상. 모친은 어제 밤 편안하게 주무시지 못하셨다 한다.
오전 11시에 세브란스 병원에 가니, 병실 안의 주공순은 정신병
임이 확연하여, 다시 진찰 받은 다음에 정식으로 입원 수속하고,
(10엔 지불) 오늘부터 모친께서 옆에 붙어 간호하시게 되어, 밤에도
옆방에서 묵으시다.
오후에는 인쇄소에 가서 교정하고, 밤 10시에 직공들과 같이 퇴
근하다. 교정은 덜 끝나다.

주(朱) 및 모친 함흥 가시다.

5월 27일 금요일. 맑음.
12시 잠.

등교 전에 병원에 가서 주공순을 보다. 병 상태는 여전하고, 수원
(水原)이나 함흥에서는 도무지 소식이 없으니 심화(心火)가 나다.
오후에는 교정하여 밤 10시까지 마치다. 가정, 학교, 병원, 인쇄
소, 독어 강습소, 농구부 감독 등으로 몸뚱이를 다섯 여섯으로
나누어도 너무 바빠 견뎌 내지 못할 지경이다. 충희 숙부로부터
편지가 와서 주(朱)의 병의 원인을 알다.

5월 28일 토요일. 맑음.
잠언 4장. 12시 반 잠.

6시 기상. 2시간 수업 후 테니스 하고, 병원에 들렀다가 정욱(鄭煜)[105]씨, 최재학(崔在鶴) 씨 등의 10주년 축하식에 참석(백합원百合園). 사이토 마코토 씨 내각이 성립하니, 소호(蘇峰)[106]는 말하기를 "차선(次善)내각"이라고.

5월 29일 일요일. 맑음.
12시 반 잠.

병자(病者)로 인하여 주일 집회 중지. 오후에 함흥으로부터 전화가 와서, 주공순은 퇴원하여 오늘 밤차로 함흥으로 내려가다. 모친이 함께 가시다.
오늘 오후 7시에 정신여학교 교장을 찾아가서 사례하다. 흰색 옥(玉)비녀 부러진 것을 찾아오다.

5월 30일 월요일. 맑음.
잠언 6장. 12시 반 잠.

주공순이 무사히 도착했는지 여부가 종일 염려되다.
제41호 나와서(밤 10시 반) 즉시 발송 준비.
오후에 류석동 씨를 서대문정(町) 2정목(丁目) 경성인쇄공예사로 찾아가, 그의 요즈음 심경을 듣다(그의 초청에 의하여). 독어 강습 출석.

5월 31일 화요일. 맑음.
11시 잠.

오전 중 발송 사무. 경무국 도서과의 호출을 받고 총독부에 가니, 〈성서조선〉 제41호의 19, 20쪽이 출판 허가 이외의 부분이라

---

105. 정욱(鄭煜)은 당시 양정의 영어교사. 10년 근속을 축하하는 것으로 생각된다.
106. 도쿠토이 소호(德富蘇峰, 1863~1957): 본명은 도쿠토이 이이치로(德富猪一郎). 언론인이자 비평가로 평민적 구화(歐化)주의를 주장했고, 청일전쟁에서 승리하자 일본주의를 기치로 대륙침략을 긍정하여 일본의 대외팽창을 주장했다.

하여 시말서를 쓰라고 하다.

오후에 5학년 학생들 인솔하고 고등공업학교[107] 견학. 밤에 숙직.

【1932년 6월】

6월 1일 수요일. 맑음.
잠언 7장. 12시 잠.

숙직실에서 5시에 기상하여 기도. 마루젠(丸善)에 10엔 지불.
학교에서 대영백과사전 구입 결정(220엔으로)하여 마루젠에 신
청하다.
수업을 마치고 독어강습회 출석. 이어서 베어 씨 처소의 회화
반 출석. 거기서 함흥영생여교장(咸興永生女校長) 맥래인(Miss
Mckrane)을 맞닥뜨림.[108] 그녀는 나를 알아보는지 분명치 않았다.

6월 2일 목요일. 맑음.
잠언 8장. 11시 반 잠.

수업 후에 양정 대(對) 배재 직원 정기 정구시합이 양정 코트에서
열려, 양정이 우승하다.
김은배, 손기정, 권태하(權泰夏)[109] 등 선수 일행이 도쿄 예선을 마
치고 오후 7시에 경성에 도착하여 직원 및 다수 학생들이 마중
나가다.

6월 3일 금요일. 맑음.
마태복음 8:18-34. 11시 반 잠.

6시 기상. 오후 독어 강습.

6월 4일 토요일. 맑음.
12시 잠.

수업이 끝나고 숙명여교(淑明女校)에서 직원대항 정구시합. 양정
이 이기다. 다시 나는 보성전문학교에 가서 조선체육회 주최 농

구 리그전에 선수 일동과 함께 출전. 양정 대 휘문 전에서는 양정이 이기다.

6월 5일 일요일. 맑은 후 흐림.
12시 잠.

오후 집회에서 용기를 강의하다. 건표, 창호, 석창, 찬훈, 규회, 종희, 택점 등이 출석하다. 오후 5시경에 보성전문학교에 가서 농구 리그전 참관. 협성실업(協實)이 너무 강해서, 양정 군(軍) 참패하다. 오는 길에 우연히 혼마 슌페이(本間俊平)[110] 씨의 강연회가 있음을 알고, 저녁 식사 후에 욱정(旭町)[111] 2가(二丁目) 감리교회에 출석. 마친 후에 인사하니 선생도 7, 8년 전 잠시 이야기 나눈 것을 잘 기억하여 반갑게 악수를 교환하다. 선생은 조선호텔에 묵는 중인데, 오늘 아침 평양 방면에서 경성에 왔다고.

6월 6일 월요일. 맑음.
12시 잠.

5시 반 기상. 오늘 아침 숙명여학교에서 혼마 씨 강연회가 있었다고 하나 불참하다. 오후 4시에 조선호텔로 혼마 씨를 방문하다. 숙명학교의 노무라(野村), 김(金), 두 선생 만나다. 독어 강습회에 출석.

---

107. 일제 강점기에 공업에 관한 전문교육을 실시하던 실업학교로, 여기서는 '경성공업고등학교'를 말하는 것 같다. 해방 후 경성제국대학 이공학부 공학계를 흡수하여 서울대학교 공과대학이 되었다.
108. 함흥영생여학교는 1903년에 선교사가 설립한 학교로, 3·1운동 때는 영생남자학교와 함께 함흥 지역 만세 시위를 주도하여 일제의 큰 탄압을 받았다. 특히 1941년 조선어학회 사건은 이 학교가 발단이 되었다. 김교신은 이 학교에서 1927년 만 1년을 이곳에서 근무했다. 교장은 캐나다 장로교 선교사 Miss Esther McEachern(麥愛蓮, 1882~1959)이었다. 'Miss Mckrane'은 'Miss McEachern'을 잘못 표기한 것으로 보인다. 김교신이 교장을 마주쳤음에도 인사하지 않은 것은 그가 개인 사정으로 영생여학교를 급히 사직하고 양정고등보통학교로 왔기 때문이다.
109. 권태하(權泰夏, 1906~1971): 충북 충주 출생. 일본 리쓰메이칸(立命館)중학교, 메이지대, 사우드캘리포니아대 체육학과를 졸업했다. 일제강점기 육상선수로 김은배와 함께 로스엔젤레스 올림픽에 참가하여 9위를 기록했다. 광복 후 조선마라톤보급위원회 위원장, 1959년 국제마라톤대회 감독을 지냈다.
110. 혼마 슌페이(本間俊平, 1873~1948): 우치무라의 제자. 김교신은 〈성서조선〉 제94호(1936년 11월)에서 "혼마 슌페이 씨 같은 이는 일반사회에까지 대환영 받는 우치무라 문인(門人)인 것은 말할 것도 없다"고 소개한다. 대구사범에서의 강연에서는 "조선 총독은 천하의 영재를 이곳에 모아놓고 그 아까운 재주를 키우기는커녕 죽이고 있다. 그래서 이 학교는 사범학교가 아니라 사반학교(死半學校)다"라고 했다 한다.(blog.joins.com)
111. 현 서울시 중구 회현동의 일제강점기 때 명칭. 조선 초기 한성부 남부 호현방(好賢坊) 지역을 1914년 욱정(旭町)이라 했으며, 욱정 2정목은 현 회현동 2가에 해당한다.

6월 7일 화요일. 맑음.
12시 잠.

5시 반 기상. 수업 후 보성전문학교 코트에서 양정 대 중동(中東)의 농구시합 참관하다. 양정 패. 류석동 씨를 혼마 선생에게 소개하다.
밤 8시부터 공회당에서 혼마 씨 강연회가 있어 그 자리에 참석하다. 약 천 명에 가까운 청중이었다. 폐회 후, 내일 양정에 와서 강연할 것을 승낙 받다.

6월 8일 수요일. 맑음.
12시 잠.

5시 기상. 오전 7시 기숙사에서 서봉훈 씨와 상의한 후, 조선호텔에서 혼마 선생을 모시고 와 8시 40분부터 양정 강당에서 약 45분간 강연.
오후 독어 강습.

6월 9일 목요일. 잠시 비.
잠언 16장. 10시 반 잠.

5시 반 기상. 오후 농구전 응원. 보성고보와의 대전(對戰)에서 겨우 1점을 이기다.
이계신(李啓信)[112]에게서 편지가 와서 기쁘다. 요즈음 송두용 씨로부터 엽서가 자주 와서 깊이 감사하다.

6월 10일 금요일. 맑음.
잠언 17장. 데살로니가전서 5:12-22. 12시 반 잠.

6시 기상. 오후에 보성전문 코트에서 농구 응원, 자동차로 가다.
경성실업[113]과의 대전(對戰)에서 양정이 통쾌하게 이기다.
전보를 받고 함흥으로부터 돌아오시는 모친을 용산 역까지 마중 나가다. 주공순은 조금 차도가 있다고 하다. 이진윤(李鎭胤) 형은 영육이 모두 건강하다고 하다.
이계신을 위해 특별기도.

6월 11일 토요일. 맑음.
잠언 18장. 10시 반 잠.

5시 기상. 한 시간 일찍 등교하여 선수들과 함께 여러 가지를 준비하고, 오전 10시 30분부터 농구부 교내 대회를 열다. 오후에 황대찬(黃大傑) 군이 와서 심판 및 코치하다.
오늘 밤 학교 서쪽 뜰에서 Evolution의 활동사진(活寫)이 있었으나, 전기 고장 및 일반 군중의 혼잡으로 인하여 교육상 의미가 거의 없었다.
혼마 슌페이 씨가 오늘 밤 수양단(修養團)에서 강연하고 밤차로 함흥으로 간다고 하다.

6월 12일 일요일. 오후 비.
잠언 19장. 9시 반 잠.

6시 기상. 주공순이 입원한 이후부터 오늘까지 몹시 바쁘고 또 바빴다. 심신의 피로가 극심함을 느끼다. 학교 당직이 되어 집회는 중지하게 하였더니, 다행히 순번을 바꿀 수 있어 오류동 집회만 가질 수 있었다. 사무엘하를 강의하다. 류 씨 부부 및 옥동(玉童), 송 씨 형제의 양 부부 및 석도(錫道)의 남매, 성(成) 씨, 신(申) 군 등 10여 명 출석.
농구 리그전에 참전하기 위하여 오후 2시에 일본인 YMCA에 출석. 황대찬 씨가 와서 양정 선수 일동을 지도하여 주다. 비가 내림으로 말미암아 경기상업(道商) 대 용산중(龍中) 경기를 빗속에 마친 것 외에는 중지하다.
함흥 이정오가 별세하였다는 소식을 인원의 엽서에서 알다.

6월 13일 월요일. 비.
마태복음 9:1-8, 잠언 20장. 10시 반 잠.

5시 반 기상. 오후 독어 강습 출석.

---

112. 이계신(李啓信, ?~1934): 함흥 출신. 1931년 4월부터 병상에서〈성서조선〉을 읽으며 신앙이 성장했다. 폐결핵으로 투병하다 1934년 2월 19일 사망.
113. 1928년 경성실업전수학교로 개교하였으나 1936년 폐교하고 한성상업학교로 설립 인가를 받아 현재 한성고등학교로 됨.

6월 14일 화요일. 비.
마태복음 9:9-13, 잠언 21장. 12시 잠.

함흥 충희(忠熙) 숙부로부터 편지 오다. 식산은행(殖銀) 함흥지점
에서 김보희(金普熙)에 대한 채권을 행사하여 부동산 경매를 개시
하였다는 통지서 1건 첨부하여 보냈는데, 내가 연대 채무자로 되
어 있다는 것이다. 당장 밤에 함흥에 가려다가 좀더 깊이 생각해
보기로 하다.

6월 15일 수요일. 비.
잠언 22장. 11시 잠.

등교, 수업. 김보희 대책을 상의하기 위하여 오후 죽첨정(竹添
町)[114]에 신태현(申泰鉉) 씨를 방문하다. 함흥에 가는 것이 좋겠다
고 하다.
어제부터 설사가 심하다.

6월 16일 목요일. 흐림, 맑음.
잠언 23장. 12시 반 잠.

밤중에 나도 모르게 설사하여 잠옷의 옷자락과 요에 똥칠하다.
오전 중 자리에 누워 있었다. 오후 등교, 수업. 농구 시합을 태평
통(太平通)[115]에 가서 참관.
혼마 선생이 함흥·원산 방면에서 귀경하였기에 오후에 찾아뵙고
〈성서조선〉지 제40, 41호 두 권과 학급 사진 1매를 드렸더니 매
우 만족하여 하시더라.
식산은행 함흥지점장 집으로 항의서 1건 내용증명으로 발송하다.

6월 17일 금요일. 맑음.
잠언 24장.

오후 5시에 조선호텔에서 혼마 씨를 방문하고, 노량진 사육신 묘
및 이승훈(李昇薰) 선생 등을 소개하다. 그는 올 가을에 다시 올
계획이라고 하다.

6월 18일 토요일. 맑음.
잠언 25장.

오전 10시에 군산으로 향해 출발하는 혼마 슌페이 씨를 전송하다.

6월 19일 일요일.
잠언 26장. 오전 3시 반 잠.

두통과 피곤으로 오전 중 자리에 눕다. 오후 2시 집회에 류석동
형이 오류동으로부터 와서 지원. 사무엘하 6장 12-23절에 의하
여 요즈음 자신이 경험한 바 (1)신앙 능력 (2)십자가 속죄 실감
(3)하나님의 실재 등 체험을 통하여 견딜 수 없는 우주적 환희를
피로(披露)하니 모두가 크게 감동하다. 창호, 건표, 석창, 찬훈, 규
회, 종희, 목용, 택점, 홍식 외에 김윤철(金允喆)이 새로 참석하고,
마을 장(張)선생 모친이 참석하다.

6월 20일 월요일. 오후에 약간의 비.
잠언 27장. 10시 반 잠.

간밤 새벽 3시까지 집필하다. 오늘 오후에 겨우 제42호 원고 제출.

6월 21일 화요일. 비.
잠언 28장. 11시 반 잠.

6시 반 기상. 오전에 전화로 류석동 씨가 도쿄로 건너간다 하
므로 오후에 경성인쇄공예소에서 류(柳) 형을 만나다. 여비 5엔
보조.
야스오카(安岡) 씨의 동양윤리에 관한 강연을 듣기 위하여 경기
중 강당에 가서 참석하다. 도중 퇴장. 이덕봉(李德鳳)[116] 씨를 만나
니 이제부터 〈성서조선〉지 독자가 될 것을 청하므로 6월호부터
발송.

---

114. 현 서울시 중구 충정로 일대(강북삼성병원 부근). 초대 주(駐)조선 일본 영사이면서 갑신정변에도 가담
    했던 다케조에 신이치로(竹添進一郞)의 이름에서 따왔다. 해방 후 민영환(閔泳煥)의 시호에서 따
    온 충정로(忠正路)로 개명.

115. 현 태평로의 일제강점기 때 이름. 조선시대 중국 사신이 머물던 태평관이 있었던 데서 유래했다.

6월 22일 수요일. 흐린 후 맑음.
12시 잠.

6시 반 기상. 등교, 수업 후 독어, 영어 강습회에 결석하고, 김보희(金晋熙)에게 보낼 내용증명서 1건을 초안 잡아 신태헌 씨에게 가서 협의하고 밤 10시에 집에 오다.

6월 23일 목요일. 맑음.
잠언 30장.

일본인 YMCA 주최 농구 리그전을 하루 종일 하다. 오늘은 양정 대 경성사범 전에 패하다. 6전 2승뿐인 셈이 되다.

6월 24일 금요일. 맑음.
잠언 31장.

오후에 제1고등여학교[117]와 직원 정구. 해당 학교에 가다. 크게 이기다.

6월 25일 토요일. 맑음.
전도서 1장. 12시 반 잠.

오늘 아침에 교란(敎蘭)이 도쿄로부터 고향으로 가는 길에 우리 집에 오다. 공순(恭淳)의 병 상태를 대략 설명하니 오전 10시 15분차로 함흥으로 향하다.
어젯밤까지 가정 예배 시 잠언을 다 읽고, 오늘 저녁부터 전도서를 읽기 시작하다. 이발, 목욕.

6월 26일 일요일. 맑음.
전도서 2장. 12시 잠.

오늘부터 오류동 가는 것은 중지하다.
오후 2시 집회에서 시편을 강의하다. 출석자는 전 주일과 같다.
〈성서조선〉 제42호 교정.

6월 27일 월요일. 맑음.
전도서 3장. 12시 잠.

6시 반 기상. 등교. 독어 강습. 밤에 교정.

6월 28일 화요일. 맑음.
전도서 4장. 12시 반 잠.

〈성서조선〉 제42호 교정을 마치다.

6월 29일 수요일. 맑음.
오전 1시 잠.

오후에 직원회가 있어서 독어 강습 결석. 여러 곳의 학생 가정방문을 한 후에 베어 씨 회화반에 출석하다. 오늘 밤으로 이번 학기는 마치다.

6월 30일 목요일. 맑음.
전도서 6장. 12시 반 잠.

수업을 마치고 공덕리 방면 학생 가정방문하다.
한림 군의 부친이 오늘 별세하였다는 전보가 와서 놀랐다. 옥중에 있는 자의 심정을 생각하니 더욱 그렇다. 어떻게 조치할지 판단하기 어렵다.
〈성서조선〉 제42호가 나오다. 발송 사무가 밤중까지 이르다.
베어 씨의 친절한 안내로 세브란스 병원에서 발가락의 무좀을 진료받다.

116. 이덕봉(李德鳳): 황해도 해주 출생으로, 1918년 관립농림학교를 졸업했다. 1932년 4월 24일부터 매주 종로 중앙전도관에서 중학생들을 대상으로 전도활동을 했으며, 후에 배화여학교에서 교편생활을 했다. 서울시 교육감, 서울대·고려대·중앙대 교수(식물학), 식물분류학회장 등을 역임했다.
117. 학교 공식 명칭은 '경성제1공립고등여학교'. 1908년 서울에 개설되어 1945년까지 존재했던 일본인 여학교(소수 한국인 여학생도 있었음). 1922년 덕수궁 선원전(현 중구 정동 1번지) 자리로 옮겼으며, 광복 후 학교는 폐쇄되고 1946년부터 1959년까지 경기여자고등학교가 사용했다.

—

1932년

7~12월

1934년 3월 17일 촬영한 가족사진.
〈김교신 일보〉 이날 일기에 이 가족사진 찍은 것이 언급되어 있다.

〈성서조선〉 창간 동인. 1927년 촬영.
뒷줄 왼쪽부터 양인성, 함석헌.
앞줄 왼쪽부터 류석동, 정상훈, 김교신, 송두용.

1932년 7월 1일 금요일. 맑음.
전도서 7장. 11시 반 잠.

6시 기상. 오늘 아침 7월호 〈성서조선〉 발송.
한근(韓根)이 서대문형무소로 한림 군을 방문하고 그의 부친 별
세의 소식을 전하니 크게 놀라 통곡하더라고 하다.
독어강습회에 가니 임시 휴업이었다. 돌아오는 길에 조성빈(趙誠
斌), 노동진(盧東鎭) 숙소를 심방하고, 교선(敎善)을 만나다.

7월 2일 토요일. 맑음.
마태복음 9:14-34, 전도서 8장. 12시 잠.

6시 기상. 등교, 수업. 운동. 오후에 학생 가정방문 약 열 집. 최재
학 선생이 종희를 찾아왔다고 하다. 고야마다(小山田)[1]에서 장
뇌 1봉(80전), 금계랍(金鷄蠟)[2] 1봉(1엔 60전), Pomphorin[3] 25cc(50
전), 파리 잡는 끈끈이종이 12매(20전) 등을 사다. 순선(順善)이는
학질로 자리에 누워있는 중.
백남용(白南鏞) 씨로부터 그의 동생 전학 건으로 편지 오다.
류석동 씨가 도쿄 아사가야(阿佐ヶ谷)에서 편지 보내다. 나가이(永
井) 옹(翁)이 그리스어 공부 시작했다고.

7월 3일 일요일. 맑음.
마태복음 9:35-38, 전도서 9장. 12시 잠.

7시 기상. 오전 중 성서를 잠시 읽은 외에 낮잠. 오후 2시에 최규
회가 와서 참석하였기에, 오늘부터 연구회는 중지하였으나, 간단
히 예배하다. 고린도전서 1장 17절 이하를 간단히 해설하다. 149,
220장 찬송.
오후 6시 지나서 주기용(朱基瑢) 씨가 찾아와 주택지를 답사하고
가다.
밤에, 무료 배부용 발송 봉투를 쓰다.

7월 4일 월요일. 맑음.
전도서 10장. 12시 잠.

6시 반 기상. 아내가 피로로 병이 나 누워 있어 모친께서 부엌일을 하시다.
등교하였다가 오후 독어 강습에 출석하다. 한림 댁에 부의금 2엔 보내다.

7월 5일 화요일. 맑음.
마태복음 10:1-5, 전도서 11장. 11시 반 잠.

5시 반 기상. 등교하니 근(根)이 말하기를, 식(植) 군이 어제 경성을 통과하여 함흥으로 내려갔다고 하다(도쿄로부터). 아내는 차도가 없다. 어린 순선이는 조금 차도가 있다. 나는 발가락의 무좀으로 지금까지 걷기 어렵다.
최재학 선생이 〈성서조선〉 창간호부터 전부 청구하셔서 놀라다.

7월 6일 수요일. 뇌우.
전도서 12장. 1시 잠.

아침에 단비 내리다. 밤에는 뇌우로 변하여 폭풍우가 심했다. 잠시 정전되다.
〈성서조선〉지(창간호~제42호) 42권을 최 선생께 드리다.
독어 강습에 참석.

7월 7일 목요일. 비 뒤 맑음.
12시 잠.

오후에 점점 맑아지므로 염리(鹽里), 동막하리(東幕下里),[4] 현석리(玄石里), 서강(西江),[5] 합정리(合井里) 방향의 학생들 가정 방문을

---

1. 현 용산구 한강로 3가(당시는 한강통漢江通 3정목)에 있던 약국.
2. 원문은 '금계약(金鷄藥)'. 학질, 신경통, 감기 등에 해열 및 진통제로 쓰인다.
3. 원문에서 명확하게 판독되지 않는 단어. 'pomphlorin'으로도 읽힐 수 있는데, 어떤 약인지 확실치 않다.
4. 현 마포구 대흥동이 경기도 고양군에 속했을 때의 명칭.
5. 한강 서쪽으로 봉원천(奉元川=창천滄川)과 한강이 합류하는 일대의 지역.

하고, 돌아오는 길에 김상돈(金相敦) 씨가 우유 목장을 경영하는 곳에 잠시 들렀다. 오늘 공사를 마친다는 우물은 200엔 남짓 들었다 하며, 순전히 새로 개척한 점이 부러웠다. 저녁식사 후 밤 10시 지나 돌아오다.

7월 8일 금요일. 맑음.
아가 2장. 11시 반에 잠.

강습회(5학년 하계) 건은 학과 담임선생의 의견이 백출(百出)하여 40일간 안(案)은 정하기 어려웠다.
오후에 수표교(水標橋) 방면 학생 방문(안민봉安民逢).
독어 강습에 출석. 돌아오는 길에 죽첨정(竹添町), 아현북리(阿峴北里), 행화정(杏花亭)[6] 방면 학생 방문.

7월 9일 토요일. 맑음.
마태복음 10:6-16, 아가 3장. 11시 잠.

6시 기상. 등교, 2시간 수업. 오늘로써 이번 학기 수업을 마치다.
제5학년 여름 강습 건은 3주일 안(案)으로 결정되어, 5학년 을조 (乙組) 학생은 단 3사람이 참가하다.
오후 1시 21분 차로 수색에 갔는데, 어머님은 신촌에서 차에 타시다. 김봉수 씨 농작물 작황이 매우 좋은 모양이었다. 걸어서 집에 오다.

δωρεὰν ἐλάβετε, δωρεὰν δότε.

너희가 거저 받았으니 거저 주라(마태복음 10:8b)

7월 10일 일요일. 비.
마태복음 10:17-25, 아가 4장. 11시 반에 잠.

비의 양이 흡족하지 못하더니 오늘 아침 다시 비가 오기 시작하여 감사.

ὁ δὲ ὑπομείνας εἰς τέλος οὗτος σωθήσεται.

오전 9시 차로 오류동 행. 열왕기상을 강의하다. 두용, 신(申), 성
(成), 옥동(玉童), 상호(相鎬), 상순(相順), 배(裵), 석도(錫道), 석도 누
나 등 참석. 류석동 씨는 지금 교토에 체재 중이라 한다. 오늘로
써 금후로는 완전히 출강을 중지하게 되다. 돌아오는 길에 많은
농산품을 선물로 받아 오다.
손창호(孫昌鎬)가 형의 상(喪)을 당하였다 하여 고향 가는 길에 우
리 집에 오다.

7월 11일 월요일. 맑음.
아가 5장. 12시 잠.

6시 반 기상. 등교. 오늘부터 제1학기 고사 시작.
오후 독어 강습회 출석.

7월 12일 화요일. 맑음.
아가 6장. 11시 잠.

6시 반 기상. 쓰카모토 토라지(塚本虎二)[7] 씨 방송을 듣고자 백방
(百方)으로 주선하였지만 불가능. 경성방송국에도 물어보았지만
(오후 3시 반에) 소용없었다. 현저동(峴底洞)으로 이용도 목사를 찾
아가 보았으나 신영리(新營里)[8]로 옮겨 가고 없었다. 아현리(阿峴里)
에 양인성 군을 위한 셋집 한 채를 발견하다.

7월 13일 수요일. 맑음.
아가 7장. 12시 잠.

6시 반 기상. 등교, 시험 감독. 오후에 라디오 가게를 찾아 본정

---

6. 〈동아일보〉 1936년 8월 19일자에 "(전략) 아현정 제4구 457번지, 속칭 행화정은 경성부에서 경제적으로
가장 빈약한 동리"라고 보도했다. 현재의 지번은 미확인.
7. 우치무라의 제자 중 한 사람. 노평구는 김교신의 소개로 쓰카모토 토라지의 주일 성서연구회에서 10년간
성서를 배웠다.
8. 당시는 경기도 고양군 은평면 신영리로 현재 서울시 종로구 신영동. 북한산성 수비를 담당하는 5군영(軍
營) 중 총융청(摠戎廳)의 청사를 새로 지은 군영이라는 뜻에서 붙여졌다고 한다.

통(本町通)⁹을 헤매었으나 소득이 없었다. 도쿄 직접 중계는 불가능하다고 해서 오늘 오후 2시에 방송하는 쓰카모토 토라지 씨의 마지막 강의도 들을 수 없게 되다.

한목용의 형이 도쿄로부터 고향으로 가는 길에 어제 밤에 와서 자고 오늘 아침 10시 차로 원산으로 향하다.

오후에 독어 강습회 출석.

7월 14일 목요일. 맑음, 잠시 비.
아가 8장. 12시 잠.

시험 감독과 채점으로 원고 쓰는 일은 일시 중지하게 되다.

7월 15일 금요일. 맑음.
이사야 1장. 오전 3시 잠.

등교. 시험 감독 후 독어 강습에 출석. 치과전문학교 학생까지 결석하여 나 한 사람뿐이었다.

아현리 15번지에 양(楊) 군을 위하여 셋집을 확약하다.

7월 16일 토요일. 맑음, 잠시 비.
이사야 2장. 오전 1시 반 잠.

양정과 중동 학교 오늘까지 시험 마치다. 기숙 중이던 종회, 택점, 한(韓)의 조카 등 모두 오늘 밤차로 원산으로 떠나다.

7월 17일 일요일. 비.
이사야 3장. 오전 1시 잠.

휴가 중 집회는 없다. 종일 채점. 큰비에 건넌방 누수로 아주 곤란하였다. 정상훈 씨로부터 온 편지에 책을 돌려보내라고 하다.

7월 18일 월요일. 뇌우 매우 심함.
이사야 4장. 오전 1시 잠.

오전 등교하여 각기 채점표 제출하다. 집무 중에 비와 천둥이 매우 심하여 전등, 전화가 위험하였고 전기가 끊겼다.
독어 강습에 출석. 양인성 군이 선천(宣川)으로부터 상경하여 자다.

7월 19일 화요일. 맑음.
이사야 5장. 오전 3시 잠.

등교하여 잔무 정리. 발의 무좀이 재발하여 걷기가 아주 곤란하다. 밤에 양(楊) 군의 신성학교 사임에 대하여 처음부터 끝까지 자세하게 듣고 크게 놀라다.

7월 20일 수요일. 약간의 비 맑음.
이사야 6장. 오전 1시 잠.

걸을 수 없어 집에 있으면서 통지표(通信簿) 등을 기입하다.(무좀)
양 군이 시내에 다녀와서 집에서 묵다. 박경찬 씨가 양 군 부재중에 다녀가다.

7월 21일 목요일. 맑음.
이사야 7장. 11시 잠.

무좀으로 인하여 발이 부은 것이 차도가 없어 자동차로 등교하여 겨우 성적을 발송하고, 세브란스병원에 가서 약을 받아오다.
오늘 밤 당직으로 학교에서 묵다.

7월 22일 금요일. 맑음, 약간의 비.
이사야 8장. 11시 반 잠.

밤부터 발이 조금 차도가 있어, 겨우 걸어서 집에 오다.
양인성 군은 어젯밤 선천으로 돌아가다. 권직주 씨가 순정(淳貞)
이와 송덕(宋德)이를 데리고 와서 잠시 이야기.
〈성서조선〉 제43호 원고 제출.

7월 23일 토요일. 맑음.
이사야 9장. 11시 반 잠.

조선박물학회 주최, 이과실습강습회(理科實習講習會)에 출석하기
위해 오전 8시에 경성제국대학 의학부 제3강당에 출석하다. 50
명 모집에 120명이 응모하였다 하여 A, B 두 반으로 나누다. 오
후 4시경 집에 오다.
박태현(朴泰鉉)이 도쿄 유학 중 귀성하여 찾아오다. 이창호가 와
서 이야기.

7월 24일 일요일. 비.
이사야 10장. 11시 잠.

강습회 제2일이었으나 발의 상처가 낫지 않아 결석하다. 종일
치료.

7월 25일 월요일. 맑음.
이사야 11장. 11시 잠.

오전 8시에 청량리의 대학 예과[10]에 출석하여 강습. 돌아오는 길
에 김정식 선생을 54번지로 찾아가 뵙다. 저녁에 류영모 씨가 와
서 이야기. 11시 반까지의 담론(談論)에 즐거움이 끝이 없었다(興
不盡). 진정한 방문에 감사.

7월 26일 화요일. 맑음.
이사야 12장.

오전 8시에 경성사범에 출석하여 가와노(河野) 씨의 광물 강의를
듣다.

7월 27일 수요일. 맑음, 잠깐의 비.
이사야 13장.

오전에 청량리까지 갔었으나 지각도 되었고, 〈성서조선〉 교정도
밀렸으므로 숲속에서 교정하다.

7월 28일 목요일. 맑음.
이사야 14장.

박물학 강습회에서는 수원 가는 날이지만, 결석하고 종일 교정
하다. 타는 듯한 더위가 날로 심해지다. 서봉훈 씨로부터 지리역
사교원협의회(地歷敎員協議會) 참석에 관한 편지가 와 있었다.

7월 29일 금요일. 맑음.
이사야 15장. 10시 잠.

지리역사교원협의회(경성사범 주최)에 출석하려고 안종원 씨 댁에
들러, 양(梁) 선생까지 함께 출석하려다가 절차상 잘못으로 인하
여 나는 불참하다. 오늘 박물 강습에도 결석. 오후에 한강에서
수영.

---

10. 1924년 5월 6일 경기도 고양군 숭인면 청량리에 경성제대 예과 교실을 신축 낙성했는데, 우리나라에 지
은 최초의 대학 건물이다. 당시 교사 뒤편 소나무숲은 미주아파트로, 정문 자리는 복합상가로,
운동장은 동대문세무서로 바뀌었으며, 한림대 소유로 되어 있는 본관 건물은 2015년 4월 철거되
었다.

7월 30일 토요일. 맑음.
이사야 16장. 12시 잠.

오전 8시에 의학부에 출석하여 시모코오리 야마(下郡山)¹¹ 씨의
강의를 듣고 비원(秘苑) 참관.
〈성서조선〉 제43호가 나오다. 감사하면서 발송 사무.

7월 31일 일요일. 맑음.
이사야 17장, 시편 103-104편. 10시 잠.

오전 4시 기상. 오늘부터 새벽에 가정예배하기로 하다. 오늘은 과
학관에 출석. 도이(土井) 씨의 곤충 강의를 듣다. 수색의 김봉수
씨가 농사 첫해의 감자와 수박을 고맙게도 보내주다.

【1932년 8월】

8월 1일 월요일. 맑음, 몹시 더움.
시편 91편, 이사야 18장. 10시 잠.

4시 반 기상. 가정예배. 오전 8시 의학부 제3강당에 출석하여 고
바야시(小林)¹² 교수의 디스토마(二□虫)와 회충에 관한 강의를 듣다.
오늘로써 10일간 강습회를 마치고 종료식. 기념촬영 후 산회.
돌아오는 길에 양정에 들렀더니 장 선생이 학교에 와 있었으므로
숙직일지(宿所記)를 도로 드리다.
집에 돌아와 점심식사 후에 4시 29분 차로 당인리행. 김상돈(金
相敦) 씨를 찾아가 주택지(住宅地)를 답사하고 걸어서 집에 오다.
저녁 식사 후부터 열이 37° 8′에 이르다. 학기말부터 잡지와 강습
회 등 겹친 과로의 연고인 듯하다. 괴롭기도 하나, 힘껏 일한 것만
은 감사.

8월 2일 화요일. 맑음, 심한 더위.

몸의 열이 38°. 아침 예배에도 참예하지 못하고 자리에 누워 있
는 중.
저녁에 이창호가 집에 오다. 선천 양인성 군은 개성 호수돈에

확정되었다고 전보 오다. 영세국(永歲局)에서 한약 2첩 지어다
마시다.

8월 3일 수요일. 비.
이사야 20장. 10시 반 잠.

6시에 잠을 깨니 몸의 열이 상쾌하게 내려 36° 8′이 되었고, 두통
도 거의 완쾌하였으나 목구멍은 아직도 삼키기가 괴롭다.
오후에 김상돈 씨 아버님이 집에 오셔서, 토지 건을 의논하였으
나 결정짓지 못하다.

8월 4일 목요일. 비 후 맑음.
시편 62편. 이사야 21장. 11시 반 잠.

6시 기상. 몸의 열은 완전히 나았으나 인후(咽喉)와 뇌가 아직 완
전치 못하여 오늘도 환자 노릇할 수밖에 없다.
두통으로 독서는 할 수 없으므로 오후에 양정에 가서 지도류(地
圖類)를 가져오고, 김종구(金鍾九)에게 집 해약을 전화하다.

8월 5일 금요일. 흐림.
시편 19편, 마태복음 10:26-33, 이사야 22장.
10시 잠.

6시 기상. 예배. 오늘부터 완전히 일할 수 있다. 원고 준비를 시작
하다.

8월 6일 토요일. 흐림.
시편 22편. 마태복음 10:34-11:1. 이사야 23장.
10시 잠.

6시 기상. 나쁜 습관이 생기면 쉽게 고쳐지지 않는다.

---

11. 당시 창경원 주임기사. 후에 원장(苑長)이 되었다.(《동아일보》 1939. 1. 4)

12. 기생충학자. 경성제대 교수 역임.

종일 집필하여도 롯기 대강의 내용 겨우 6매를 쓰다. 이런 일을
어찌 시작했던가 싶다.

8월 7일 일요일. 맑음, 서늘한 바람.
이사야 24장. 12시 잠.

5시 반 기상. 오전 9시 차로 오류동 행. 예배 중에 참석하여 송두
용 씨의 설교 마친 후에, 나는 사사기 제11장의 입다 이야기를 다
시 하다. 두용 씨 부부 외에 그 조카딸, 육상순, 상호, 옥동 및 신
상철 군 등 출석. 류(柳) 씨는 아직 도쿄에서 돌아오지 않았고,
후용 씨 부부는 부재중이다. 성백용 씨는 수박 시장에 갔다더라.
참외밭 등을 산책한 후, 오후 4시 40분차로 집에 돌아오는데 육
(陸) 씨는 꽃, 송 씨는 토마토 1상자와 수박 2개, 성(成) 씨는 수박
1개 등을 고맙게 주어서 겨우 가져오다.
양인성 군이 홀몸으로 선천을 떠나 상경하여 오늘밤 우리 집에
묵다.
이창호는 밤에 집에 오다. 매주 화, 토요일 6회에 걸쳐 기독교 소
개하는 건 결정.

8월 8일 월요일. 맑음.
시편 23, 24편, 마태복음 11:1-19, 이사야 25장.
12시 잠.

6시 기상. 집필할 수 없고, 오전은 최천유(崔天裕)가 수원에서 와
이야기 나누고 오후에는 한격(韓格) 군이 고향에 있다가 오늘 아
침 상경하였다고 과일을 가지고 오다.
양(楊) 군은 오류동으로 가서 오늘 밤 돌아오지 않다.

8월 9일 화요일.
시편 27, 25편. 마태복음 11:20-30, 이사야 26장.
12시 잠.

6시 기상. 어젯밤에 꿈을 꾸다. 한 번은 한림 군을, 다음은 고봉
경을 똑똑히 보다. 모두 어제의 화제 인물인 것은 심리학적 설명
의 재료인가.
오전 중 등교하여 나의 개인 일을 보다. 정혜를 데리고 갔다. 오후

귀가하니 양 군이 권직주 씨 부인과 누이 및 순정을 데리고 왔다. 저녁 먹은 후 돌아갔고, 양 군은 집에서 잤다.

밤 8시에 이창호가 자기 친구 한동수(韓東洙)(공덕리 210), 윤명근 (尹明根)(179)과 함께 와서 성서 공부를 시작하다. 1주 두 번씩 3주간 예정이다. 에베소서를 소개하기로 하다. 제1강으로 제1장 1-14절을 공부하다.

8월 10일 수요일. 맑음.
마태복음 12:1-14, 시편 29-32편, 이사야 27장.
11시 반 잠.

5시 반 기상. 9시 차로 양 군과 함께 인천 행. 나는 상인천역에서 내려, 송림리의 유진우(兪鎭宇) 씨를 찾으려 하였으나 찾지 못하였다. 월미도 조탕(潮湯)에서 목욕하고 천막촌을 둘러보다. 조인상 (趙寅相)이 천막 생활하는 것을 보다. 돌아오는 길에 평양관에서 냉면으로 점심을 먹다. 4시 차로 돌아오는 길에 오류동에서 내려 저녁을 먹고 집에 오다.

8월 11일 목요일. 맑음.
마태복음 12:15-27, 시편 36-37편, 이사야 28장.
오전 2시 반 잠.

6시 기상. 종일 집에 있었다. 매우 덥다. 양 군은 오후 1시 차로 개성에 주택 결정과 선천의 짐을 운반하러 가다.

밤 2시 반까지 집필하여 롯기 대지(大旨)를 쓰다. 나의 모친이나 마당댁 종증조모(從曾祖母)의 전기를 쓰는 듯한 느낌이었다.

8월 12일 금요일. 맑음.
시편 38-39편, 마태복음 12:28-37, 이사야 29장.
11시 잠.

7시 반 기상. 오전 집필.

양인성 군이 개성에서 오후에 귀경, 한강에서 헤엄치며 놀다. 우리 집에서 묵다.

이창호, 한동수, 윤명근 등 제2회 에베소서 공부. 제1장 공부를 마치다.

8월 13일 토요일. 맑음.
시편 40-41편. 마태복음 12:38-50, 이사야 30장.
10시 잠.

6시 반 기상. 종일 집에서 원고 집필.
양 군, 오후에 시내에 들어가 김창제(金昶濟) 씨를 세브란스 병실
로 방문한다고 하다.
밤에 금강탕(金鋼湯)에 갔으나 휴업 중.

8월 14일 일요일. 맑음, 잠시 비.
시편 42-43편, 마태복음 18:1-23, 이사야 31장.
10시 잠.

5시 기상. 오전 중 집필. 11시부터 공덕리 감리교회에 양 군과 함
께 참석하다. 김 모의 설교에 진리를 유린하는 것을 듣고 화를 참
을 수 없다.
오후 3시에 전 가족 및 양 군까지 교외로 산보를 출발하여, 공덕
리역에서 승차하고 당인리역에서 하차. 서강(西江)의 조(趙) 씨 집
을 잠시 구경한 후에 양화진(楊花津)을 구경하고, 서세교리(西細橋
里)¹³ 김상돈 씨 댁을 잠깐 구경하고 집에 오다. 7시 좀 지나 집에
오니 시혜, 정혜는 물론이고, 정옥이까지도 매우 즐거워하다.
이계신, 이지호에게서 편지 오다.

8월 15일 월요일. 맑음, 더움.
시편 44-46편, 마태복음 13:24-35, 이사야 32장.
10시 잠.

4시 반 기상. 오전 7시에 양 군이 개성으로 출발하다. 선천에서
오는 그의 식구들을 맞이하고 짐을 처리하기 위해서다.
오전 중 〈성서조선〉 제44호 원고를 다 마쳤기에 경무국에 제출하
다. 돌아오는 길에 양정에 들러 우편물 가져 오다. 최 선생이 중
환(重患)이라고.

8월 16일 화요일. 맑음.
시편 47-48편, 마태복음 8:36-46, 이사야 33장.
12시 잠.

6시 기상. 피로를 느끼다.

오전 중 지질조사소(地質調査所)에 가서 강원도 지방 지질을 참고하다. 지나는 길에 필운동 최재원(崔在鵡) 씨를 그 병석에 들러 위문하다. 이달 9일 경부터 병세가 심해져, 한때는 체온이 41° 5′까지 되어 위태로운 처지에 이르렀다가 한약으로 효험을 보았다고. 누워 있는 중이나 웃으며 이야기할 수 있었다.

사직공원을 넘어 홍파동 106번지 김형식 씨를 찾아가니, 현직 목사에서 영어 교사로 전직할 것을 희망하는 청탁을 하더라. 오호라, 전도의 어려움이여! 남의 일 같지 않았다. 빈대가 많은 초가집이었다.

석양에 함흥의 교란이가 부친님을 모시고 집에 와서 뜻밖의 행차에 놀라다. 어제 상경하여 식산은행(殖銀)에 출석하였다고. 저녁 식사 후 한동안 환담을 나누다.

시내 해동여관으로 가시는데 미처 전송도 못 하고 곧 밤 9시부터 이창호 등 여름 성경반 제3강으로 에베소서 2장을 공부하다. 나의 신앙 체험 그대로의 기록이므로 유쾌하게, 힘 있게 이야기하다. 그 동안에 양인성 군은 선천에서 오는 식구들을 개성에서 맞이하여 함께 상경. 우점(愚漸)이만 함께 오고 어머니와 아이들은 동소문 밖 권 씨 댁으로 갔다고. 바쁜 하루였다.

[동아일보 청독(請讀)]

8월 17일 수요일. 비.
시편 49-50편, 마태복음 13:47-58,
이사야 34장. 11시 잠.

새벽 1시 40분경에 소나기가 내려 일어나서 빗물과 바람을 막다.
5시 기상. 아침 예배에 모친님과 양 군의 연속 기도가 매우 간절하였다.
오전 10시 15분 차로 함흥으로 가는 숙부님 및 교란이를 용산까

13. 현 서울시 마포구 서교동으로, 1914~1936년에는 경기도 고양군에 속하였다.

지 전송.

오늘 석간부터 〈동아일보〉를 신청하여 보다. 장도원, 함석헌 씨 등에게 답장 쓰다.

양 군 부자(父子)가 동소문 밖에 갔다가 밤 11시 우리 집에 와서 묵다.

8월 18일 목요일. 흐린 후 맑음.
시편 51-53편, 마태복음 14장, 이사야 35장.
10시 잠.

5시 기상. 종일 집에 있었다. 오후에 순정(淳貞)이와 그 어머니가 동소문 밖으로부터 집에 오다. 춘점(春漸) 및 혜정(惠貞) 등 어린 아이들은 모두 선천 소생(所生)이다.

오후 이발. 목욕. 금강탕이 수리한 후 오늘 개업.

손 씨 주선으로 톱밥[14] 9섬을 사다.

8월 19일 금요일. 흐림, 약간의 비.
시편 54-56편, 마태복음 15:1-20, 이사야 36장.
오전 2시 잠.

6시 기상. 오전 중에 경무국에 가서, 검열에서 통과된 원고를 찾아오다. 오후부터 밤 2시까지 한글로 깨끗이 옮겨 쓰는 등.

양 군이 두 가족 전부 데리고 창경원, 화신상회, 미쓰코시(三越)[15] 등으로 구경 갔다 오다. 양 군(순정이까지) 전 식구가 묵다.

이창호, 한동수, 윤명근 등이 와서 에베소서 3장 공부.

〈동아일보〉가 오늘 밤에 오지 않고, 이튿날 아침에 오다.

8월 20일 토요일. 흐림.
시편 57-58편, 마태복음 15:21-39, 이사야 37장.
11시 잠.

6시 반 기상. 9시 반 양 군과 함께 북한산을 향해 출발. 도중에 적선동 류영모 선생을 유인하여 일행은 세 사람이 된다. 중도에 목욕과 잡담으로 시간을 보내고 겨우 문수암(文殊庵)과 남장대(南將臺)까지 오르다. 봉우리 위에 벌렁 누워 구름과 비의 변화를 보는 것은 큰 기쁨이었다. 돌아오는 길에 승가사(僧伽寺) 약수를 마

시고 세검정 풀을 지나 능금 1상자(27개)를 사가지고 오니 9시 반
이 지나다.

8월 21일 일요일. 맑음.
시편 59-60편, 마태복음 16:1-12, 이사야 38장.
12시 반 잠.

6시 기상. Vain is the help of man.[16]
오후에 양 군과 함께 동소문 밖 정릉 방면 산책. 조재호(曺在浩)
씨 별장을 잠시 방문하고, 봉국사(奉國寺)·흥천사(興天寺)를 참관
한 후, 돌아오는 길에 권직주 씨 댁에서 저녁밥을 먹고, 권 씨까지
세 사람이 조선극장[17]에서 〈춘향전〉 연극을 보다. 심히 울었다.

8월 22일 월요일. 맑음.
시편 61-62편, 이사야 39장. 10시 잠.

6시 기상. 아침 9시 5분 차로 양인성 군이 우점(雨漸)이를 데리고
개성으로 부임하다. 경성역까지 전송하다.
양정학교에 가니, 한식(韓植) 군이 격(格)과 함께 찾아와 한(韓) 면
장의 장사(葬事)와 졸례(卒禮) 이야기 등을 자세히 듣다. 격의 입학
과 식 군 질녀 입학에 관한 부탁을 받다.
양 군의 처, 순정, 혜정, 춘점 등 모두 동소문 밖으로 가다.
이규재(李揆在) 씨 요청으로 오산고보학교에 취직 소개서를 쓰다.

---

14. 톱밥은 재래식 아궁이에 풀무질을 하여 땔감으로 사용하기 위한 것으로 보인다.
15. 1930년 10월 일본의 미쓰코시(三越)백화점 경성지점으로 개점. 1945년 동화백화점으로 재개점 되었고,
    1963년 신세계백화점으로 상호 변경.
16. 시편 60:11b. "사람의 구원은 헛됨이니이다"
17. 조선극장은 1922년 11월 6일 조선 경성부 인사동(현재 인사동 130)에 개관했다. 연극 공연을 겸한 곳이었
    으나 1937년 방화로 전소되어 폐관되었다. 현재는 대나무 숲으로 조성되어 인사동의 명물이 되
    었다.

8월 23일 화요일. 맑음.
시편 63-64편, 마태복음 16:13-20, 이사야 40장.
10시 반 잠.

7시 기상. 오전 등교하여 김영택의 재학 증명서를 발송하고, 경성역에 나가 양 군의 처자 4명이 개성으로 출발하는 것을 전송하다. 나는 수색역까지, 모친은 정혜를 데리고 함께 가시다(개성까지). 김봉수 씨 토지와 초가를 합하여 180엔에 매수하기로 언약하다. 돌아오는 길에 김상돈 씨를 만나다.
저녁에 성서연구회. 이창호, 한동수(韓東洙), 윤명근(尹明根) 3명이 집에 오다. 에베소서 4장을 공부하다.

8월 24일 수요일. 비, 맑음.
시편 65편, 마태복음 16:21-28, 이사야 41장.
12시 잠.

6시 기상. 오전 중에 〈성서조선〉 제44호 교정. 11시에 등교하니 이병규(李炳圭)가 숙직 바꾸기로 한 것을 취소하므로 저축은행에 제36회분을 불입하고 금300원을 빌리다. 화신상회 병합(東亞)[18] 기념 할인매장(廉賣場)에 가보았으나 20전어치 물품밖에 사지 않다.
밤이 깊도록 교정. 저녁나절 산보하면서 김흥업(金興業)과 이야기하다.

8월 25일 목요일. 맑음.
시편 66편. 이사야 42장. 10시 반 잠.

6시 기상. 8시까지 교정하여 재교정지를 인쇄소로 보내고, 오후에 다시 인쇄소에 가서 제3교정.
오후 4시 40분 차로 수색 행. 오늘은 김봉수 씨 토지 일부의 매매를 결정지으려고 하였으나, 장모의 의견이라며 다시 10엔을 더 요구하므로 아주 단념하고 집에 오다.

8월 26일 금요일. 흐리고 비.
시편 67-68편, 마태복음 17:1-13, 이사야 43장.
12시 잠.

6시 기상. 예배 여전. 오전 중 교정. 한서(漢西)에 200엔 남짓을 저축하고, 양정에 들러 〈런던타임스(London Times)〉[19] 7월 21호를 받았다.
오후에 김봉수 씨 장모가 집에 와서 토지 매도에 다른 의견 없을 것을 누차 설명하기에 인수하겠노라고 승낙하다.
오후 8시 반경 양택점과 그 조부님이 함흥에서 빗속에 상경. 택점이가 길을 잃어 종로까지 배회하다가 겨우 도착, 유숙하시다.
이창호, 한동수, 윤명근 등 최종 집회. 에베소서 5, 6장 공부를 마치다.

8월 27일 토요일. 비.
사도행전 2장. 11시 반 잠.

오늘 아침에 김봉수 장모가 집에 오다. 한서에 가서 일금 100엔을 먼저 치르다. 한림을 면회하러 서대문 형무소에 갔으나 헛걸음.
오후 1시 22분 차로 외백부(外伯父) 및 택점과 함께 개성(만월정)에 가서 인성 군의 새 집에서 하룻밤 자다. 모친과 정혜도 묵는 중. 양 군도 가정예배를 시작하였다 하며 오늘 저녁이 제2회였다.

8월 28일 일요일. 맑음.
이사야 45장. 10시 잠.

5시에 일어나서 인성 군과 함께 만월대에 올라 묵상하며 기도.
오전 중 강기순(康基舜) 씨 댁을 잠시 들르다. 북부예배당 참관.
오후 1시 48분 차로 출발, 정혜를 데리고 집에 오다.
김명룡(金命龍)의 편지 오다. 어제는 충희 숙부에게서 온 편지에,

---

18. 1932년 7월 16일 동아백화점 경영 일체를 화신상회 대표 박흥식(朴興植)에게 양도한다는 계약에 날인했다.(〈동아일보〉 1932년 7월 2일)

19. 1785년 런던에서 창간된 일간신문. 〈The Daily Universal Register〉로 시작했다가 1788년 〈The Times〉로 바뀌었다. 이 신문 이후 〈The Times of India〉, 〈The New York Times〉처럼 지역이나 국가 이름을 딴 신문이 발행되었다. 보통 〈The London Times〉로 불렸다.

"자네로 하여금 언제든지 서양 여행을 시키겠다"고 쓰여 있더니, 간밤 꿈에 충희 숙부가 선희(善熙) 숙부의 손에서 말덤치[20]를 빼앗아 나에게 주셨으나 말이 없어서 못 탔다. 과연! 과연!

8월 29일 월요일. 맑음, 비.
시편 69-70편. 마태복음 17:14-27, 이사야 46장.
10시 반 잠.

6시 기상. 피곤해서 낮잠. 오후에 수색에 가서 김봉수 씨를 만나, 매도(賣渡) 수속 등을 의뢰하고 서세교리(西細橋里)에 김상돈 씨를 찾아가서 조금용, 김명룡 등의 취직 건을 부탁하다. 목욕.

8월 30일 화요일. 비.
시편 71편, 마태복음 18:1-10, 이사야 47장.
10시 잠.

6시 기상. 오전 양정 등교. 직원회. 종일 호우. 하천 물이 갑자기 불어나다.
오후에 김봉수 씨가 집에 와서 아내의 도장(오늘 새기다)을 받아가고, 매도 수속용 인지 대금 중 5엔을 찾아가다.

8월 31일 수요일. 맑음.
시편 72-73편, 마태복음 18:11-20, 이사야 48장.
10시 잠.

6시 기상. 어제 밤까지의 호우로 변소 앞 장작가리가 무너졌다. 앞의 석축이 금이 가다. 동네 장기원(張起元) 씨가 찾아와서 첫 대면. 한근(韓根), 격(格)이 오다. 최규회도 오고. 육상순 씨도 집에 오다. 모친, 외숙, 택점이 개성에서 돌아오다. 〈성서조선〉 제44호가 나와서 발송 사무.

1932년 9월 1일 목요일. 맑음.
이사야 49장. 10시 잠.

6시 기상. 모친은 새벽부터 감기에 걸려 설사를 몇 차례 하셔서, 영세약국에서 한약 2첩을 달여 잡수시다. 오후부터 차츰 좋아지시다.
외숙은 택점의 안내로 창경원을 구경하시다. 이기분이 와서 계신 (啓信)의 소식을 전하다.
오전 8시 반 등교. 시업식. 제5학년 을(乙)조 학생에게 여름방학 중의 감상을 말하다. 오늘 당직으로 학교에서 자다.

9월 2일 금요일. 맑음, 흐림.
이사야 50장. 11시 잠.

6시 기상. 양정 등교. 수업 시작. 오늘 모친은 조금 좋아지셔서 외숙을 큰 상점에 소개하시다. 외숙은 새벽부터 밤까지 술을 청하시다.

9월 3일 토요일. 맑음, 흐림.
이사야 51장. 11시 잠.

6시 기상. 오늘 아침 10시 차로 외숙이 함흥으로 가시다. 모친님이 전송.
오후 이발, 목욕.

9월 4일 일요일. 맑음.
시편 74편, 마태복음 18:21-35, 이사야 52장.
11시 잠.

6시 기상. 일요 집회는 없었다. 오전 9시 반경에 아내와 진술, 시혜, 정옥 등과 함께 수색을 향하여 걸어서 산책. 김봉수 씨 댁에서 점심과 저녁까지 먹고 6시 반 차로 신촌역에 하차하여 집에 오다.

9월 5일 월요일. 맑음.
이사야 53장. 10시 반 잠.

6시 반 기상. 여름 방학 동안의 채집품을 받아서 보관하고, 오후에는 직원회가 있었다.
오후에 박태현이 집에 오다. 내일 도쿄로 떠난다기에 장 목사한테 보내는 후추를 부탁하다.

9월 6일 화요일. 맑음.
시편 75편, 마태복음 19:1-12, 이사야 54장.
10시 반 잠.

6시 반 기상. 등교하여 4시간 수업 후에 왜성대(倭城台)[21] 과학관으로 4, 5학년 학생들을 인솔하여 '우주의 경이'라는 사진을 관람하다.
저녁에 조금용이 상경하여 이야기 나누다. 그 역시 도시에서 직장을 구하려는 생각이었다.

9월 7일 수요일. 맑음.
이사야 55장. 12시 잠.

6시 반 기상. 등교하니 김상돈 씨로부터 고용인 소개의 청탁이 있어서 조금용을 불러 보내다. 박응규(朴應奎)와 조(曺) 군이 석양에 집에 오다.
오후 5시 독어 강습 시업식(일본 YMCA)에 출석.
교란에게서 온 편지에, 공순이의 완쾌를 알려오다. 온 가족이 기뻐서 어쩔 줄을 모르다.
북청(北靑) 이지호 군과 구포(龜浦) 김형윤 군의 간곡하고 정이 넘치는 편지가 오다.

9월 8일 목요일. 흐림.
시편 76편, 마태복음 19:13-15, 이사야 56장.
11시 잠.

6시 반 기상. 등교하여 2시간 수업 후, 조금용이 취직 확정을 알려오다.
김봉수 씨가 내교하여 매도 등기서류를 주고 잔금 94엔 96전을 찾아가다(땅값 190엔. 대서료 9.96).
신임 미모토 히토시(見元 等·체조) 씨의 환영회를 봉래각에서 열기에 참석.
우봉석(禹鳳錫) 씨의 기쁜 소식 오다.

9월 9일 금요일. 맑음.
시편 77편, 마태복음 19:16-30, 이사야 57장.
10시 반 잠.

6시 기상. 조금용이(오전 8시경) 세교리 김상돈 씨에게 가는 길에 집에 왔기에 노동복 한 벌을 주다.
등교하여 수업 후에 함경도 방면 수학여행 초안을 작성하다.
일본에서는 혼조(本庄)[22] 중장의 개선 환영에 매우 분주한 모양이다.
저녁에 장기원 씨 모친이 와서 이야기 나누다. 학생 입학 건을 상의하다.

9월 10일 토요일. 맑음.
시편 78편, 마태복음 20:1-16, 이사야 58장.
12시 잠.

6시 기상. 등교. 수업 후 대청소.
오후에 집에 왔다가 수색의 김봉수 씨를 방문하고, 집터로 산을 살 수 있도록 부탁하다. 9시경 집에 오다.
간밤 새벽 4시경에 문도근 씨 집 대문간에 도둑이 들었다더니,

---

21. 현 중구 예장동, 회현1동 일대.(임진왜란 때 왜군들이 주둔한 데서 유래)
22. 혼조 시게루(本庄繁, 1876~1945): 중일전쟁 때 관동군 사령관으로, 만주사변의 최고사령관. 패전 후 맥아더 사령부의 체포령이 내리자 할복자살했다.

일어나 보니 우리 집에도 운동화 한 켤레와 치마 세 폭을 떼어갔고, 화장실 쪽에 발자국이 있었다.

9월 11일 일요일. 맑음.
시편 79편, 마태복음 20:17-28, 이사야 59장.
11시 잠.

6시 반 기상. 오전 중에 김필영(金弼永), 이희경(李熙敬) 및 김명룡 등 실업파(失業派)가 와서 유쾌하게 담소하다.
오후 2시에 성서연구회 이번 가을 제1회 개시. 마태복음 20:20-28로, 빈 껍질과 진실의 구별을 말하다. 참석하였던 최규회, 최찬훈, 권석창, 이건표, 이창호 등이 각기 휴가 중의 생활을 이야기하다. 이창호는 신앙을 고백하였다 한다. 감사로다.
오후 7시 반, 공덕리 감리교회에서 청년회의 요청으로 그 교회에서 설교하다. 빌립보서 3:10-15로써 청년의 의의를 말하다. 일요일도 종일 혀끝이 쉬지 못하다. 화 있을진저!

9월 12일 월요일. 맑음.
시편 80편, 마태복음 20:29-34, 이사야 60장.
11시 반 잠.

6시 기상. 등교하니, 도쿄에 있는 류석동 씨로부터 48매의 원고지에 대담한 "나의 신앙"을 발표한 글이 왔다. 주님의 역사는 신기하도다. 류 군에게 움직인 큰 권능이여!
오후 5시, 태평통 YMCA 독어강습 출석.
집에 오니 사촌(沙村)에 있는 교성(敎聖)이가 집에 와 있었다. 농업대학에 재학 중인데 내년 봄에 졸업이라고 하다. 여러 해 만에 만나서 반가웠다.
장기원 선생이 찾아와서 그 사촌 동생의 전학 건을 의탁하다.
이필영이 집에 와서 김민응(金敏應) 사건의 입증과 수양에 관한 문의.

9월 13일 화요일. 맑음.
시편 81편, 마태복음 21:1-11, 이사야 61장.
12시 잠.

6시 반 기상. 어제와 같이 등교. 장정우 씨께 편지 보내다. 진면(眞綿)[23] 건.

니토베 이나조(新渡戶稻造)[24] 박사가 미국에 가서, 일본의 만주에 대한 태도를 변명한다고. 기독교도 별 수 없는 모양이다. 편견은 역시 편견이다.

자명종시계 수선하다.

정옥의 넓적다리[25] 종기 난 것, 그저께 쨌는데 오늘은 거의 완치되다.

일본은 만주국을 제조(製造)하고 가까운 날에 이를 승인하겠다고 하며, 중국 본토에서는 각처에서 배일봉기(排日蜂起)한다고 하다. 평화는 언제 오려나.

9월 14일 수요일. 맑음.
시편 82편, 마태복음 21:12-22, 이사야 62장.
11시 반 잠.

6시 기상. 〈성서조선〉 제45호의 편집을 오후 3시까지 마쳐서 제출하다. 독어 강습 출석. 사이토 씨의 '테오도르 슈토름(Theodor Storm)[26]의 임멘호수(Immensee)' 강의를 마치다.

오후 7시에 김은배가 귀국하여 마중 나가다. 양정학교 관계자는 물론이고, 조선인, 일본인 할 것 없이 많은 사람이 모여 개선장군을 맞이하는 것 같았다.

함흥의 이인오(李仁悟)라는 사람이 김기헌 씨, 이구하(李龜河) 씨의 소개로 찾아와서 저녁식사 후 돌아가다. 그 동생을 영생학교로부터 양정 4학년에 전학시키려고. 이증림(李增林) 씨의 당질이요, 보촌(保村) 일희(日熙)의 처남 됨을 알다.

---

23. 일명 '풀솜'의 북한어. 실을 켤 수 없는 쌍고치를 가성소다 용액에 삶은 후 눌러 만든 솜.
24. 니토베 이나조(新稻戶 稻造, 1862~1933): 사상가이자 기독교인. 원문에는 '渡(도)' 자가 '稻(도)' 자로 잘못 표기되어 있다.
25. 원문은 '센다리'이며, 넓적다리의 함경도 방언인 '신다리', 혹은 넓적다리의 옛말인 '슨다리'로 보인다.
26. 테오도르 슈토름(Theodor Storm, 1817~1888): 독일의 시인, 소설가. 초기 작품의 하나인 《임멘호수(Immensee)》는 사라져버린 어린 시절의 행복을 그린 감동적인 소설로 알려져 있다.

9월 15일 목요일. 맑음.
시편 83-84편, 마태복음 21:23-32, 이사야 63장.
11시 반 잠.

5시 기상. 추석이다. 중추명월(仲秋明月)에 월식 되는 것을 보다.
이계신에게 〈성서조선〉 제12호 발송.
어제 집세 9엔 남짓에 차압당할 뻔하였다 하므로, 일금 10엔을
빌려서 준비하고 기다렸더니 세리(稅吏)가 오늘은 오지 않다.
등교하니 추석절이라 하여 오전 1, 2교시 후와 오후는 전부 휴업
하고, 단 두 시간만 공부하다.
오후에 중앙청년회관에서 농구선수권대회를 참관하다. 양정이
도상(道商)을 꺾고 제2회전까지 통과한 셈.
경성제면소에 류영모 씨를 찾아가니 변영태(卞營泰) 씨 이야기, 안
성 정(鄭) 씨(농장) 이야기, 물에산에 회(會)[27]와, 자기가 인도하는
청년회관 성서 읽는 모임, 거기서 공동 연보하는 이야기 등 유익
한 이야기를 많이 듣다.

9월 16일 금요일. 맑음.
시편 85편, 마태복음 21:33-46, 이사야 64장.
10시 반 잠.

5시 기상. 새벽달이 밝다.
등교. 수업 후 직원회. 4학년 갑(甲)조 최영호(崔榮호) 퇴학 처분 의
결되다. 권리의 남용!
오후 2시 반부터 종로청년회 뒤뜰에서 농구 시합 참관. 17:34로
숭중(崇中)[28]에게 양정이 패하다.
일본은 어제로써 만주국을 승인하고, 17일에는 위령제, 18일에
는 기념한다고.

9월 17일 토요일. 맑음.
시편 86편, 마태복음 22:1-14. 12시 잠.

5시에 눈 떴다가 다시 30분간 어지러운 꿈을 계속 꾸다가 일어
나다. 일본에 병란(兵亂)이 일어나자, 나의 동지가 혁명에 참여하
느라 분주한 중에, 기도하고 각기 피신하느라 사방으로 흩어지는
등등.
등교, 수업 후 오후 2시 반부터 종로 YMCA에서 농구 참관. 이

번 선수권은 중학부에서는 협실(協實),[29] 전문부에서는 연전(延專)
이 차지하였다.

오늘 밤 숙직 중에 이규재 군이 내교하였기에 중국 요리 1.5인
분을 시켜서 대접하다. 군의 후한 대접의 일부를 갚게 되어 기뻤
다. 취직난으로 고달픈 이야기를 하다가 11시가 지나 돌아가다.

9월 18일 일요일. 맑음.
시편 87편, 마태복음 22:15-33, 이사야 66장.
11시 잠.

5시 반 기상. 집에 돌아오는 길에 7시 30분 차로 수색 행. 집터가
아직 확정되지 않아서 김봉수 씨에게 다시 부탁하고 집에 오니
오전 10시.

오후 집회에서 잠언의 대강의 뜻을 소개하다. 이창호, 이건표, 권
석창, 최규회 등이 참석하고 최찬훈은 오지 않다.

오후 4시 반에 유니언교회에 참석하다. 알아듣기 어려웠다.

용산 육군의 공격 수비 연습에 교직원 및 4, 5학년 학생이 모두
참석하여 오후 6시부터 참관. 포성에 놀라고, 피곤한 몸으로 집
에 오다.

9월 19일 월요일. 맑음.
시편 88편, 마태복음 22:34-46, 예레미야 1장.
11시 반 잠.

6시 기상. 〈성서조선〉 10월호 원고 검열 통과. 오후 독어강습 출석.

---

27. 김교신은 '물에산에 회'에 대하여 이날 처음 들은 후 1934년 8월 13일(월)에는 이정섭을 만나 이미 8년
전부터 운영되고 있던 '물에산에 회'에 대한 소개를 받고 다음 일요일(8월 19일)부터 참여하기 시
작했다. 이후 양정 학생들을 인솔하고 계속 참여하면서 이를 교외활동의 학생교육에 활용했다.
양정산악회 연혁에 의하면 "당시 양정고보의 김교신 선생이 학교에 '무레사네' 서클을 만들고
산악부원이 주축이 되어 전국의 산과 사찰, 고분, 고적을 답사하며 그에 얽힌 역사, 연구 활동을
시작하였습니다"라고 하여 양정산악회의 모체가 되었음을 밝히고 있다.
28. 평양에 있던 숭실중학교. 1897년 10월 10일 선교사 베어드 박사 사택에서 개교했다, 1901년 교사와 기
숙사를 신축하여 교명을 숭실학당으로 했다. 1948년 남하하여 현재 서울특별시 은평구 신사2동
에 있다.
29. 협성실업학교: 1908년 11월 3일 서북(西北)학회가 경성부 낙원동 282번지에 설립한 서북협성학교가 협
성실업학교의 전신이다. 1918년 강제 폐교당하고, 1921년 최시준(崔時俊)의 사재로 설립한 오성
강습소를 1922년 협성학교로 교명을 바꾸어 설립했다. 1927년 교명을 협성실업학교로 바꾸었으
며, 광신(光新)중·상업고등학교(광신상업고등학교는 1998년 '광신정보산업고등학교'로 교명을 바꿈)가
협성실업학교의 후신이다.

집에 오니 대패밥 30섬을 손(孫) 간수(看守)를 통해 사들이다.
최병록(崔炳錄), 임우재(任愚宰) 두 분이 내가 없는 중에 집에 왔었
다고. 아쉽도다. 좋은 기회를 또 잃었으니.

9월 20일 화요일. 맑음.
시편 89편, 마태복음 23:1-24, 예레미야 2장.
10시 잠.

5시 반 기상. 아내는 감기가 다소 차도가 있으나, 정혜는 아직 기
침이 심하고, 정옥은 어제 조(趙) 의원께 보였으나 밤새도록 열이
심하고 오른쪽 넓적다리에 생긴 태독이 열이 나서 멧돼지 고기로
찜질하였으나 아침까지 별 차도가 없다.
등교하여 김은배의 환영회. 오후 진명(進明)학교에서 농구 연습
시합.

9월 21일 수요일. 맑음.
시편 90편, 마태복음 23:24-26, 예레미야 3장.
12시 잠.

등교. 임창욱(林暢郁)이 미모토(見元) 선생에게 불손하였다 하여
타이르다.
오후 3시부터 경성운동장에서 있는 핀란드 선수 초청경기에 직
원 및 학생 약 200명이 단체로 참관하다. 그래서 독어 강습엔 결
석. 밤에 이발. 김장복이 도쿄에서 고학하다가 고향으로 돌아가
는 길에 들렀다고 하다. 오늘 밤 강용표(康容杓) 씨가 태서관(太西
館)에서 잔치를 베풀다. 우리 직원만.

9월 22일 목요일. 맑음.
시편 91편, 마태복음 23:27-28, 예레미야 4장.
12시 잠.

6시 기상. 등교, 수업 여전. 베어 씨가 내주 화요일부터 그리스어
공부 시작한다고 하다. 오늘 전학생 시험이 있었다.
석양에 안호범(安鎬泛) 군이 집에 와서(처음) 이인무(李仁〇)의 입학
건을 청탁할 때에 안(安) 씨 딸의 둘째 아들인 것을 알았다.
저녁에 송두용 씨가 응곡(應谷)[30] 고구마 한 포를 가지고 와서 황

송하다. 우리 집에서 묵다.

밤 10시경에 양인성 군이 호수돈 선수들과 함께 상경하였다고. 집에 와서 묵다.

오늘 밤에 제45호 제1교정 시작.

9월 23일 금요일. 비, 흐림.
시편 92편, 마태복음 23:29-31, 예레미야 5장.
12시 잠.

6시에 잠자리에서 일어나자 송 씨는 남대문시장으로 가다. 양 군은 아침 식사 후에 여자 정구 대회장으로 가다.

오전 10시까지 제1교정 마쳐서 인쇄소에 전하고, 경성운동장에 가서 농구대회 참관. 양정은 제1회전에서 대구사범에게 패하다. 돌아오는 길에 한홍식을 심방하니 어제부터 와병 중이었다.

오후 1시 반부터 5시까지 인쇄소에서 교정. 밤 12시까지 집에서 교정하다. 리튼(Lytton) 조사 위원장의 말이라고 전하기를, "보고서[31]의 결론은 사리를 아는 사람이면 쉽게 상상할 것이다"라고 하였다고. 그런데 일본 신문들은 이를 "폭언"이라 일컫다.

9월 24일 토요일. 약간의 비.
시편 93편, 마태복음 23:32-39, 예레미야 6장.
11시 반 잠.

6시 반 기상. 등교하여 제2교시 초에, 어제 연전(延專) 주최 육상 경기 우승 및 정구 대회 우승기 봉정식(奉呈式)이 있었다.

저축은행 3년 만기금 1,000엔을 오늘 찾다. 단, 그중 300엔은 지난달에 이미 받았기에 697엔 51전만 찾았다. 권인주(權寅周) 씨의 취직을 주선하기 위하여 시작한 일이, 오늘은 공중에서 생긴 듯하다. 모친 이하 식구들의 인내와 희생의 결정(結晶)이다. 주님께서 찾으시며, 또 주시기도 하시니, 원컨대 주님 뜻대로 사용되어지기를.

---

30. 현재 오류동역과 오류근린공원 사이 오류애육원 부근 일대. 송두용은 이곳에서 농사를 짓고 있었다.

31. 리튼(Lytton) 보고서: 중국은 당시 만주국에 대한 문제를 국제연맹에 호소하였고, 국제연맹은 리튼을 위원장으로 하는 조사단을 파견하고 1932년 9월 보고서를 제출받았다. 보고서의 정식 명칭은 'Appeal by the Chinese Government'이다. 국제연맹은 이 조사보고서를 채택하고 일본군의 철수를 권고하였으나 일본은 이를 거부하고 1933년 3월 국제연맹을 탈퇴했다.

오후에 창문사에 가서 오늘로 교정을 완료하다.
이계신 및 교량의 기쁜 소식 오다.

9월 25일 일요일. 흐림.
시편 94편, 마태복음 24:1-6, 마태복음 22장.
11시 반 잠.

5시 반 기상. 야외로 나가려고 연구회까지 쉬게 하였는데, 동네의 청결일(淸潔日)[32]이어서 온종일 청소하다. 책을 전부 따뜻한 햇볕에 말려서 정상훈의 책까지 혼합하여 종류별로 배치를 새로 하다. 등화가친의 계절에 기대가 크도다.
저녁에 종로 기독교청년회관에 가서 류영모 씨의 성서회에 참석하다. 마태복음 제22장 구절에 따른(逐句) 강해였다. 그 빈틈없이 산뜻하고 새로운(燦新) 해석과 천연(天然)스러운 태도에 깊은 가르침을 받다. 7시부터 10시까지.

9월 26일 월요일. 약간의 비.
시편 95편, 마태복음 24:7-14, 예레미야 8장.
11시 잠.

6시 기상. 등교. 수업 후에 태평통 YMCA에 독어 강습 출석.

9월 27일 화요일. 비 후 맑음.
시편 96편, 마태복음 24:15-25, 예레미야 9장.
11시 잠.

6시 반 기상. 〈The Expository Times〉 사에 다음 해분(제2년) 지대(誌代) 11실링(일본화폐로 7엔 99전)을 우편으로 보내다. 수업을 마친 후 수색에 다녀오다.
안호범(安鎬范)[33]이 방문하다.

9월 28일 수요일. 맑음.
시편 97편, 마태복음 24:26-31, 예레미야 10장.
11시 반 잠.

6시 기상. 오후에 일본 YMCA에 갔으나 사이토 선생은 결근이
었다.
〈The Expository Times〉 사에서 엽서가 왔기에 어제 송금하
였다는 것을 엽서로 회답했다. 오후에 운동하다.

9월 29일 목요일. 흐림.
시편 98편, 마태복음 24:32-35, 예레미야 11장.
11시 잠.

학생들의 여비 납부가 부진하고 함경북도에 콜레라가 심하다는
이유로, 회령 방면 수학여행(제5학년)은 완전히 중지하기로 하다.
교량, 교란 등에게 이런 내용을 알리다.
이봉익에게 답장 쓰고 매도증과 공서(控書)[34]를 반송하다.
오후에 곽옥임이 급우(전주 사람) 한 사람을 데리고 집에 오다. 신
학교 교수들의 불신과 기도에 대한 몰이해가 한심하기 이를 데
없다.
어제 정구를 한 것이 원인인지 몸에 열이 나고 몹시 피로하다.

9월 30일 금요일. 뇌우, 밤톨만 한 우박.
시편 99편, 마태복음 24:36-39, 예레미야 12장.
10시에 잠.

몸의 열이 내리지 않아 4시간 수업하기가 괴로웠다.
정오를 지나 천둥치며 오는 비에, 밤톨만 한 우박이 내려 농작물
에 피해가 많았고. 창천(滄川)[35] 부근에서는 빨래하던 부녀(婦女) 6
명이 익사하였다고.
〈성서조선〉 제45호 발송. 오후 목욕.

---

32. '위생에 대한 사상 보급과 시설 정비를 기하고자' 지역에 따라 주기적으
로 청결일을 정하여 주변 청소 및 하수구나 변소의 청소작업을 실시했다.
33. 9월 22일자의 '安鎭泛'과 동일인인지 명확치 않다.
34. 일본어 히카에가키(控え書き)로, '부본'인 듯하다.
35. 연세대학교 뒷산인 안산의 서남쪽에서 발원하여 홍익대학교 뒷산인 와우산 광흥창(廣興倉) 옆을 지나
한강으로 흐르는 하천. 현재는 대부분 복개되어 도로로 이용된다.

10월 1일 토요일. 흐림.
시편 100편, 마태복음 24:40-42, 예레미야 13장.
11시 잠.

양정학교 창립기념일이요 조선총독정치시정기념일(朝鮮總督政治始
政記念日)36이라고 휴업하다. 나는 당직으로 학교에서 유숙하다.
홍원(洪原)37 이홍균(李弘均)이 입학 건으로 다녀가다.
며칠 동안 두통이 있어 머릿속이 빈 것 같고, 눈굽이 두는 듯하
여 독서도 할 수 없다.

10월 2일 일요일. 비.
시편 101편, 마태복음 24:43-44. 12시 반 잠.

오전 9시 차로 오류동 행. 예배하려는 중이므로 나는 마태복음
22:15 이하로써 감화(感話)를 이야기하다. 류석동 씨는 며칠 전에
도쿄로부터 집에 돌아왔고, 송후용 씨 일가족도 와서 참석하였
다. 폐회 후 류 씨의 도쿄 이야기를 듣다 보니 차를 놓쳐 오후 1시
차로 집에 돌아오다.
오후 2시 반에 성서연구회. 두통으로 인하여 구약은 쉬고, 마태
복음 22장으로 간단한 감화. 이건표, 이창호, 권석창, 최찬훈, 최
규회 등이 와서 참석.
밤 7시 종로 YMCA의 류영모 씨 성서회에 참석하였다가 일찍
물러나와 경성역으로 가서 류석동 씨와 함께 8시 50분 차로 상
경하는 함석헌 씨를 맞이하다. 금강산 수학여행 가는 길에 승차
시간 중 잠시 이야기 나누다. 계란 1상자를 감사히 받다.
원래의 〈성서조선〉지 동인들께 회람서(回覽書)를 보내다. 앞으로
〈성서조선〉지 진정(進呈)을 중지한다고.

10월 3일 월요일. 비.
시편 102편. 마태복음 23:23-24. 12시 잠.

어제 리튼 씨의 중·일 관계 보고서가 발표되었다. 언제나 제3자
의 의견은 귀한 것이다. 결과 여하는 차치(次置)하고, 이만이라도
안목 있는 자의 관찰을 보게 된 것을 만족하게 여기다.

등교하여 이홍균의 입학 건을 안종원 씨에게 말하였더니 그 거절
하는 심지(心志)가 불쾌하였다.

오후 5시 일본 YMCA에 독일어 출석. 초·중등과를 합치자는
논의.

저녁에, 함 형이 부탁한 계란 1상자를 적선동 류영모 씨 댁에 전
하다. 11시까지 류 선생의 유쾌한 이야기를 경청하고 오다. 그 계
씨(季氏)의 분가를 섭섭히 여기는 정, 우리 토지의 문서상 대표자
되는 일, 평화기념회 연설자 되라는 등에 관한 신중한 태도에 감
명 받다.

10월 4일 화요일. 맑음.
시편 103편, 마태복음 23:25-26. 10시 잠.

오른쪽 눈에 무엇이 들어간 며칠 동안 점점 불쾌하여져서 등굣
길에 적십자병원에서 진료를 받고 수술하였다. 즉각 중환자가 되
어 결근하고 집에 와서 종일 누워 있었다.

10월 5일 수요일. 맑음.
시편 102편, 마태복음 23:27-28. 예레미야 17장.

6시 기상. 오전에는 적십자병원에서 진료 받다. 양정학교에 들르
니 제5학년은 관악산으로 오늘 아침에 소풍 갔더라. 제1학년 수
업을 쉬고 속히 집에 와서 자리에 눕다.

10월 6일 목요일. 맑음.
시편 104편, 마태복음 23:29-31, 예레미야 18장.

오전 중 어제와 같이 진료 받고, 오는 길에 서대문 형무소에 가서
한림 군을 면회하다. 건강한 듯하고, 매우 쾌활하였다. 그 선친의

---

36. 조선총독부의 기능이 시작된 것을 기념하는 날. 일제는 1910년 한반도를 일본 영토로 편입하고 대한제
국의 영토를 조선이라 개칭했다. 또한 통감부를 폐지하고 칙령 제319호로 조선총독부 설치령을
공포했다. 1910년 9월 30일 총독부 관제가 공포되고, 10월 1일부터 조선총독부의 기능이 시작되
었다.

37. 함경남도 중부에 있는 군.

초상(初喪)에 구(舊) 북주동면민(北州東面民)[38]에게 시여(施興)[39]할 것을 억(檍) 군에게 편지 한통 써 보내다. 오늘 동물 시간도 수업을 할 수가 없었다.

함석헌 씨가 금강산 여행에서 돌아오는 길에 짧은 시간을 얻어 우리 집에 오다. 류석동, 송두용 두 분도 함께 와서 저녁 식사를 함께하다. 송 씨는 늦도록 이야기하다. 함, 류 씨는 7시에 시내에 들어가서 문화여관을 거쳐 10시 40분 차로 출발.

10월 7일 금요일. 맑음.
시편 19편, 마태복음 23:32-35, 예레미야 19장.

등교하여 당직으로 종일종야 학교에 머무르다. 5학년 학생들만 오전 중에 공부하고, 나머지는 모두 수학여행 중이어서 학교는 절간 같다.

오늘부터 눈병 치료를 가지 않고 집에서 약만 바르다.

10월 8일 토요일. 흐림 맑음.
시편 102, 137편, 마태복음 23:36-39. 12시 잠.

숙직실에서 오전 1시 경에 잠이 깬 후로 4시 경까지 〈성서조선〉 발행과, 동지들 생활 문제에 관한 몽상 또 공상으로 다시 잠을 잘 수가 없었다. 일어나 박물실에서 냉수마찰을 한 후, 시편 102, 137편을 읽으려니 감격이 북받쳐서 자주 소리를 삼켜야 했고, 다시 일본어 찬미가 321, 233, 35번을 부르려니 눈물이 샘솟듯 흐르도다(流淚如泉). 병적(病的)이나 아닌가 하고 의심할 만큼 감동이 격하였다.

오후 0시 25분 차로 수색에 가다. 김봉수 부부 싸움을 화해시키다. 돌아오는 길에 김상돈 씨 목장에 가서 저녁식사 후, 배달부 및 집안 식구, 이웃 사람 등 10여 명을 청한 좌석에서 불가피한 사정으로 한바탕 이야기를 하다. 예수님을 알아서 참인간을 알고 참된 친구를 발견하라는 주지(主旨)로 말하다. 오후 9시 19분 차로 집에 오다.

10월 9일 일요일. 맑음.
시편 103편, 마태복음 24:45-46. 12시 잠.

7시 기상. 두통이 멎지 않는다. 마침내 만성증인가 염려되다.
오후 2시 연구회. 전도서 대강의 뜻을 이야기하다. 양정 5학년 4
명만 출석하고 최규회는 불참하다.
오후 7시부터 청년회관에서 류영모 씨의 마태복음 23장 23절-
끝 절까지의 해설을 듣다. 경탄하지 않을 수 없다.

10월 10일 월요일. 맑음.
시편 109편, 마태복음 24:47-51, 예레미야 22장.
11시 반 잠.

7시 기상. 등교. 학생들 동복 입는 날이어서 전교(全校)가 검정 옷
이다.
전화로 김기헌 씨가 상경한 것을 알고 본정(本町) 아사히(旭)여관
에서 그를 방문하여, 장복(張福)의 교육에 관한 이야기를 듣다.
부족함이 없는 아버지로다(無不足之父乎).
모친과 아내가 수색에서 고춧대 뽑아 오시다(종일 걸려). 인원이가
잠시 왔다가 학교로 돌아가다.

10월 11일 화요일. 맑음.
시편 23편, 마태복음 24:1-4, 예레미야 23장.
11시 잠.

등교하여 4시간 수업. 되는 일은 없고 분주하기만 하다. 김봉수
씨에게 초가집을 비우고 넘겨달라는 독촉 편지를 보내다.

---

38. 북주동면은 함경남도 함주군에 속한 면으로, 1931년 10월 부제(府制) 실시에 따라 북주동면의 일부가
함흥면에 편입되어 함흥부라 했는데, 여기서 '구 북주동면민'은 북주동면이었다가 당시는 함흥
부에 편입된 지역의 주민을 말하는 듯하다.
39. 본인의 부재 중 선친의 초상에 도움을 준 고향 사람들에게 간단한 감사의 선물을 전하도록 지시한 듯
하다.

10월 12일 수요일. 맑음.
시편 84편, 마태복음 24:5-6, 예레미야 24장.
10시 반 잠.

7시 기상. 수색으로 이사 가는 문제로 아침과 저녁에 집안회의.
오른쪽 눈의 충혈과 두통으로 아무 일도 하지 못하고 또 하루가
지나다.

10월 13일 목요일. 맑음.
시편 106편, 마태복음 24:7-9, 예레미야 25장.
11시 잠.

7시 기상. 두통이 점점 나아지다. 오후에 이발, 목욕.
식구들 중 일부가 수색으로 이사하기로 하고, 종희, 홍식 등에게
와서 기숙하여도 좋다고 통고하다. 홍식은 오지 않겠다고 간접
으로 택점을 통해 전해 오다.

10월 14일 금요일. 맑음.
시편 105편, 마태복음 24:10-14, 예레미야 26장.
12시 잠.

6시 반 기상. 모친께서 수색에 다녀오셨으나, 김봉수 씨 가족이
아직도 집을 비워주지 않으므로 우리 이사도 연기하게 되다.
이창호가 신학교 지원에 관하여 저녁에 와서 이야기.

10월 15일 토요일. 맑음.
아가 1-3장, 마태복음 24:15-18, 예레미야 27장.
11시 반 잠.

6시 기상.

10월 16일 일요일. 맑음.
아가 4-8장, 마태복음 24:19-21. 12시 잠.

오전 8시경에 교란이가 함흥으로부터 상경. 아침식사 후 시내에   112

들어갔다가 그 길로 도쿄로 건너가다. 사촌(沙村)에 있는 집을 식산은행에 넘겨주고 마장동으로 옮길 거라고 하다.

오후 2시 연구회. 아가서를 이야기하다. 이창호, 이건표, 권석창, 최찬훈, 최규회 및 조성빈 등이 참석하다.

저녁 7시에 YMCA에서 류영모 씨의 마태복음 24장 해설을 듣다. 재림에 관하여 안식교회○ 조선예수교회적 해석에 찬성하지 않는 점은 동감이었고, 十, 卍, ⑤의 비교로써, 신(神)은 둥글고 사람은 모나야 한다는 것, 수평선에서 도약하는 생명이라야 하며, 참 생명은 사형(死刑) 처분을 받을 것이라는 등, 그분 나름의 기발한 생각이 많았다. 또 말하기를, 대다수의 인간은 '배도생활(背道生活)'을 하는 자라고.

10월 17일 월요일. 비.
시편 107편, 마태복음 24:22-25, 예레미야 29장.
12시 반 잠.

마루와 건넌방 벽지를 바르고 문풍지 붙이다. 이창호가 오후에 와서 돕다.

10월 18일 화요일. 맑음.
시편 108편, 마태복음 24:26-28, 예레미야 30장.
11시 잠.

〈성서조선〉 제46호 원고 제출하다. 오후 테니스.
사례전사(謝禮專使) 사개석(謝介石)[40]을 도쿄에서 국빈 대우한다고.
모친님 아현리 한증막에서 화상을 당하시다.

10월 19일 수요일. 맑음.
시편 109편, 마태복음 24:29-31, 예레미야 31장.
11시 잠.

7시 기상. 등교하니 학생 수업료 독촉하라기에 하다.
오후에 지붕의 비 새는 곳을 시멘트로 수리하다.

　40. 당시 만주국 외교부 대신. 일본이 만주국을 세워준 데 대한 감사의 인사차 방문한 것 같다.

10월 20일 목요일. 흐림 약간의 비.
시편 110편, 마태복음 24:32-35, 예레미야 32장.
11시 잠.

7시 기상. 오후에 양정 대 배재 직원 정구시합이 있어 배재학교에
갔다가 비가 와서 중지하다.
돌아오는 길에 죽첨정(竹添町) 신태헌 씨를 방문하고 한림 군 주
사(注射) 건을 부탁하다.

[동아일보 중지]

10월 21일 금요일. 맑음.
시편 111편, 마태복음 24:36-42, 예레미야 33장.
12시 잠.

7시 기상. 간밤에 번개, 소나기 심하였고 우박도 내렸다 하나 모
르고 잤다.
오늘 저녁부터 동아일보 구독 중지.

10월 22일 토요일. 흐림, 밤에 우레, 번개, 우박.
시편 112편, 마태복음 24:43-51, 예레미야 34장.
12시 반 잠.

등교. 학생 전입 건으로 불쾌함을 금할 수 없다. 일본에서 이세신
궁(伊勢神宮),[41] 야스쿠니(靖國) 신사[42] 등에 참배하지 않는 모모 학
교(대학, 중학교)를 핍박하게 된다고 신문 보도. 일본도 한심한 일
이다.
오후 2시부터 휘문고보에서 시내 일곱 중등학교 직원 정구대회
에 참가하여 양정이 다시 승리하다. 양정 직원 10명이 열빈루(悅
賓樓)[43]에서 잔치를 벌이다. 요즘 천둥소리와 번개와 우박, 바람이
심하여 농작물 생산의 40~50%가 감산될 뿐 아니라, 나라에 흉
조(凶兆)라고 하다.

10월 23일 일요일. 맑음.
시편 108편, 마태복음 25:1-13. 12시 잠.

7시 기상. 오전 중에 고등공업학교 25주년 기념 전람회 참관. 오후 12시 반부터 집회. 류석동 씨가 와서 강의. 크리스천의 사업 이라는 제목으로. 5학년 을(乙)반 학생 5명과 최규회가 참석. 폐 회 후에 점심을 함께 먹다. 선친의 제삿날을 기념하기 위해 떡을 한 까닭에 동네 장로교회[44] 새 목사 김정현(金正賢)[45] 씨도 점심 식 사에 참석하다.

류석동 씨와 함께 저녁식사 후 YMCA 성서반에 참석. 마태복음 25장 1-30절의 해석. 호흡에 관한 류영모 씨의 사상에 큰 것이 있었고. 기도에 관하여는 천박한 경험담뿐이었다.

10월 24일 월요일. 흐림, 추움.
시편 114편, 마태복음 25:14-30, 예레미야 36장. 12시 잠.

7시 기상. 오후 목욕. 등교. 수업료 안 낸 학생 정학처분. 모친님 한증막에서 화상을 입으신 지 3~4일.[46] 점차 심해졌지만 어제부터 고야마다(小山田) 약방의 고약으로 조금 차도가 있다. 오늘 아침 김영택이 햇감과 황밤 한 자루를 고맙게 주셔서 깊이 감사.

---

41. 일본 최대의 신궁. 혼슈(本州) 남부 미에 현(三重縣) 이세 시(伊勢市)에 있다. 내궁에는 일본 황실의 조상 을 모시고, 외궁에는 곡식의 여신을 모시고 있다.

42. 일본 최대 규모의 신사. 제국주의 시절에는 군국주의 확대정책을 종교적으로 뒷받침하는 역할을 했으 며, 천황 숭배와 군국 이념을 조장했다. 현재는 일본이 벌인 주요 전쟁에서 숨진 246만여 명을 신격화하여 제사를 지낸다. 제2차 세계대전 A급 전범들의 위패가 보관되어 있다.

43. 서울시 종로구 돈의동(敦義洞)에 있던 음식점.

44. 현 '한국기독교장로회 공덕교회'로, 당시 공덕리 130번지를 분할 구입하여 공덕리 130-2에 세운 교회. 김교신의 집과는 이웃하고 있었다.

45. 김정현 목사: 1930년에 제1대 담임목사로 부임하여 공식 당회(공덕리 장로교회)를 조직했다. 이후 김교신 은 김정현 목사의 설득으로 교회에서 목요일 성경연구회를 인도하고, 제직회의 천거로 야학 설 립자 명의를 승낙(1933. 3. 12. 일기 참조)한다.

46. 10월 18일 일기에 화상을 당하신 것으로 기록되어, 정확히는 6일 전이다.

115

10월 25일 화요일. 맑음.
시편 115편, 마태복음 25:31-33. 11시 잠.

7시 기상. 날씨가 몹시 춥다. 〈성서조선〉 제46호 교정 시작.
당직으로 종일 종야 학교에 있었다. 시험문제 쓰기에 분주하다.
어제 한림. 함석헌 씨에게 편지 보내다.

10월 26일 수요일. 맑음.
시편 116편, 마태복음 25:34-36, 예레미야 38장.
12시 잠.

7시에 숙직실에서 기상. 오늘부터 중간시험. 감독하여 지키는 역할.
오후 테니스 시합. 조종관(趙鍾觀), 이동근(李東根)과의 Single에
서 전자에게는 이기고, 후자에게는 지다. 1엔어치 과일 내기.
밤 12시까지 교정. 시험 채점은 미루다.

10월 27일 목요일. 맑음.
시편 117편, 마태복음 25:37-40. 12시 잠.

등교, 시험 감독. 틈틈이 교정. 오후에 집에 오니 아내가 수색 갔
다 와서, 과일나무 묘목으로 문제가 있었다기에 즉시 뛰어가니
김봉수는 없어서 그의 처와 장모 등에게 책언(責言)하다. 다시 신
향균(申亨均)(興仁)이라는 늙은 농부를 만나 174번지 초가집 및
과수원 감독을 의뢰하다. 믿음과 진실로 대하는 것은 유쾌한 일,
이해(利害)로 서로 다투는 것은 한시도 못 견딜 일이었다. 밤 9시
에 집에 오다.

10월 28일 금요일. 맑음.
시편 118편, 마태복음 25:41-43. 11시 잠.

오전 중 교정. 오후에 등교하니 직원 홍백(紅白)[47] 정구전(戰)이라
하여 시험 감독의 고역도 면제받고 석양까지 정구만 하다. 홍편
(紅便)이 이겨서 저녁 6시에 태서관에서 만찬회 있었다.
밤 10시까지 창문사 인쇄소에서 교정 완료.

10월 29일 토요일. 맑음.
시편 119편 1-8절,[48] 마태복음 25:44-46,
예레미야 41장. 12시에 잠.

7시 기상. 등교, 시험 감독. 함 형의 편지 오다. 저녁에 최천유(崔天裕)가 집에 와서 많은 이야기.

10월 30일 일요일. 맑음.
시편 119편 9-24절, 마태복음 26:1.
12시 잠.

중간시험 중이므로 성서연구회는 중지하다.
오전 9시에 등교하여 메이지(明治)천황 교육칙어[49] 기념식에 참가하고, 몇 시간 정구하다. 경성직업학교[50]에서 즉매진열(即賣陳列)을 참관하고 경대(鏡臺) 한 개를 사다. 석양에 신상철 군이 집에 오다. 저녁식사 후에 함께 YMCA 성서회에 참석하다. 이상촌(理想村)은 문제가 많았다.

10월 31일 월요일. 맑음.
시편 119편 25-32절, 마태복음 26:2-5,
예레미야 43장. 11시 잠.

등교하여 어제와 같이 시험 감독. 학사시찰단에 참가하게 되었다는 통지가 경기도로부터 와서 다음 달 9일 아침 출발하므로 준비하라고.

---

47. 우리는 보통 청군과 백군으로 나누어 경기를 하는데, 당시는 홍군과 백군으로 나누어 경기를 한 것 같다.
48. 히브리어 성경(STUTTGART)에는 시편 119편을 1-8절, 9-16절, 17-24절, … 169-176절 등으로 나누어 각각을 히브리어 알파벳순으로 표시했는데, 김교신도 같은 방법으로 표시하면서 시편을 읽었다. 이로 보아 김교신은 당시 히브리어 성경(STUTTGART)을 읽고 있었음을 알 수 있다. 여기서는 편의상 절 숫자로 표시하고 히브리어 알파벳은 생략한다.
49. 제2차 세계대전 이전의 일본 제국에서 정부의 교육방침을 명기한 칙어로, 1890년 10월 30일 메이지 천황의 명으로 발표되었고 1948년 6월 19일 폐지되었다. 일제강점기의 조선교육령은 이를 바탕으로 교육 전반의 규범을 정했다.
50. 당시 공식 명칭은 '경성공립직업학교'. 1910년 공립 어의동(현 종로구 효제동)실업보습학교로 개교하여 1931년 마포구 아현동 캠퍼스로 이전하고 경성공립직업학교로 개편했다. 이후 경기공립공업학교, 경기공업고등학교로 교명이 변경되었으며, 1980년 노원구 공릉2동으로 이전하여 경기공업개방대학, 서울산업대학이 되었다. 2005년 종합대학 승격 후 서울과학기술대학교로 교명 변경, 2012년부터 일반대학교로 전환되었다.

〈성서조선〉 제46호가 나와서 석양부터 발송 사무.
모친 환상은 거의 나아가서, 10여일 만에 조금은 바느질을 하여
보시게 되다.

[1932년 11월]

11월 1일 화요일. 맑음.
시편 119편 33-40절, 마태복음 26:6-13,
예레미야 44장. 11시 잠.

6시 반 기상. 오늘까지 중간고사를 마치다.
전남 완도군 소록도에서 최병수(崔炳洙)라는 형제가 〈성서조선〉지
1년분을 주문하여 왔다. 작은 섬의 친구는 더욱 반갑다.

11월 2일 수요일. 맑음.
시편 119편 41-48절, 마태복음 26:14-16,
예레미야 45장. 오전 1시 잠.

7시 기상. 교무 외에 도쿄에 갈 준비하다. 이번 여행으로써 교원
생활의 마지막인 듯한 예감이 들어 표본실, 준비실 등도 정돈하
여 다른 사람에게 인계하는 데도 부족함이 없을 만큼 일하는 중
이다.

11월 3일 목요일. 맑음.
시편 119편 49-56절, 마태복음 26:17-19,
예레미야 46장. 10시 잠.

7시 기상. 등교하여 명치절(明治節) 식(式)[51]을 하다. 전 직원 정구
홍백 시합. 조선예수교서회 장 씨로부터, 어제 들은 대로 전했더
니 류석동 씨가 오늘 면담하고 와서 그 결과를 알려주다. 〈기독
교신보〉의 조수(助手) 자리인데 월급은 약 40엔이라고 한다. 점심
과 저녁까지 먹고 오후 8시경 돌아가다.

11월 4일 금요일. 맑음.
시편 119편 57-64절, 마태복음 26:20-30.
7시 기상.

11월 5일 토요일.

11월 6일 일요일.

오후 2시에 연구회. 이사야 공부.

11월 7일 월요일.

등교. 수업.

11월 8일 화요일. 맑음.

오전과 오후, 두 차례 경기도 학무과에 가서 내일 출발할 준비.
〈성서조선〉 원고를 인쇄소에 맡기다.

11월 9일 수요일. 맑음.

오전 10시에 경기도 주최의 학사시찰단에 참가하여 경성역 출발.

* 학사시찰단 참가로
11월 10일(목)~12월 30일(금)까지 일기 없음.
원문에는 날짜와 요일만 명시되어 있다.(편집자)

51. 일본 메이지 천황 탄생일인 11월 3일. 축제일로, 2차대전 후 '문화의 날(文化の日)'이 되었다.

12월 31일 토요일. 맑음.

오전 중 경성역에서 개선군인을 환영 및 환송하고, 등교하여 강
(康) 회계담당자에게서 농구부 지도비로 9엔 67전을 받아오다.
〈성서조선〉 제48호 발송을 마치다. 〈성서조선〉 외에는 연말 정돈
이 된 것 없이 설을 쉰다. 나중 날의 준비가 생각되다.

1933년

1~6월

양정고보 재직 당시 학생들과.
1928년 4월~1933년 3월까지 담임을 맡은 학생들로 보인다.
앞줄 왼쪽이 류달영, 뒷줄 오른쪽이 이창호.

양정 등산부.
1934년 11월 11일 북한산 백운대에서.
〈성조통신〉을 참고하면, 이 모임은 일요일마다
김교신이 인솔하였던 '물에산에 회'였던 것으로 보인다.
참여 학생 약 140명.

1933년. 1월 1일 일요일. 맑음.

5시에 기상. 기도회 후에 세배를 드리다. 올해부터 우리 집에서도 양력을 실행하기로 작정. 등교하여 식에 참석.
YMCA에서 류영모 씨의 요한복음 제3장을 듣고, 경성역에서 개선군인을 맞이하고 보내다.

1월 2일 월요일. 맑음.

7시 기상. 오전 중에 함석헌 형이 오산으로부터 상경. 내일부터 윤독회(輪讀會)에 참석 차. 저녁에 류석동, 송두용 두 형이 집에 와서 식사를 같이하다. 류영모 씨 내방해서 밤늦도록 이야기 나누다가 돌아가다.

1월 3일 화요일. 맑음.

5시 기상. 6시 반부터 나의 사회로 기도회. 양인성 군은 함흥에서 오고, 김종흡, 문이범, 류영모, 신상철, 성백용, 장기원, 김봉국(金鳳國) 씨 등이 원근에서 와 참석하다. 오전은 함 형의 사도행전 연구. 오후엔 나의 성서지리. 밤에는 류영모 씨의 노자(老子) 이야기. 류 선생 외에는 합숙.

1월 4일 수요일. 맑음.

5시 반 기상. 새벽기도회는 김종흡 씨가 인도. 오전은 함 형의 사도행전 연구. 오후는 양 군의 성서동물. 밤엔 송 형의 농사 이야기와 류 형의 영어 역사. 양만영(楊萬英) 씨 잠시 다녀가다.

1월 5일 목요일. 흐림.

5시 반 기상. 새벽은 류 형 인도로 기도회. 오전은 함 형의 계속. 오후에는 김종흡 씨의 중세기 철학과 신앙. 밤에는 감화(感話), 기도. 저녁 8시에 김종흡 씨는 전주로 돌아가고, 류석동, 송후용, 문이범 씨 등은 각자 돌아감. 정상훈 씨는 기어이 불참하다.

1월 6일 금요일. 맑음.

7시 기상. 남아 있던 송, 성, 신 및 김봉국 씨 등은 아침 후 출발하여 돌아가고, 양인성 군은 시혜를 데리고 오후에 개성으로 돌아가다. 함 형과 종일 시내 서점을 둘러보고, 밤 10시 반에 역전에서 보내다.
이학규(李學奎) 씨는 밤에, 진기성(陳基星) 씨는 오후에 내방.

1월 7일 토요일. 맑음, 눈.

7시 기상. 3, 4일간 합숙하던 10여 형제가 돌아가니 집 안이 빈 것 같다. 신기한 이야기, 색다른 정보도 많았으나 역시 함 형의 성서 강의가 오래 귀에 남는다.
윤 모자(母子)가 집에 오다. 오늘부터 기숙하기로 하다.
작년도의 가계부를 겨우 정리하다. 장지영(張志暎) 선생이 내방. 천만 뜻밖이었다.

1월 8일 일요일. 눈, 맑음.

7시 기상. 오전 중 김종희, 한근 등이 함흥으로부터 상경하여 내방. 억(檍)의 몰인정한 마음씨가 비탄(悲嘆)스럽다. 오후에 최태용 씨 내방. 금마(金馬)집회를 마치고 함흥으로 돌아가는 길이라고. 몇 시간 이야기하다. 두 차례나 서로 기도하면서, 그동안 개재(介在)하였던 장막막(障膜幕)을 제거하고 다시 주 안에서 하나 될 수 있게 되었음은 감사했다. 오후 4시경 시내로 돌아가다.

1월 9일 월요일. 맑음, 흐림.

6시 기상. 등교하여 제3학기 시업식. 5학년 을(乙)반에서 여러 시간 훈화.
진술이가 치통이 재발하여 치과전문의원에 가서 진료받기 시작.

1월 10일 화요일. 맑음, 흐림.

6시 반 기상. 연일 따뜻하다. 독어강습회에 처음 출석. 반 친구는
5, 6명.

1월 11일 수요일. 맑음, 눈.

진술이의 치통이 급변하여 오늘 재차 입원.
장지영 씨의 주선으로 된 문흥회(文興會)[1] 창립총회에 출석(백합원
百合園).
모두 7명의 모임이었다.

1월 12일 목요일. 혹한, 맑음.

등교. 독어 출석. 오늘 석양부터 기온 급강하. 진술은 오늘 수술.
병실이 몹시 춥다. 모친께서 곁에 붙어서 간호 중.

1월 13일 금요일. 혹한, 맑음.

석양에 진술이가 퇴원, 자동차로 집에 오다. 박흥기(朴興基) 군이
함흥으로부터 상경, 오늘 밤 도쿄로 가는 길에.

1월 14일 토요일. 맑음, 혹한.

저녁에 조금용이 와서 이야기. 의(義)를 행하기를 권려(勸勵)하다.
김상돈 씨의 언행에 대하여 의아함을 금할 수 없다.

1월 15일 일요일. 맑음.

오후 2시에 성서연구회. 신년 제1회. 예레미야 연구. 이건표, 이창
호, 권석창, 최규회, 양택점 등이 여전히 출석하고, 최찬훈이 결
석한 대신에 류달영이 처음으로 와서 참석하다. 밤에는 YMCA
류영모 씨의 요한복음 제5장 청강하다.

1월 16일 월요일. 맑은 후 흐림.
12시 잠.

〈성서조선〉 제49호 검열 통과. 선금이 다 된 독자에게 모두 조회
(照會)하도록 편지 보내다.

1월 17일 화요일. 맑음.
요한복음 5:1-27.

6시 반 기상. 어젯밤사이 눈이 조금 내리다.

1월 18일 수요일. 맑음.

1월 19일 목요일. 맑음.

1월 20일 금요일. 맑음. 대한.

1월 21일 토요일. 맑음.

돌아오는 길에 문흥회 사무실 방문. 장(張), 권(權), 이(李) 제씨(諸
氏) 회합 중.

---

1. 문흥회(文興會): 〈동아일보〉 1933년 1월 13일자에 "조선문화연구차(朝鮮文化硏究次) 문흥회(文興會)를 창
   립"이라는 제하에 "조선문화의 연구와 진흥을 목적으로 사계의 유지 김극배(金克培), 권상로(權
   相老), 장지영(張志暎), 최선익(崔善益), 변영태(卞榮泰), 김교신(金敎臣) 등 제씨가 작 十一일 오후
   六시에 종로 백합원에서 조선문흥회(朝鮮文興會)를 창립하였는데 장차 착수 실행할 사업으로는
   ㅡ,문헌 수집. ㅡ,도서 출판. ㅡ, 강습회 개최. ㅡ, 잡지 발행 등이요 사무 집행할 간사는 장지영
   이병기(李秉岐) 권덕규(權悳奎) 三씨라 한다"고 보도하고 있다.

1월 22일 일요일. 맑음.
이발, 목욕.

오후 2시에 성서연구회. 예레미야 애가 공부. 학생들의 졸업 후 준비도 급박하여졌으므로 연구회는 오늘로써 마치다. 이건표, 이창호, 권석창, 최찬훈, 양택점.
밤 6시 반 청년회관에서 류 선생의 요한복음 제6장 청강.

1월 23일 월요일. 맑음.

기숙 중이던 양택점이 오늘밤 시내로 옮겨가다. 늦도록 학적부 정리하다.

1월 24일 화요일. 맑음.

수업 마친 후 독어 출석.
〈성서조선〉 제49호 나오다.

1월 25일 수요일. 맑음. 어젯밤 최저 -14° 8′

곽옥임이 내교하여 〈성서조선〉지 대금을 전하다. 돌아오는 길에 화신(和信)에서 물건 사다.

1월 26일 목요일. 맑음. 어젯밤 최저 -18° 4′

음력 계유(癸酉) 정월 1일이라 하여 학교는 10시 반부터 2시간만 수업하다. 안(安) 교장 댁에 조선 선생들만 모여 세찬(歲饌)을 먹다. 시간이 늦어 독어 결석 유감천만.
곽인성, 최규회, 종희 등이 세배하러 왔었다고 하다.

1월 27일 금요일. 맑음. 어젯밤 최저 -18° 4′

어제와 오늘이 금년 겨울 중 가장 춥다고 하다. 등교, 수업. 곽인성 전화 오다. 독어 출석. 내의 사다.

1월 28일 토요일. 맑음.

등교. 오후에 조선 박물학회 참석. 대의(大醫)[2] 제3강당에서.
오늘 밤에 당직. 곽옥임이 집에 와서 〈성서조선〉 구호(舊号) 가져
가다.

1월 29일 일요일. 맑음.

오늘부터 연구회 없다. 오후에 김상돈 씨 부친 내방. 주택지를 소
개하므로 함께 출발하여 서강, 세교리, 연희리 등지를 돌아보았
으나 알맞은 곳을 찾지 못하다. 염리(鹽里)의 채소밭에서 20여일
전에 파종하였다는 배추가 푸르게 된 것을 보다. 돌아오는 길에
YMCA 류영모 선생 성서 강의 듣다.

1월 30일 월요일. 맑음.
12시 잠.

등교, 수업. 오후에 〈성서조선〉 제49호 발송하고, 윤태동(尹泰東)
씨 초대에 응하여 충신동 27 공익사(共益社)[3] 주택을 방문. 후스
씨(Herr Huss) 외 하라 코키(原弘毅), 하세야마(枌山) 씨 등 합석, 밤
11시까지 즐겁게 이야기하다.

1월 31일 화요일. 맑음.
12시 잠.

오후에 김창기 씨 내교. 도쿄를 떠나 구직중이라고.
독어반 출석.

2. 경성대학 의대.

3. 1907년 종로상가 주요 객주 포목상들이 중국과 일본의 포목상들에 대항하기 위해 1만원씩 출자하여 익
명조합으로 출발하여 세운 회사. 박승직이 1940년까지 사장직을 맡았는데, 그는 친일파로 비난
받기도 했다.

2월 1일 수요일. 맑음.
11시.

오후에 동네 장로교회의 김 목사가 집에 와서 야학, 유치원, 주일학교 등 협의로부터, 내 가족 모두의 입회 건까지 제의하고, 나중에는 〈성서조선〉지의 진흥책을 말함에 이르러, 냉수를 뿌린 것처럼 흥이 달아나다.

2월 2일 목요일. 맑음.
12시.

등교, 수업. 오후 5시 독어반 출석. 내일은 윤 선생이 휴강이라고 하다.
요사이 일본 군인의 만주행(行)으로 양정학교에서도 새벽 6시 매일 역으로 나가야 한다고 하다.

2월 3일 금요일. 맑음.
12시.

어제 밤부터 감기약 3첩 복용하고 집에서 정양하다.
함흥 숙부께서 편지 보내오다. 여러 가지를 생각하다. 회답. 토지건.

2월 4일 토요일. 맑음. 입춘.
11시.

오늘도 집에서 정양하다. 요즈음 매일 아침 8시경 기상하다. 게으름이 지나치도다.
한경용-(韓庚龍)에게서 편지가 왔는데, 그의 고모에게 대지 및 텃밭 사주기를 청탁하였으나 응하지 않다.
입춘(立春)⁴ 날이라고 밤에 무 추렴하다.

2월 5일 일요일. 흐림.
12시 반.

7시 기상. 어제 밤에 꿈을 꾸니, 내가 나병환자촌에 섞여 있다가, 나도 온 몸에 감염되어 고통스러워하던 중에 잠이 깨다. 이것 역시 있을 수 없는 일이 아니다. 무엇을 아까워하며, 언제까지 주저할 것인가. 동네 장로교회에 출석하려다가 중지하다.
저녁 6시 반 YMCA에서 류 선생 요한복음 청강하다. 8:1-30. 도중(공부工夫)에 미국인 모모가 참석하여 Gospel = God's Son, Our, Savior, Provides, Eternal, Life로 해석한다 운운하여, 미국식의 천박함을 연민하고, 오만함을 분개하다.

2월 6일 월요일. 맑음.
12시.

등교, 2시간 수업. 오후는 만주 행 일본군대를 영송(迎送)하기 위하여 오후 3시부터 4시까지 5학년 학생 및 직원 몇 명과 함께 용산역에 가다. 돌아오는 길에 목욕. 집에서 떡 하다. 〈성서조선〉의 속간과 폐간을 또다시 생각하다.

2월 7일 화요일. 눈.
11시.

7시 기상. 노성모로부터 내신(來信). 나를 격려함이 대대(多大). 귀한 영혼이여!
눈이 내려, 오랜 가뭄에 생기가 회복되다.
교란의 취직 건으로 다카마츠(高松)를 방문했으나 자리에 없었다.

2월 8일 수요일. 맑음.
12시.

8시 기상. 저녁에 학교에 온 교과서 견본연(宴)[5]을 명월관에서 열

---

4. 김교신은 입춘을 매년 뜻 깊게 보냈다. 입춘에는 가풍(家風)대로 쑥국(艾湯)을 끓이고, 움 속에 저장했던 생무쪽을 씹어 먹었다. 쑥국은 봄 내음이 가득 담긴 음식이었다. 입춘은 신앙적으로는 부활에 대한 강렬한 소망을 불러일으켰다.(전인수, 《김교신평전》, 삼원서원, 2012, 59쪽.)

5. 출판사에서 견본용으로 학교에 제공한 교과서를 판매한 대금으로 베푼 연회.

어 참석.

다카마츠 씨에게 재삼 전화하여도 받지 않는다. 숙부님께 속히 상경하시라는 편지 올리다.

도쿄시 아다치구(足立區) 센쥬마치(千住町) 다카사고초(高砂町)⁶ 46, 1 한용익(韓用益)⁷ 씨의 편지 오다.

2월 9일 목요일. 맑음.
12시.

7시 반 기상. 류석동 씨 내교. 오전 11시부터 오후 5시 가깝도록 많은 이야기. 진실한 생활의 시작을 곱씹어 생각하다.

2월 10일 금요일. 맑음.
12시.

7시 기상. 4시간 수업. 독어 출석. 제일서방(書房) 회계. 12전과 제 48호 네 권 반품.

돌아오는 길에 종로에서 걸인(10전 구걸)을 거절하고 광화문통까지 왔다가, 불안하여 다시 우미관(優美館)⁸ 앞까지 찾아보았으나 찾지 못하다. 배고프다는 것을 잘못했다!

저녁 예배 후에 어머니, 아내, 진술이 함께 있는 자리에서 양정학교 사직을 예고.

2월 11일 토요일.
12시 잠.

7시 반 기상. 어제 밤에 산(1엔 80전) 이발기로 오늘 아침에 이발하다. 오전 등교하여 기원절(紀元節)⁹ 기념식에 참석. 교문의 기(旗)를 떼고서 기념 촬영하던 학생 10여 명이 일본인 교사에게 잡혀서 시비가 나다. 공덕리의 토막(土幕)집들도 집집마다 국기가 달렸다.

점심을 과식했으므로 밖에 나가 산보. 수색까지 다녀오다.

저녁에 신상철 군 내방. 오류학원에 관한 상의이므로 적극적인 행동을 조언하다.

동네 장로교회에서 1주간 사경회. 마지막 밤이므로 출석. 홍(洪)영수(領袖)¹⁰는 야학 건, 김 모는 주일학교 건, 목사는 청년반과 구역회 담임의 건을 부탁하려 하며, 이름을 옮겨 등록하고 교회원이 되기를 간청한다.

2월 12일 일요일. 맑음.
12시.

7시 기상. 밥상머리의 즐거운 이야기(卓邊甘談)에 시간을 잊고, 당직 교대시간에 지각하다. 김두칠(金斗七)이 오후에 내교. 표본 정리. 새문안(新門內)교회에 출석하였다 하므로 〈성서조선〉 제47호 및 《프로테스탄트의 정신》 각 한 권씩 주어 보내다. YMCA 류영모 선생반 결석.
석양에 류석동 씨 내교 하여 송도고보 확청(廓淸)11의 소식을 전하다. 밤 10시 반까지 직업론, 문장론, 사이토 마타키치(齋藤又吉) 씨의 자각사(自覺社) 소식 등을 이야기하고 돌아가다.

2월 13일 월요일. 맑음.
12시.

7시 기상. 자나 깨나 주님의 뜻이 어디 있는지를 생각하게 되다. 사직할 것인가·
저녁에 류석동 씨가 집에 와서 마루젠(丸善)에서 집무(執務)하게 되었다고 하다. 유숙하다. 사직 건으로 오래 이야기하였으나 얻은 것이 없다.
2학년 갑(甲)조 정문규(鄭文圭) 내방. 공부하는 방법 등 쓸데없는 이야기가 길어서 재촉하여 돌려보내다.

---

6. 원문은 '千住町 高砂町'로 되어 있으나 '千住町'는 1932년 10월 1일까지만 존재했고, '千住高砂町'로 되었다.

7. 같은 이름의 사람이 도쿄 유학생 졸업자 명단에 "東京高等主計 本科 二種 韓用盒"(〈동아일보〉 1930. 3. 14)으로 나와 있다. 그가 1949년 5월 재일본 대한민국 민단 카츠아다치(葛飾足立) 연합지부에서 도쿄 아다치 지부 독립 결성준비위원(民團東京足立支部 홈페이지)으로 활동하던 점으로 보아, 김교신이 받은 편지는 졸업 후 일본에서 생활하던 중에 쓴 듯하다.

8. 1912년 12월 서울시 관철동 89번지에 세워진 영화관. 1920~30년대 단성사, 조선극장과 경쟁적 흥행을 벌였으나 6·25 때 소실되었다.

9. 본디 일본의 건국기념일로, 신무천황(神武天皇)이 즉위했다고 하는 날.

10. 원문은 '領首'. 장로교에서 조직이 잡히지 않은 교회를 인도하는 직분을 가리키는 '영수(領袖)'를 잘못 표기한 것으로 보이며, 여기서는 교회 개척을 위해 남대문교회에서 파송한 홍영기 영수인 듯하다.

11. 송도고보에서 1933년 1월 있었던 백지동맹이나 시험거부 사건을 주도한 학생들에 대해 퇴학, 정학, 근신시킨 것을 비유적으로 말한 것으로 보인다.

2월 14일 화요일. 맑음, 어젯밤사이 눈 내림.

7시 기상. 류 씨는 금50엔을 청하기로, 생활 보조의 뜻으로 응하다.
7시 반경 함흥 숙부께서 상경, 유숙. 독어 출석.

2월 15일 수요일. 맑음.
오전 4시 반.

7시 기상. 등교하여 5학년 지리시간에 (1)지리과 소득 (2)교수법
a, b (3)성성(性性) a, b (4)양정학교 희망 등의 답안을 얻다.
정오에 서봉훈 씨에게 사직의 뜻을 표명하다.
송두용 씨 내교. 당직.

2월 16일 목요일. 맑음.
12시.

새벽 4시 반까지 원고. 자고 7시 반 기상. 류석동 씨 내교하여, 사
직 후의 걱정 등. 서봉훈 씨가 유임(留任)을 권고하는 말을 하였다.
모친께 사직원 제출한 것을 말하니 "들어오는 복을 망치로 치는
것이라"고 불만. 집안 불화의 시작! 오호(嗚呼)라, 현실 생활.

2월 17일 금요일. 맑음.
12시.

어젯밤 11시 반에야 잠자리에 들었으나 숙부께서 사직무모론(辭
職無謀論)을 말씀하셔서, 흥분 중에 오전 1시경까지 토론하다. 무
익한 일.
등교하여 사직원서를 제출하다. 서봉훈 씨로부터 재차 유임을 권
함이 간절하여 재고를 약속하지 않을 수 없었다. 지(智)와 이(理)
의 사람인 줄로만 알았던 서 씨에게서 정(情)과 성(誠)의 눈물을
보게 됨은 새로운 발견이었다. 독어 출석.

2월 18일 금요일. 맑음.

사직에 대한 유임 권고에 관하여 오류동 송, 류 양씨께 상의의 편지를 하였더니 두 분 다 밤에 집에 왔다. 우의(友誼)에 감사.
노성모 군께 〈성서조선〉 구호 혼합 60권 발송. 한림 군께(서대문형무소) 독일어 이솝이야기 책을 차입(差入) 우송하다.
신흥인(申興仁) 씨가 집에 오다. 수색에 다녀오다. 진기성 씨가 〈영과 진리〉 반환하러 집에 오다.

2월 19일 일요일. 맑음.

오전 11시, 동네 장로교회에서 설교. 믿음(죽음의 상식, 군대식 복종)을 말하다.
저녁에 YMCA 출석. 류 선생의 요한복음 제9장 청강. 류 선생 계산에 의하면 나의 생일은 1901년 4월 18일이다.
최 목사가 와서 참석.

2월 20일 월요일.
12시.

감기가 한 달 남짓 차도가 없어, 장지영 씨 처방으로 한약 3첩 복용하다.

2월 21일 화요일.

제5학년 졸업시험 마치다. 재학생 주최 송별회에서 이영지(李永芝)와 최영해(崔瑛海) 두 명이 무례한 언사(言辭). 처분 방침 협의. 독어 결석.
유숙 중이시던 숙부께서 오늘 밤차로 함흥으로 돌아가시다.

2월 22일 수요일.
11시.

〈성서조선〉 제50호 원고 인쇄 회부. 오후 직원회. 어제 2명 퇴학 처분.

2월 23일 목요일.
1시.

이회룡(李會龍) 씨께 영지의 퇴학을 알리다. 독어 출석.
동네 장로교회 청년반에 출석하여 성서연구회를 담당하기로 결정.

2월 24일 금요일.
2시.

〈성서조선〉 교정. 예수교서회에 가서 《프로테스탄트의 정신》을
받아 오고 작년도 잡지 대금 2엔 28전을 계산. 박문서관(博文書
館)¹²에서 처음으로 〈성서조선〉지 위탁 네 권.

모친(母親) 함흥(咸興) 가심(2월 25일-10월 25일)

2월 25일 토요일.
12시.

숙부님 편지 오다. 기곡(岐谷) 논 방매(放賣)(389.47엔) 성립. 모친께
서 오늘 밤 정혜를 데리고 함흥으로 내려가시다.

2월 26일 일요일. 맑음.
12시.

아침에 등교하여 종일 성적 계산.
노성모 군의 편지 오다. YMCA 류 선생 반 결석.

2월 27일 월요일. 맑음.
7시 일어남, 1시 반 잠.

등교. 졸업생 성적 직원회의. 이발.

2월 28일 화요일. 맑음.
8—10시.

등교하여 수업 4시간 외에 졸업성적 발표 및 상급학교 수속하다.
대단히 바빠 눈코 뜰 새 없다(忙殺之境). 독어 출석.
기곡 토지 매도증서에 날인하여 돌려보내다.

【1933년 3월】

3월 1일 수요일. 맑음.
마가복음 8:27-9:1, 시편 15편. 6·30-12시.

아— 올해도 두 달이 벌써 갔다! 책 한 권도 읽은 것 없이.
일과를 새로 정하다. 3월 1일부터 12월 말일까지 기본 공부 외에
50권을 읽어내는 일. 기본 공부는 성서와 어학.
9시 반 등교. 2시간 수업. 오후 6시까지 졸업증서, 상장 등 처리.
〈성서조선〉 제50호 나오다. 류석동 씨가 와서 도와주어 발송이
아주 쉬웠다.
밤에 1, 2월 가계(家計)를 깨끗이 정리하다. 헛수고인 듯하나, 역
시 필요한 사무다. 근래 매달 적자가 나는 것은 한심한 일이다.

3월 2일 목요일. 맑음.
마가복음 9:2-13, 시편 103편, 스바냐 3장.
7-12·30.

등교, 2시간 수업. 박물표본실 대청소. 한용상(韓龍相)과 박중기
가 도와주다.
졸업식 준비. 성적, 성행(性行)증명 10여 매 쓰다.
박물실에서 송별 기도회. 건표, 이창호, 권석창, 최찬훈, 류달영 등.
오늘 서대문 (형무소에서) 출옥하였다는 고성창(高成昌) 씨가 내교
하여 한림 군 소식을 전하다. 저승 소식 듣는 것처럼 반갑다. 독

---

12. 박문서관(博文書館): 1907년 노익형(盧益亨, 1884~1941)이 신문화 수입에 따른 책전 역할 수행을 목적으
로 설립한 서점 겸 출판사. 1925년 이후 종로2가 82번지에 정착했다. 내외도서 1만 종의 서적과
문방구를 박리다매와 신용본위로 취급했으며, 일제강점기 민족정신 고취와 국민 계몽에 크게
기여했다.

어는 결석.

저녁 8시 반부터 활인동 교회에서 에베소서 공부 제1강. 1:1-2. 12명이 와서 듣다. 양정 금번 졸업생들과 동급(同級)에 있다가 중도 퇴학한 학생들에게 〈성서조선〉 제50호 발송. 아, 어지럽도록 바쁜(紛忙) 하루였다.

3월 3일 금요일. 맑음.
마가복음 9:14-32, 시편 16편, 학개 1장.
7-11시.

오전 10시 양정고보 제17회 졸업식. 갑·을조 합계 80명 졸업. 정근자(5년간) 10명이 있었고, 우등은 없었다. 식 후에 기념촬영하고, 다과회에서 각 담임교사에게 기념품 증정. 나중에 나의 선창으로 만세 3창하다.

안(安) 교장의 초대에 응하여 전 직원이 열빈루(悅賓樓)[13]에서 오찬회. 독어 출석.

김필영이 밤에 내교. 구류 중의 체험 등 이야기하다. 숙직.

3월 4일 토요일. 맑음.
학개 2장. 7-11시.

어젯밤 사이에 눈이 조금 내리다. 김필영이 와서 도와주어, 학적부 등 과거 5개년 간 담임 반 서류를 정리하고 오후 7시경 집에 오다.

숙부님으로부터 교란의 식산은행 취직이 확정되었다는 통지가 오다. 다카마쓰 씨를 방문하여 사례하다.

밤에 조인상, 김은배, 류해붕(柳海鵬) 등 3명이 내방. 졸업 사례.

3월 5일 일요일. 맑음.
마가복음 9:33-50, 이사야 1장, 스가랴 1장.
6·30-9.

연일 과로에 아무 일도 하지 못하고, 종일 집에서 휴식. 수색 신홍인이 내방. 불쾌한 인물이었다. 저녁에 최천유가 졸업인사차 내방. 저녁식사 함께 하다.

3월 6일 월요일. 맑음, 추움.
마가복음 10:1-16, 시편 19편. 7·30-12·30.

어젯밤 포식하고 일찍 자고도 늦게 깨다. 게으른 사내!
등교하니 이영지의 성적증명 써준 것이 문제되다. 나의 경솔을
자책하다.
일본군은 열하(熱河)[14]를 완전히 점령하였다고. 동북지방에는 지
진 피해가 있다고 하다.

3월 7일 화요일. 맑음, 추움.
마가복음 10:17-31, 시편 20편, 스가랴 3장.
7-1·30.

등교, 수업. 졸업생 성적 기록 및 발송.
이(李), 오(吳), 두 의학박사 축하회 장소를 교장실에 개설(開設)하
다. 독어 출석.
류달영께 〈성서조선〉지.

3월 8일 수요일. 맑음.
마가복음 10:32-45, 시편 21편, 스가랴 4장.
7-11.

두 시간 수업 후, 김필영이 와서 도와주어 박물 준비실 대청소 하
고 7시경 퇴근하다. 충실하게 근로(勤勞)하면 유쾌하다. 졸업생 엄
(嚴) 군이 내교하여 현미경 사용하다.

3월 9일 목요일. 맑음.
마가복음 10:46-52, 시편 22편, 스가랴 5장.
6·30-12·30.

두 시간 수업 후 박물실 대청소 완전히 마치다. 공준호(公俊浩),[15]

---

13. 서울시 서대문구 돈의동(敦義洞)에 있던 요리집.
14. 청더(承德)의 옛 이름. 1955년 허베이 성(河北省), 랴오닝 성(遼寧省), 네이멍구(內蒙古) 자치구에 분할 편입.
15. 공준호(公俊浩)는 1936년 1월 12일자 〈동아일보〉에 실린 일본 유학생 중 메이지(明治)대학 전문부(專門部) 졸업생 명단에 있으나 이후 행적을 확인할 수 없다.

정동기(鄭東基)가 와서 돕다. 윤태동 선생 휴업. 7년도[16] 제2기분 호세(戶稅) 미납으로 차압 관리가 집으로 올 것이라는 전화가 있어 금10엔 48전을 급히 송금하고 면(免)하다.

밤에 베어 씨를 방문하고 진술이의 이화(梨花) 입학 소개장을 받고, 교육, 종교 등 흉금을 열어놓고 이야기하다. 그녀의 요청으로 기도하고 작별하다.

근(根) 군 이름으로 부친 한림 군의 옥중 서신이 도착하다.

3월 10일 금요일. 흐림, 약간의 눈.
마가복음 11장, 시편 22-23편, 스가랴 6장.
6-12·30.

양정학교 오늘부터 학년 고사 시작. 오후 3시 류석동 씨가 원고 80매을 가지고 내교하다. 우의에 감사. 단, 내가 점차 게을러지는 것이 두렵다.

베어 씨와의 약속대로 오후 4시에 아현에서 만나 활인동 우리 집을 안내하다. 잠시 이야기를 나눈 후, 함께 마르코 씨(Miss Marco) 댁을 방문하였으나 부재중.

장도원 목사의 두 아들 병길(柄吉)과 병걸(柄杰)이 함흥으로부터 오가키(大垣)[17]로 향하는 도중이라고 집에 오다. 박수석이라는 이와 동행하여 하물(荷物) 등을 소격동(昭格洞) 48. 전주간방(全柱簡方)에서 찾아다가 오늘 밤 유숙시키다. 독어 출석.

3월 11일 토요일. 맑음.
스가랴 7장. 7·30-12·30.

진술을 데리고 이화전문학교에 입학 수속하다. 졸업식 당일이므로 교장은 못 보다.

아내는 장 씨 아이들 데리고 시내 구경. 밤 9시 5분 차로 남행(南行) 전송.

종로 제일서방(第一書房)에 들러 계산을 청하니 제49호 5권이 그대로 반품되다.

3월 12일 일요일. 맑음.
마가복음 12:1-12, 시편 24편. 7·30-4·30.

김정현 목사가 오전에 집에 오다. 야학 설립자 명의 건으로, 활인
동교회 제직회의 천거를 응낙하라는 것이었다. 또 온 식구가 교
회로 들어오라는 권면을 받다.
종일 집필. 밤 YMCA 류 선생의 요한복음 12장 청강하다.
돌아오는 길에 활인동 장로교회에 들러 제직회에 참석. 야학교
설립자 명의를 승낙하게 되다.

3월 13일 월요일. 맑음.
마가복음 12:13-17, 스가랴 9장. 8-11.

간밤 새벽 4시 반까지 원고 쓰고, 등교하여 오전까지 써서 제출.
저녁에 류석동 씨가 집에 오다. 《Cruden's Concordance》[18]를
가지고 오다. 김정현 목사 내방.
도쿄의 교란으로부터 50엔을 청구하는 전화가 오다.

3월 14일 화요일. 맑음.
마가복음 12:18-37, 시편 25편. 스가랴 10장.
7-3·30.

윤호영(尹浩榮)의 동생이 시험 보러 오늘 아침 상경. 태영(台榮)을
최천유에게 소개하다.
원고 검열 통과. 밤새워 정리. 한글로 고쳐 쓰다.
도쿄의 교란에게 50엔 전송.

16. 소화(昭和) 7년으로 1932년.
17. 일본 혼슈(本州) 기후(岐阜) 현에 있는 도시.
18. 알렉산더 크루던(Alexander Cruden, 1700~1770)이 쓴 킹 제임스 영어성경의 용어 사전. 1737년 초판 발
행 후 여러 차례 개정과 재판(再版)이 있었으며, 고전적 명성을 계속 유지해 오는 신구약성서 용
어 색인이다.

3월 15일 수요일. 흐림, 비.
마가복음 12:38-44, 시편 26편, 스가랴 11장.
8-10.

원고를 인쇄소에 넘기다. 시험 감독 및 채점.
권호남(權號男), 조금용 내교. 권(權)에게 근로복 주문하고, 조에게
는 농업을 권하다.

3월 16일 목요일. 비, 눈.
시편 27, 22편. 마가복음 13:1-13. 3-11.

어젯밤 전기로(電氣爐)에다 다라지를 끓이던 것이, 밤중에 타게
되어 실내에 연기가 가득하여 잘못하면 질식할 것을 새벽 3시경
에 아내가 주의하여 한 목숨을 건지다. 나의 목숨도 여러 번째 위
험한 곳을 면하다. 감사.
오늘까지 학년 고사를 마치다. 조금용에게 수색의 토지 및 가옥
을 빌려주고, 올 한 해 동안 매월 7엔씩 생활비를 주고, 그 밖에
영농자금, 축산자금 약간을 주선할 것을 허락하다. 독어 출석.
YMCA 마지막 날.
밤에 장로교회에서 에베소서 1장 3-14절을 설교하다.

3월 17일 금요일. 맑음.
시편 28편, 마가복음 14:1-11, 스가랴 13장.
7-11·30.

등교, 채점. 오후 적십자병원에서, 오는 4월부터 새로 시작할 독
어반원 회합(會合).
김주익이 저녁에 집에 오다. 저녁 8시부터 동네 가정 집회 우리
집에서 모이다. 이 집사 부인과 장 장로가 참석하다. 이진신(李鎭
紳)이 농업을 단념하겠다는 통지 오다.

3월 18일 토요일. 맑음.

수색에 가서(오후) 조금용에게 토지구역을 지시하고 이전비, 생활
비로 15엔 주다.
진명여학교 졸업식 참석. 안호삼 씨를 찾아뵈다.

3월 19일 일요일. 맑음.

〈성서조선〉 4월호 교정을 대략 마쳐놓고, 밤 11시 차로 함흥을 향해 출발하다.

3월 20일 월요일. 맑음.

오전 6시경에 경함선(京咸線) 안변역에 하차. 읍(邑) 밖에 있는, 과남리(果南里)[19]에 전계은 목사 댁을 방문하다. 목사는 전보다도 건강이 더 좋아지신(建旺) 듯하고, 수일 전에 실화(失火)하여 주택과 뒷산이 모두 타버린 것을 신축하였다고. 모래밭(약 6천 평)에 과일나무 수백 그루.

정오를 지나 원산에 들러 편 목사를 찾으니 병중이라 하여 면회하지 못하고, 그가 번역한 신약성경 1권을 사다. 덕원수도원을 방문하려 했으나 불가능.

저녁 7시에 함흥역에 도착. 교란, 교인, 박흥기, 이계신의 마중을 받다. 충희 숙부는 교년을 데리고 오늘 밤 상경하고, 나는 마장동 교인의 집에 유숙. 수십 년 만에 옛날 사랑방에서 단꿈을 꾸고 자다. 주공순은 병이 완전히 나았고, 숙모는 노쇠, 순(淳)은 감기로 자리에 누워 있다. 그 외 아이들은 건강하게 잘 있다. 모친과 정혜는 한 방에서 자다.

3월 21일 화요일. 맑음.

아침 식사 전에 고조모 산소를 참배하고 난 후, 소나무 숲 속에서 기도하고, 이계신의 집에서 예배. 원동(院洞) 한림 군 댁에 그 노모를 심방. 그 백부 및 이영식 씨 댁 심방. 교란과 함께 보촌(保村)의 원집(遠集) 종조부 댁 방문. 저녁식사 후에 함흥읍을 지나(李圭○ 상점 잠시 방문) 마장동으로 돌아오다.

---

19. 1914년부터 함경남도 안변군 학성면(鶴城面) 과남리, 1930년부터 안변면 과남리, 1952년 군·면·리 통폐합으로 안변군 안변읍에 편입되었다. 당시 〈동아일보〉(1934. 7. 27) 기사에는 과남리는 "苹果(사과) 산지로 농가 백여 호"라 했다.

3월 22일 수요일. 눈.

제동의원, 가운데 댁 심방. 이진곤, 이진영, 경희 숙부, 연희, 남희 댁 심방.
안상철, 김경오(金景五), 양인보(楊仁補) 상점 등 잠시 방문. 교란에게서 요-요-라는 것을 보다.

3월 23일 목요일. 맑음.

김기헌 씨 댁을 방문하고, 모친과 정혜와 함께 흥남 교량이네 집에 가서 1박.

3월 24일 금요일. 맑음.

아침 식사 후에 흥남을 출발하여 나 혼자서 신흥(新興)20 가평(加平)의 조모 산소를 참배하고, 귀로(歸路)에 주북(州北) 흥덕리(興德里)에 하차하여 처가에서 1박하다.

3월 25일 토요일. 흐림.

오전 중 장동(莊洞) 산림을 시찰하고 오후에 함흥으로 돌아오다.
감정과 사리(事理)를 돌아보지 않고 김보희(金普熙) 씨 댁을 방문하다. 부인은 악한 감정을 토로하며, 주인은 상업적 이익을 계산하더라.

3월 26일 일요일. 눈.

어젯밤, 교란이 술에 몹시 취해서 집에 돌아왔으므로 오늘 아침 통분(痛憤)함을 못 참아 방성대곡하다. 오전 8시 차로 함흥을 출발하여 저녁 6시 50분에 경성 도착. 집에 오니 충희 숙부가 교년을 데리고 유숙 중이었다.

3월 27일 월요일. 비, 맑음.

교년은 경성 공립 제2고교[21]에 합격되다. 양정학교에서는 오늘 아침부터 입학시험. 지원자 751명 중 550명가량 시험을 보다. 한 편으로는 〈성서조선〉 교정.

3월 28일 화요일. 맑음.

입학시험 제2일. 조금용 내교. 농사 자금 12엔 주다. 우치무라 선생 3주년 기일을 남대문통 자각사(自覺社)에 마련하다. 오후 5시부터 다카하시(高橋) 씨, 김종열(金鍾烈) 씨, 송두용 씨, 나, 류영모 씨, 고니시(小西) 씨, 가와우치(河內) 씨, 사토 토쿠지(佐藤得二) 씨, 우메다 가오루(梅田薰) 씨, 류석동 씨, 사이토 마타키치(齋藤又吉) 씨의 순으로 감화가 있었고, 저녁 식사를 함께하다.

3월 29일 수요일. 맑음.

입학시험 제3일. 학과에 합격한 자를 대상으로 한 신체검사와 구두시험으로 120명 결정.

3월 30일 목요일. 맑음.

등교하여 신입생 120명을 발표하고, 입학 수속 등을 주의시켜 보내다. 조종관 씨와 함께 새로 담임 되다.

3월 31일 금요일. 맑음.

함흥 여행에 이어서 입학시험 등으로 피로가 심하다. 〈성서조선〉 제51호가 나오다. 발송 준비.
함흥에 가 있던 교란이 오늘 아침 상경해서 집에 왔다가 아침식사 후에 적선동 선일여관으로 주인을 정하고, 교년까지 옮겨가

20. 일제강점기 함경남도 함흥군을 분할하여 성천강 상류인 수상(水上) 지방에 신설된 군.
21. 경성제2고등보통학교(京城第二高等普通學校). 지금의 경복고등학교 전신.

다. 단, 숙부께서는 여전히 유숙.
오늘 참나무 및 소나무 장작 각각 1마차씩 구입하다.

*원본은 여기서 제28권이 끝나고, 1933년 4월 1일부터 제29권이 시작된다.(편집자)

【1933년 4월】

1933년 4월 1일 토요일. 맑음.
〈성서조선〉 제51호 발송. 마태복음 7장.

경성시외 고양군 용강면 공덕리 활인동 130번지에 온 지, 금년 4월로써 만 4개년. 식구 8명 중에 모친은 정혜를 데리고 함흥에 가 계시고, 우리 부부, 진술, 시혜, 정옥 및 순선 등이 집에 있는데, 함흥 숙부께서 오셔서 묵으시는 중.
진술의 신체검사 건으로 적십자의원, 이화여전, 세브란스 등을 다녀오다.

4월 2일 일요일. 맑음.
마태복음 8장.

집에서 편히 쉬다. 저녁에 종로 YMCA 류영모 선생 요한복음 청강.

4월 3일 월요일. 맑음, 밤에 비.
마태복음 9장.

진술을 데리고 세브란스의전 의원 에비슨 원장께 진료를 받았으나 명확한 말이 없다.
베어 씨를 태화여학교로 방문하고, 진술의 신체검사 시말(始末)을 보고하다.
등교하여 당직 유숙. 농구선수 일동과 점심 식사를 함께하다.
저녁에 류달영 내교. 함께 자다.

4월 4일 화요일. 밤에 비, 아침 이후 맑음.
마태복음 10장.

오전 9시 개학식(1학년 이상). 오후 1시 입학식. 교장 훈시의 말씀에 이어, 담임으로서 일장 연설을 하다. 그 후 갑·을 조로 각 교실에 나누고 세밀한 주의를 주다.

4월 5일 수요일. 맑음.
마태복음 11장.

곽용순(郭龍淳) 결혼식에 축전하다. 1학년 갑조에 급장(級長)[22]을 정하니, 둘 다 기독교에 가까운 학생들이었다.

4월 6일 목요일. 비.
마태복음 12장.

감기로 목을 상하여 휴강. 저녁의 교회 성서반도 휴강.

4월 7일 금요일. 비.
마태복음 13장.

숙부께서 지난 3월 22일 아침부터 유숙하시다가 오늘 오후 5시 25분 급행차로 함흥으로 가시다. 이달 1일부터 함경선[23]에도 특급차가 다니다.

4월 8일 토요일. 비.
마태복음 14장.

숙직. 교란이 내교(밤에).

---

22. '반장'을 예전에 일컫던 말.

145 **23.** 함경남도 원산시 원산역과 함경북도 종성군 상삼봉역을 연결하던 철도 노선.(1928년 완공)

4월 9일 일요일. 맑음.
마태복음 15장.

원고 쓰려고 "면회 사절"을 써 붙이고 들어앉았으나, 현도진(玄道鎭) 부자(父子)를 위시하여 조금용, 한성부(韓性溥), 김정현 목사, 장기원 선생 등 연달아 8~9명을 접객하고 나니 해는 넘어가고 피로하였다.

4월 10일 월요일. 맑음.
마태복음 16장.

도쿄 무사시노 학원[24]으로 송금 1.20엔. 김정현 목사의 주선으로 진술이 다시 세브란스의원에서 진찰을 받아보니 확실히 병은 없다고 하여 그 내용을 이화여전에 통고했다고 하다. 당직으로 학교에서 묵다. 류석동, 송두용 씨 등이 내교하여 늦게까지 이야기.

4월 11일 화요일. 맑음.
마태복음 17장.

아침에 한격만 씨 상경, 전화 있었음. 저녁에 포플러 가지 고르고, 묘판을 만들다.

4월 12일 수요일. 맑음.
마태복음 18장.

장기원 선생으로부터 진술의 이화여전 입학이 허가되었다고 통지 오다.

4월 13일 목요일. 맑음.
마태복음 19장.

오늘 아침부터 진술이 이화여전에 등교하다.

4월 14일 금요일. 맑음.
마태복음 20장.

오늘 아침 8시 40분에 이화전문학교에 가서 교장과 그 밖의 선생께 진술의 입학 허가를 사례하고, 장기원 선생의 안내로 교실의 일부를 참관하다.

4월 15일 토요일. 맑음.
에스겔 1장, 마태복음 21장.

오전 중에는 낙제한 학생 10여 명의 부형을 접견하고 학사(學事) 상담하다. 조금용 모친이 상경하여 집에 오다. 어제 금용의 아내도 함께 왔다고 하다. 현(玄) 씨 아들과 조카도 우리 집에 오다. 아내는 정옥을 업고 함흥행. 교인(敎寅)의 결혼식에 참석하려고(내일). 역에 나가니 교란도 함흥으로 가는 같은 차를 타다.

4월 16일 일요일. 맑음.
에스겔 2-3장, 마태복음 22장.

오전에는 동네 장로교회에서 설교. 에베소서 1장 15절 이하에 의하여 부활을 증언하다. 오후 2시에 이정상(李正相), 조동필(趙東泌), 이복록(李福祿), 박사명(朴司明), 최병일(崔炳日) 제군이 참석하였기로 에스겔서를 간단히 이야기하고 다음 주일에 다시 공부하기로 하다. 이재복(李在復)이 폐회 후에 와서 이야기.
수색에 다녀오다. 포플러 가지 묘목 전달하려고.
밤 새로 1시까지 제52호 원고 완결.

---

24. 무사시노 학원(武藏野學園): 1924년 설립된 사립 소학교(小學校). 80회까지 졸업생이 2779명밖에 안 되는 매우 작은 학교다. 현재 6학년까지 전교생이 216명(남 130, 여 86), 정규교사 19명. 건학정신은 '기독교 신앙에 기초'한 교육, 자연스럽게 친해지는 '시골교육', '영혼의 고향'으로, 마음을 학원에서 기르는 교육이다. 서당식 인성교육, 개별 진도에 맞춘 교육, 노동에 친숙해지는 교육, 자연에 노출된 건강교육을 실시하며, 어떤 교사도 '학생 개개인의 이름으로 호소할 수 있는 작은 학교'로 '출근부터 쉬는 시간, 청소 시간도 아이들과 함께 보내고' '아이들과 도시락을 먹는' 학교다.

4월 17일 월요일. 맑음.
에스겔 4, 5, 6장. 마태복음 23장.

〈성서조선〉 52호 원고 검열받다. 동네 유치원 교사, 기숙하기로
약속하여 놓고 아무런 통지 없이 오늘 오지 않다. 그 신의 없음
에 분개하다.
저녁에 교년이가 함흥 잔치 음식을 갖고 오다. 오늘부터 적십자
사에서 독어 강의 시작하다.

4월 18일 화요일. 맑음.
시혜는 오늘부터 아현보통학교 입학.
마태복음 24장. 6-11·30.

오후에 한림 군 모친이 군을 면회한 후 집에 와서 유숙하면서 밤새
워 이야기 듣다. 듣기만 하는데도 마음이 괴롭다(勞心). 림 군 부친
의 병에 걸린 원인이 그의 5촌 당숙 및 하숙(河淑)에게 있었다고.
유치원 선생 기숙 건을 정식 거절하다. 제32회 생일.

4월 19일 수요일. 맑음.
에스겔 7, 8, 9장, 마태복음 25장. 7-12·30.

한 군 모친은 오늘 오후 돌아가다. 전등 검사 있었다.
시혜는 오늘부터 혼자 등교. 나의 담임반 학생 일기 검열 중, 선
량한 인물이 많음을 발견하고 마음 깊이 감사(感謝切深).

4월 20일 목요일. 맑음.
에스겔 10-13장, 마태복음 26장. 6·30-12·00.

밤 8시 반부터 동네 교회에서 에베소서 2장을 설교하다.
최병록(崔炳祿)(江華) 씨에게서 편지 오다.

4월 21일 금요일. 흐림, 가랑비.
에스겔 14-16장. 마태복음 27장. 6-12·30.

류달영에게서 편지 오다. 사토 교수의 체육정신에 자극받아 오늘

부터 운동 시작하다. 만사를 제쳐놓고 매일 단 30분이라도 운동장에 나가기로 하다.

《덴마크 이야기(デンマーク國の話)》[25] 한 권을 달영에게 보내고, 다섯권을 1학년 갑(甲)조에 윤독(輪讀)시키다.

독어 출석, 적십자병원의 한 방에서. 저녁에 교란이 집에 오다. 태어난 이래 처음으로 받은 월급 114엔을 받은 채로 왔다. 본봉 70엔에 사택료(舍宅料)와 기타를 더한 것이라 하다. 나의 이 달 봉급보다 정확하게 1엔이 많다. 금전은 나의 속성에 비추어볼 때 계산할 수 없는(不計할) 것임이 더욱 명확하여진다. 그의 귀국 시에 보내준 돈 50엔을 기어이 갚아 주고 갔다. 그의 심지의 나무랄 데 없음(不下함)을 내심 기뻐하다.

밤이 깊도록 2월 이후의 가계부를 정리하다. 수입이 적은 자는 절약이 유일한 길이다.

4월 22일 토요일. 맑음.
요한복음 12:37-50, 시편 45편, 에스겔 7장.
6-8.

수업 후에 오후 3시부터 학생 가정 방문. 효자동으로부터 사직동, 당주동 방면과 미근동까지 약 십여 집.

어제 운동과 오늘 심방으로 피곤하여 저녁 식사 후 녹초 되니, 오늘 밤 출발하는 도쿄 원정 선수 전송에 불참하여 미안 천만.

서재 이전(아래방으로)

4월 23일 일요일. 맑음.
에스겔 18-20장. 6-12·30.

오후 2시에 에스겔서 공부 제2회. 동네 청년 5명 중에서 이복록(李福祿) 군이 불참하고 이재복(李在馥)이 참가하다. 오후 서재를 이전(안방에서 아랫방으로).

밤 7시 반 종로 YMCA 류영모 선생의 요한복음 17장 청강. 돌아오는 길에 시혜 책, 걸망 및 전구 등을 사오다. 이대우(李大雨), 최

---

25. 1913년 우치무라 간조가 농업국가 덴마크의 부흥담을 일본에 처음 소개한 수첩 크기의 소책자. 류달영은 바로 이 책을 읽고 "나라 없이 살던 그 시절에 나는 국가관을 확립했다. 내가 일생동안 할 일은 민족의 광복을 위하여 이바지하는 일이며, 조선을 동양의 덴마크로 만드는 일이다"(류달영의 '소중한 만남')고 했다.

돈목(崔暾穆) 등이 차 안에서 난잡(亂雜).

4월 24일 월요일. 맑음.
마가복음 2장, 에스겔 21-24장. 6-11·30.

이계신의 1천 엔 융통해 달라는 편지 받고 종일 생각하다.
등교하여 최돈목, 이대우 등을 견책(譴責)하다. 오후 독어 출석.

4월 25일 화요일. 맑음, 흐림, 밤에 비.
마가복음 3장. 7-12.

아침에 등교하여 첫째 시간에 4학년 을조에서 격분하다. 김현철
(金顯哲)을 구타하고 마음이 아프다. 저녁에 진술을 질책하다. 종
일 분노의 하루였구나.
함흥서 순(淳)이와 박흥기가 상경. 소식과 생선을 가지고 오다. 교
란 및 교년이까지 집에 와서 저녁을 함께 먹다. 순은 유숙하고 나
머지는 돌아가다.

4월 26일 수요일. 쾌청.
마가복음 4장. 6-12·30.

밤사이에 비바람도 고요하여져서 소풍 가기 아주 적당한 날씨
다. 8시 반에 동소문에 집합하여 1학년 갑·을조만 화계사로 소
풍. 귀로에 경원사(慶園寺), 손가장(孫哥場)²⁶으로부터 정릉, 홍천사
(興天寺)를 거쳐, 동소문에서 해산하니 오후 3시였다. 조(趙), 구라
마치(倉町), 이소베(磯部) 선생 동행. 가는 길에 권직주 씨 잠시 방
문. 돌아오는 길에 창문사에서 〈성서조선〉 교정. 당직으로 학교에
가서 유숙. 순(淳)은 외박하다. 등산복 한 벌을 권호남(權号男)에게
사오게 하다. 값은 7엔.

4월 27일 목요일. 맑음.
마가복음 5장. 6-12·30.

오전 10시경 학교에서 집에 오다. 서재 이전 후 서적 정리 중. 낮잠.
조금용이 집에 와서 김치와 빨래 가지고가다. 류석동 씨가 교정

한 것 가지고 오다. 저녁 식사 후 돌아가다.

장로교회의 에베소서 공부는 임시 휴강. 소등(消燈)되어 전화 수
리. 순이 들어와 자다.

4월 28일 금요일. 맑음, 추움.
마가복음 6장. 6-12·30.

오전 중 인쇄소에 가서 제52호 교정 완료하고, 등교 수업. 오늘도
1학년 을조 아이 둘을 때리고, 집에 돌아온 후 진술을 질책하고,
나의 급한 성질을 후회하다.

한 림 군에게 편지 보내다. 독어 출석(적십자). 순은 아침에 나가
돌아오지 않다.

오늘 저녁까지 서재 정리가 일단락. 과연 더 손볼 게 있나?

4월 29일 토요일. 맑음.
마가복음 7장. 6-12.

등교하여 천장절(天長節) 식. 농구 시합. 신입생 신체검사 기입(記入).
저녁에 이소베 선생 10주년 축하회에 참석(화월花月식당 지점. 공회당
아래).

돌아오는 길에 미쓰코시(三越)에 가서 내의 한 벌 사다.

4월 30일 일요일. 맑음.
마가복음 8장. 6-11·30.

오전 중에 에스겔서 연구하다가 장로교회에 참석하니, 오늘 우리
식구들의 이명(移名) 등록[27] 광고. 에비슨 교장 설교도 있다.

오후 우리 연구회는 야외예배로 하고, 한강에 나가, 강변 모래사
장에서 에스겔 47장을 강해하다. 최규회, 이재복, 박사명, 이복
록, 최병일 외 몇 명. 마친 후에 뱃놀이(船遊), 멀리뛰기(廣跳) 등도
하고 놀다가 6시경 집에 와서 저녁식사.

---

26. 원문 "孫哥場"은 "孫哥亭" 혹은 "孫家莊"을 잘못 표기한 것으로 보인다. 지금의 정릉 3동 333번지 일대
에 있던 마을로, 고려시대 이곳으로 귀양 온 손씨가 많았던 데서 유래했다고 한다.

27. 김교신은 교회 자체를 반대하지 않았기 때문에 공덕동에 있을 때 활인동 장로교회에 등록하여 주일학
교장을 맡기도 하고 청년회 성경공부를 인도하기도 했다. 이는 활인동교회 김정현 목사가 김교
신을 찾아와 설득한 결과다.

청년회에 출석 불능(과로로). 호세(戶稅)를 구장(區長)[28]에게 전하다.

【1933년 5월】

5월 1일 월요일. 맑음.
마가복음 9장. 6-12·30.

〈성서조선〉 제52호가 나오다. 오후에 일부분 발송. 독어 참석. 교
란이 집에 오다.
지난 4월 한 달도 독서하지 못한 허송의 한 달이었다. 아―.
정욱 씨가 생남(生男)턱으로 대관각(大觀閣)에서 잔치를 베풀어 참
석하다.
이헌구 씨를 휘문 숙직실로 방문하고, 박물명(博物名) 연구 건 협의.

5월 2일 화요일. 비.
마가복음 10장. 6·30-12.

오래 가물다가 새벽부터 단비 오다.
시혜가 우산이 없어 아침 전에 야단치다. 가련한지고.
마루젠에서 네 종류의 자전(字典)이 학교로 와서 분배하다.

5월 3일 수요일. 맑음.
마가복음 11장. 6·30-11·30.

곽인성 군이 저녁에 집에 오다. 옥임이 원산 간 이야기. 정복주(鄭
福珠)의 잡지 대금 도착.
오후 목욕. 교란에게 10엔 빌려주다. 아내가 기다려져.

5월 4일 목요일. 맑음, 바람.
마가복음 12장. 6·30-12.

학교에서 라식(式) 축구[29]대회 있었다. 도쿄에 원정 갔던 육상선
수 일행이 오늘아침에 귀경하다. 저녁에 백합원에서 위로연을 베
풀다.

저녁 8시 반에 장로교회에서 에베소서 3장을 설교하다.
진술이가 어제부터 학교 갔다 와서는 어지럽다고 자리에 눕다.

5월 5일 금요일. 맑음.
마가복음 13장. 6·30-11·30.

숙부님 편지에 아내의 임신을 전하다. 정옥은 젖이 떨어져 매우
곤란하다고(絶乳太困) 하다. 오늘 오후의 독어는 휴강.

5월 6일 토요일. 맑음.
마가복음 14장. 6-10.

오전 8시 40분에 경성운동장[30]에 모여 각 학년 대항 육상경기대
회가 있었다. 마친 후에 창신동 방면 학생 가정 심방.
밤에 류석동 씨가 집에 와서 기도하고 돌아가다. 목욕.

5월 7일 일요일. 맑음.
마가복음 15장. 6·30-11·30.

오후 2시에 다니엘서 연구. 그 윤곽과 제1장을 말씀하다.
오후 4시에 출발하여 순(淳), 진술, 시혜를 데리고 안산(鞍山)까지
갔다 오다.
아내한테서 온 편지 답장. 숙부님께도 답장 쓰다.

---

28. 구(區)는 시·읍·면에 딸렸던 행정단위로, 구장(區長)은 오늘의 통장(統長)이나 이장(里長)에 해당한다.
29. 럭비 풋볼(Rugby football)
30. 경성운동장은 훈련원 동쪽 광희문과 동대문 사이의 공원지에 1925년 10월 15일에 개장했다. 대지
22,700평에 수용 인원 25,800명인, 당시 동양 제1의 경기장이었다. 해방 후 '서울운동장'으로,
1985년 1월 '동대문운동장'으로 개칭되었다. 2007년 야구장이, 2008년 축구장이 각각 철거되고,
현재 '동대문역사문화공원'과 '동대문디자인플라자'가 개장되어 있다.
31. 야나이하라 다다오(矢內原忠雄, 1893~1961): 일본의 경제학자. 1917년 도쿄대학을 졸업한 후 1920년 모교
경제학부 조교수로 임명되었으나 1937년 발표한 논문 〈국가의 이상〉의 내용 중 반군·반전사상
이 문제가 되어 대학에서 물러났다. 종전 후 1951~58년 두 차례에 걸쳐 도쿄대학 총장을 역임했
으며, 우치무라 간조의 가르침을 받아 그리스도교 신앙에 입각한 실천과 많은 저서로 사회에 큰
영향을 끼쳤다. 그는 김교신의 요청과 주도면밀한 준비로 1940년 9월 9일부터 5일간 경성YMCA
에서 로마서 강의를 했다. 이 강의는 불의의 사태에 대비하여 고별식에서 읽을 성경(로마서 8:35)
까지 남기는 비장한 각오를 한 것으로, 경찰의 삼엄한 감시 속에 이루어졌다.

5월 8일 월요일. 맑음, 밤엔 흐림.
마가복음 16장. 6·30-12.

등교, 수업 후 독어 출석. 야나이하라 다다오(矢內原忠雄)[31] 씨께
편지 보내다.
안상영 씨에게서 편지 오다. 함석헌, 박승봉(朴勝奉)[32] 씨께 편지
보내다. 이발.

5월 9일 화요일. 맑음.
누가복음 1장. 6·30-11.

간밤 꿈에 정혜를 보다. 시혜가 말하기를, 까치 울고, 거미가 날뛰
고, 박이 엎어지는 등 하니까 어머니 오시겠다고. 기다리는 정이
바야흐로 간절한 모양이여.
양정학교에 정구장 두 개 새로 완성하여 한참 연습하다.
오후 6시에 보성전문학교 코트에 가서, 농구협회 주최의 시합 참
관하다. 휘문과의 대전(對戰)에서 41:22로 양정이 쾌승하다.
저녁에 조주환(趙周煥)이 집에 오다.

5월 10일 수요일. 맑음.
누가복음 2장. 6-12.

오후 직원회에서 후원회의 기부금 청구에 담임교사를 동반하려
는데 분개하여 밤새 불쾌하다. 속인배(俗人輩)의 잔꾀(小智)! 신성
을 분별하지 못하는 돼지들!
거기에 더하여 원산에 있는 곽옥임으로부터 《새 생명의 길》 선포
하는 책 1권을 보내왔으므로 한번 읽어보고 밥알을 뿜을 정도로
(噴飯) 웃음을 참을 수 없었다. 새 것을 모르는 무리!

5월 11일 목요일. 맑음.
누가복음 3장. 6-1.

양정교 후원회 회장, 부회장 내교. 보성전문에서 농구 시합 참관.
이화여고에 박주섭(朴周燮), 이상범(李象範) 선생을 찾아뵙다. 박물
교원(博物敎員) 회합 건.
밤에 동네 교회에서 에베소서 4장 1-16절 설교. 6, 7명 참석.

5월 12일 금요일. 맑음.
누가복음 4장. 6·30-12.

가마쿠라 보육원 인쇄부에 성서조선 견적을 청하다.
적십자에 독어 참석하여 청강. 박홍기로부터 독·불어 Radio
Text가 도착. Radio 불어를 듣기 시작.

5월 13일 토요일. 맑음.
누가복음 5장. 6-11.

아내가 보낸 편지에 정옥의 병을 알리다. 귀경하라고 답신하다.
방과 후에 교우회 부장회의에서 예산 확정.
보성전문에 가서 농구 참관. 오늘 당직으로 유숙. 어젯밤에 교장
실에 도둑이 들어 편하게 자지 못하고(不得安眠) 여러 차례 순시
하다.

5월 14일 일요일. 비.
누가복음 6장. 3-11·30.

새벽 3시에 깨다. 냉수 목욕하고, 정옥의 병과 양정학교 및 학생,
담임 반, 졸업생, 〈성서조선〉 지우(誌友)들을 위하여 기도하다. 박
물실은 찬송과 기도하기에 가장 알맞다. 예(例)와 같이 감격에 넘
쳐 찬송이 자주 중단되다. 오전 중 집에 와서 낮잠.
오후 2시에 다니엘 제2장을 강의하다. 이재복, 박사명 및 최병일
이 와서 참석하다.
신문은 일본군이 장성(長城)을 넘어 롼저우(灤州)³³를 점령했다고
보도한다. 대국(大國)이 어디에 있단 말인가.

5월 15일 월요일. 비, 맑음.
누가복음 7장. 6-11·30.

내가 고무 망토 쓰고 가는 것보다, 시혜를 찢어진 우산 씌워 보내

32. 박승봉(朴勝芃): 평안북도 박천군(博川郡) 덕안면(德安面) 남오동(南五洞) 출신. 해방 후 고향의 덕안중학
교 개교에 참여하였으며, 1950년 10월 16일 공산당에 체포되어 박천 수리조합 양수장 근처 백사
장에서 '반동인물'로 총살당했다.

는 것이 더 가련하였다. 오후 농구전 참관.

5월 16일 화요일. 흐림.
누가복음 8장. 7-11.

버드나무를 위하여 판단(板壇)의 한 쪽을 크게 잘라내다.
농구협회 조선지부의 중앙 예선에 양정 출전. 경성사범 강당에서.

5월 17일 수요일. 비.
누가복음 9장. 6·30-11·30.

수업을 마친 후 경성사범에 가서, 농구 준결승에서 경기상고(道
商)를 이기고, 결승에서 경신(儆新)을 꺾어, 양정학교 농구부가 처
음으로 우승기를 거머쥐다(把得). 열빈루에서 위로선수 15명. 서
봉(徐鳳), 양(梁), 이동(李東) 등 몇 분 선생 참석.

5월 18일 목요일. 호우.
누가복음 10장. 6-11·30.

종일 큰비 오다. 밤 8시 반에 활인동 교회에서 에베소서 4장
17-32절 설교. 빗물을 받아 세탁하다.

매(梅) 귀경(歸京), 순(淳) 귀함(歸咸)

5월 19일 금요일. 흐림.
누가복음 11장. 6-12.

오늘 아침 함흥에 가 있던 아내가 집에 돌아오다. 정혜, 정옥이와
장인 및 유모 한 사람도 함께 오다.
오늘부터 임시 시험. 독어 출석. 배재학교에 윤정호(尹禎皓) 씨
방문.

5월 20일 토요일. 비.
누가복음 12장. 6·30-12.

오후 2시부터 휘문고보에서 시내 중등학교 박물교사 10명이 모여 박물의 조선 명칭 사정(査定) 건을 협의. 오후 6시경 양인성 군이 개성에서 학교에 오다. 삼평 외숙을 맞이하려고 역에 나갔으나 헛걸음 되다.

5월 21일 일요일. 맑음.
누가복음 13장. 6-12.

활인동 장로교회에서 능골 약수터로 야외예배를 가는데 함께 가다. 연구회는 쉬다. 교란이 식산은행 원산지점으로 부임. 오후 5시 25분 급행으로 출발. 순(淳)은 시간을 놓쳐서 밤 10시 40분 경성 출발. 교년이는 기숙사에 들어가다.

5월 22일 월요일. 맑음.
누가복음 14장. 6-12.

등교. 고사 계속. 오후 독어 출석. 태평통 YMCA에 잠시 들러 농구 구경.
밤에 송두용 씨가 집에 와서 근황을 이야기하고, 봉함(封緘)한 봉투 1매를 두고 가더니, 그 속에 헌금 10엔이 들어있었다. 천만 뜻밖이다! 이발.

5월 23일 화요일. 맑음.
누가복음 15장. 6-12.

함 형으로부터 김운경(金雲京) 씨 소식 답장이 오다. 읽고 울다. 크도다, 여호와 하나님.
장경종(張京鍾)이 함흥에서 상경하다. 저녁식사에 집으로 초대하여, 지난번 어린 아이가 콜레라에 걸렸을 때의 후의를 사례하고자 하다. 귀하다, 가난한 자의 우의(友誼)여! 학교에 가서 숙직. 류

33. 허베이성(河北省) 동부에 있는 도시. 카이롼(開灤) 탄전의 중심지.

석동 내교.

5월 24일 수요일. 맑음.
누가복음 16장. 7-11.

임시 고사가 끝나다. 오후에 양정 대 연전(延專) 직원 정구시합.
양정구장에서. 웅성(雄成) 씨와 한 조가 되어 선봉(先鋒)으로 4:1
로 이기고, 자동차로 경성운동장에 가서 Hawaii대학 대 보성전
문 농구 시합을 구경하다. H대가 1점 승리.

5월 25일 목요일. 맑음.
누가복음 17장. 6-11.

국제농구 제2일. Hawaii 대 전중등(全中等) 팀. 전반은 양정 팀만
으로 나가서 5:21로 지고, 후반은 Pick up Team이 9:39로 지
다. 합계 14:60. 인사동 금성여관에 삼평 외숙 일행 세 분이 와서
주무시기에 찾아가 뵙다. 권직주 씨가 안내역을 맡다.
오후에 전교생이 미술전람회 참관. 밤 8시 반에 동네 교회에서
에베소서 5장 1-21절을 설교하다. 아카시아 꽃이 만발하다.
〈성서조선〉 제53호 검열 통과. 이번에는 가마쿠라 보육 인쇄부에
부탁하다.

5월 26일 금요일. 맑음.
6-11.

국제농구 최종일. 연전과의 대전을 독어를 결석하고 참관하다.
42:48로 연전이 이기다. 저녁 9시 반부터 제1학년 갑조 학생들과
함께 역에 나가, 만주로 가는 군인 환영, 환송에 참가. 겸하여 10시
40분 차로 함흥으로 가시는 외숙 및 이·김, 세 노인을 전송하다.

5월 27일 토요일. 맑음.
누가복음 18장. 6-11.

오후부터 교내 씨름대회. 본 시합과는 별개로 정동섭(鄭東燮), 박
재섭(朴齊燮) 등과 씨름하다. 10여 년 만이었으나, 우리의 국기(國

158

技)인 까닭인가 쾌심(快心)의 만족을 느끼다. 오늘 아침에 12엔 60 전을 토지 대금으로 야마모토(山本)에게 지불.

5월 28일 일요일. 맑음, 약간의 비.
음력 5월 5일 단오. 누가복음 19장. 6-10.

오후 2시에 다니엘서 3장을 강의하다. 최규회, 이재복, 박사명, 이 복록, 최병일 등이 와서 참석. 그 후에 동네 교회 유년 면려회(勉勵會)에 참석하여 단오에 관한 이야기 하다. 이복록 씨의 화술이 능숙함에 놀라고, 나의 무능함을 다시 발견하다. 뒷산에서 촬영하다.
교란은 원산에 부임하고, 우리 모친님이 원산에 와 계시다는 편지 오다. 목욕.

5월 29일 월요일. 맑음.
누가복음 20장. 6-11.

원고 남은 것을 마저 보냈으나 처음 하는 일이어서 약속대로 안 된다. 수업이 끝난 후 삼판정(三坂町) 370 가마쿠라 보육원을 방문하여 독촉하다.
소다(曾田)[34] 옹을 만나, 여러 시간 유쾌한 이야기를 나눌 수 있었음은 감사였다. 독어 강사 결근.
최태용 씨 그저께 경성에 왔다 하며 오늘 저녁 찾아오겠다고 했으나 오지 않다.

5월 30일 화요일. 맑음.
누가복음 21장. 5·30-1.

19일 아침에 오셨던 장인이 아침에 경성을 떠나시다.

---

34. 소다 가이치(曾田嘉伊智, 1867~1962): 일본 야마구치(山口)현 소네무라(曾根村)에서 출생. 1905년 내한, 1913년 가마쿠라(鎌倉) 보육원을 창설하여 수천 고아를 길러내고, 3·1운동과 105인 사건 때는 한국인 청년지도자들의 석방에 앞장섰다. 종전 후에는 일본으로 건너가 한국에 대한 참회를 호소하는 순회강연을 했다. 1961년 다시 내한하여 그의 옛집에서 고아들과 살다가 96세로 별세. 일본인에게는 처음으로 대한민국 정부는 1962년 4월 28일 문화훈장을 추서했다. 그의 부인 우에노(上野)는 광복 후에도 귀국하지 않고 고아들을 돌보다 1950년 1월 14일 74세로 별세하여 양화진 제1묘역에 안장되었다.

오전 중에 수업하고 오후 2시부터 가마쿠라 보육원에 가서 류석동 씨의 도움을 받아 교정하다. 집에 온 것은 12시 지나서였다. 오늘 세 차례 설사하고, 몹시 쇠약해져서 오후 교정 중에 잠깐 낮잠 자다.
최태용 씨, 내가 없는 사이에 집에 왔었다고.

5월 31일 수요일. 맑음, 뇌우.
누가복음 22장. 7-11.

오전 중에 수업하고 오후에 인쇄소에 갔으나 약속한 것이 하나도 된 것이 없었다. 분한 마음 참을 수 없어 이완기(李完基)를 꾸짖고 류 형과 같이 돌아오다.
아아, 5월도 다 갔다. 파리 꾀고, 모기 물고, 더워서 일할 수 없는 시절에 접어든다. 지난 반년 동안 한 일이 무엇인가? 읽은 책은?

【1933년 6월】

6월 1일 목요일. 맑음.
누가복음 23장. 6-11.

잡지 인쇄에 진척이 없어 초조한 마음 이를 데 없다(焦慮不一). 2, 3매씩 되는 대로 교정하다.
일본 군대는 점점 먹어 들어가고, 중국은 점점 분열되고. 정전(停戰) 조인이 발표되다. 가련한 대국(大國)이여!
파리는 점점 심해지고, 더위도 날로 심해지다. 장로교회에서의 에베소서 강의는 임시로 쉬다.

6월 2일 금요일. 맑음.
누가복음 24장. 6시 일어남. 11시 30분 잠.

잡지는 오늘도 되지 못하다. 박승봉 씨로부터 김운경(金雲京) 씨 소식 오다.
저녁에 예천에서 안상영 씨가 내사(來社). 자원방래 불역열호(自遠方來 不亦說乎).[35] 유숙하다.
오늘 아침에 시혜가 나를 "거짓말쟁이"라고 해서 회초리로 때리다. 때리는 자의 아픈 마음!

6월 3일 토요일. 맑음.
요한복음 1장. 6-12.

등교, 수업. 오전 중에 〈성서조선〉 53호가 겨우 나와, 오후에 발송.
최태용 씨를 동숭동 130-38 하숙집에 방문하고, 내일 저녁식사
에 초청하다.
방공(防空)연습이라 하여 밤 9시경에는 여러 차례 온 시내가 암흑
으로 바뀌다.

6월 4일 일요일. 맑음, 더움.
5시 30분 일어남. 12시 잠.

오전 중에 집에 있었다. 오후 2시 다니엘 제4회로, 제4장 이하의
강의를 마치다. 안상영, 최광일(崔光日), 박사명, 이재복, 최규회 및
아내 등이 참석하여 듣다. 모임을 마친 후에 이복록 씨 외 3, 4명
의 교우가 와서 이야기.
오후 6시부터, 초청한 대로 최태용, 이덕봉, 송두용, 류석동 씨 등
이 집에 와서 안 씨까지 저녁식사를 함께한 후, 감화와 찬송하다.
최 형은 우리 〈성서조선〉지 측에 대하여, 좀더 신학설(新學說), 비
판학(批判學)의 결론에 유의할 것을 요론(要論)하고, 우리도 학술
적 연구의 귀결에 순응할 것이라고 답하여, 일치(一致)에 접근하
게 됨은 매우 좋은 일이었다. 최 형의 졸업을 축하하고, 출전하는
Christian Soldier[36]의 새 출발을 축하할 수 있었음은 경사다.
10시 반에 흩어져 가다.

6월 5일 월요일. 맑음.
요한복음 2장. 6-11.

오전 중 수업. 오후 운동. 교년의 입금 수속 완료. 공순이가 딸아
이를 순산했다고 편지 오다. 김정현 목사가 유치원 자모회 건으

---

35. 의미는 "(벗이 있어서) 멀리서 찾아오니 또한 기쁘지 아니한가"인데, 《논어》 〈학이(學而)편〉 첫 구절로, 원
문은 "子曰 學而時習之 不亦說乎 有朋 自遠方來 不亦樂乎"이다.

36. 'Soldier of Christ'와 같은 말로, '주의 병사', '주의 전사'의 의미.

로 오기를 요청하다.

윤호영(尹浩榮) 군이 도쿄로부터 고향 가는 길에 우리 집에 오다.
이발.

6월 6일 화요일. 비.
요한복음 3장. 7-11.

종일 단비 내리다. 오후 직원회. 황도엽(黃道燁) 무기정학 의결.

6월 7일 수요일. 맑음.
요한복음 4장. 5·30-10.

원고 쓰고자 애썼으나 1매도 못쓰다. 오늘 아침에 안상영 씨 돌
아가다.

6월 8일 목요일. 맑음.
요한복음 5장. 6·30-11·30.

오호라, 잠 잘 자는 나로다! 밤 8시 반부터 장로교회에서 에베소
서 5장 22절-6장 1절을 설교하다. 박, 이, 최 세 사람 출석하다.

6월 9일 금요일. 맑음.
요한복음 6장. 6·30-12.

독어 출석. 당직. 밤에 최태용 씨 내교하여 신학숙(神學塾)은 9월
부터, 공동 잡지는 다음 달부터라도 협력하여 일하자는 구체적인
제의가 있었다. 나도 많이 감동되다.

6월 10일 토요일. 맑음.
요한복음 7장. 5·30-a.m.2·30.

오전 6:30-7시 사이에 라디오 기초 독어강좌 공부. 수업 2시간.
오후 2시 반, 활인동교회 유치원 자모회에서 잠시 이야기. 농구
협회 조선지부 주최 선수권 대회에 양정 선수를 인솔하고 참전

하여, 경성사범에게 패하고 분개(憤慨). 장소 갑자기 바뀌고, 심판 불공정 등.

류석동 씨의 주선으로 수원 사토 교수와 청목당(靑木堂)에서 회합하여 수원 청년 전도를 중심으로 12시까지 유쾌한 이야기. 류 씨는 우리 집에 와서 묵다.

6월 11일 일요일. 맑음.
요한복음 8장. 7·30-12.

성서연구회는 임시로 휴강하고 원고를 쓰고자 하였지만 쓰지 못하다.

6월 12일 월요일. 맑음.
요한복음 9장. 6-12·30.

원고가 써지지 않는 것, 이것이 나의 근심이로다(原稿不涉 是吾憂也). 밤에 숙직. 밤 11시에 런던 경제회의에서 영국 왕,[37] 수상 맥도널드 (MacDonald)[38]의 연설을 라디오로 듣다. ○○○, 독어 출석.

6월 13일 화요일. 맑음.
요한복음 10장. 6-12.

밤 낮 방공연습으로 학습에 방해 극심.

6월 14일 수요일. 뇌우.
요한복음 11장. 6-12·30.

오늘 밤 숙직.

37. 조지 5세(George V, 1865~1936): 재위 1910~1936. 제1차 세계대전이 터지자 모든 독일계 작위 칭호를 버리고 윈저 왕가로 바꾸었다.
38. 제임스 램지 맥도널드(James Ramsay MacDonald, 1866~1937): 1924년 영국 사상 최초의 노동당 내각을 조직하고 수상을 역임했다. 1929년 사임. 1931년 총선에서 압도적 지지로 다시 수상이 되었다. 1932년 오타와 회의, 런던군축회의, 제네바 회의, 1933년 런던 세계경제회의 등에서 활약.**39.** 현 '서울시 동대문구 제기로31길 10-3'에 있는 절. 이 절이 있는 데서 1914년 경성부 구역을 축소할 때 경기도 고양군 숭인면 '청량리'가 되었다.

6월 15일 목요일. 맑음.
요한복음 12장. 7-12·30.

오후에 양정학교 후원회원들과 같이 재산 있는 학부형을 차례로
방문하다. 밤 10시 반에야 집에 오다. 교회에서 공부하던 에베소
서는 임시로 쉬다(臨休). 밤엔 방공연습으로 암흑세계.

6월 16일 금요일. 맑음.
요한복음 13장. 6-12.

저녁에 도봉섭(都鳳涉) 씨를 효제동으로 가서 방문하다. 조선박물
연구회 참가를 권하다. 방공연습으로 저녁에는 아무 일도 할 수
없다. 독어도 쉬다.
노성모 군 부친이 인질로 잡혔다고. 경악!

6월 17일 토요일. 맑음.
요한복음 14장. 6-12·30.

오후 2시에 휘문고보에 가서 이헌구, 윤병섭, 이덕봉 씨 들과 함
께 조선박물연구회 위원회.

6월 18일 일요일. 맑음.
요한복음 15장. 6-12·30.

오전 중 교회에서 에베소서 6장 10절 이하 설교.
오후 2시에 호세아서 공부하다. 이재복 씨 외 이복록, 박사명, 최
병일 참석. 이번 학기 종강.

6월 19일 월요일. 맑음.
요한복음 16장. 10시 잠.

밤새우면서 원고 써서, 오늘 추가검열 청탁. 15일에 보낸 것은 오
늘 찾아오다.

6월 20일 화요일. 맑음.
요한복음 17장. 12시 30분 잠.

오늘 아침에 원고를 가마쿠라 인쇄부로 보내다.
함, 장(張)으로부터 편지가 오다. 오늘부터 35분간 수업.

6월 21일 수요일. 맑음.
요한복음 18장. 6-12.

당직하다.

6월 22일 목요일. 맑음, 밤에 비 오기 시작.
요한복음 19장. 6-12·30.

수업을 마친 후 청량사[39]에서 조선박물학연구회. 모두 14명 참석.
저녁식사 후 여러 가지를 토의하다. 시간이 너무 늦어 김정식 선
생을 방문하지 못해 유감천만이다.

6월 23일 금요일. 비.
요한복음 20장. 6-12·30.

오후 2시 15분 차로 류석동 씨와 함께 수원행. 정지연(鄭祉淵)의
가정 방문 후에 5시 반 차로 온 최태용 씨를 맞아 고농(高農)[40]에
서 보낸 자동차로 화홍문(華虹門),[41] 방화수류정(訪花垂柳亭)[42] 등
을 둘러본 후, 사토 교수 댁에 손 노릇하다(作客). 신현익(申鉉益)
의사까지 저녁식사를 함께하다. 9시부터 신축된 기념회관에서

---

39. 현 '서울시 동대문구 제기로31길 10-3'에 있는 절. 이 절이 있는 데서 1914년 경성부 구역을 축소할 때
경기도 고양군 숭인면 '청량리'가 되었다.

40. 일반적으로는 일제강점기 농업이나 임업에 필요한 고등교육을 실시하던 학교를 말하지만, 여기서는 수
원고등농림학교(현 서울대 농대)를 가리킨다.

41. 화홍문(華虹門): 경기도 수원시 장안구 수원성곽(사적 제3호) 내에 있는 북쪽 수문. 조선 후기(정조 20년)
축조되었다. 전란에 대비한 방어시설을 갖추었으며, 시내를 관통하는 개천의 범람을 예방했다.
주변 경관이 아름다워 군사적·토목기술적·건축미적인 면에서 한국 건축의 걸작이다.

42. 방화수류정(訪花垂柳亭): 수원 화성에 있는 네 개의 각루(角樓: 성벽 위의 모서리에 지은 누각) 중 북동쪽
각루로, 군사적 용도로 세웠으나 정자의 기능도 지녔다. 《화성성역의궤(華城城役儀軌)》에 의하면
1795년 정조가 화홍문을 거쳐 방화수류정에 거동하였고, 1797년 1월 이곳에서 신하들과 활을
쏘았다는 기록이 있다. 보물 제1709호.

기독교 강연. 류, 최 두 형이 열변(熱辯)을 한 후, 나는 인사 말씀만 하다. 약 30여 명의 학생(대부분 Korean)과, 하치다(八田), 사토, 두 교수 참석. 차 시간을 놓치고 신 씨 의원에 유숙하다. 독어 결석.

6월 24일 토요일. 비 조금, 맑음.
요한복음 21장. 5·30-11·30.

나만 오전 6시 9분 차로 수원 출발. 등교, 수업. 오후에 오류동 행. 신상철, 최태사(崔泰士),[43] 성백용 씨 들을 청하여 최태용 씨의 권면을 듣다.
밤에 동네 교회의 김익두 목사 부흥회에 출석하다.

6월 25일 일요일. 비.
사도행전 1장. 5-12·30.

교회의 새벽기도회에 참석. 집회 없다. 제54호 교정.

6월 26일 월요일. 비.
사도행전 2장. 7·30-오전 2.

등교, 당직. 오후 독어 출석.
어젯밤 오전 2시까지 애써서 "조선 반도"라는 글 하나를 어린이 사(社) 윤석중[44] 군에게 보내다. 일반 잡지사에 글 보내기는 처음이다.

6월 27일 화요일. 비.
사도행전 3장. 7-12.

수업 외에는 교정. 현원식(玄源植)이 집에 오다.

6월 28일 수요일. 비.
사도행전 4장. 6·30-11.

수업 외에는 교정.

6월 29일 목요일. 비.
사도행전 5장. 6·30-11.

수업 외에는 교정하다. 수업을 마친 후에 인쇄소에 가서 교정 완료하다.

6월 30일 금요일. 맑음.
사도행전 6장. 6-11·30.

수업을 마친 후, 공회당에서 조종관 씨 장녀의 결혼식에 참석하다. 가장 진실하여야 할 결혼식에 그 얼마나 허식(虛飾)이 많은고!
박승빈(朴勝彬)[45] 씨 주례였다.
독어 출석. 라디오 불어 청취. 숙직. 〈성서조선〉 제54호 나오다.

43. 최태사(崔泰士, 1909~1989): 의사. 평안북도 동주군 출생. 1926년 오산학교 졸업. 고읍(古邑)에서 태사약방을 운영하다 1947년 월남했다. 1958년 의사국가고시에 합격하고 서울 미아동에 일심의원을 개업했으며, 1975년에 신앙공동체 '일심회'를 발족하여 각종 후원활동을 했다. 특히 풀무학원은 설립 초기부터 운영에 깊이 관여했으며, 이사장으로 별세하는 날까지 재정적 지원 및 후원을 계속했다. 함석헌은 회고문에서 "그는 내 생명의 은인이라고 생각한다"며 여러 차례 살 길을 열어 준 최태사에게 감사하고 있다.(〈최태사 희수문집〉 10-11쪽) 최태사의 사후 제자 오영환은 그의 정신을 이어받아 재단법인 '일심최태사기념사업회'를 설립하여 장학사업을 하고 있다.

44. 윤석중(尹石重, 1911~2003): 초등학교 때 시 "봄"이 〈신소년〉에 뽑히고 열세 살에〈꽃밭〉이라는 등사판 잡지를 만들었다. 1925년 양정고보에 입학. 1929년 11월 광주학생운동이 발발하자 그들과 동참하지 못하고 졸업장을 받는 게 양심에 가책이 되어 〈중외일보〉에 "자퇴생의 수기"를 쓰고 자퇴했다. 김교신은 학생들을 지도할 때마다 "아무개는 학교 마지막 날 깊이 뉘우쳐 졸업장을 받을 자격이 없다고 스스로 물러나기도 했는데 그대들은 그 꼴이 무엇인고" 하며 눈물을 흘렸다 한다. 윤석중은 회고문에서 "잊을 수 없는 스승 김교신 선생은 나의 은사이시고, 이따금 자랑삼아 들추신 졸업장 퇴짜 놓은 학생은 바로 나였으며, … (이런 사실은) 해방 뒤에 류달영 동문을 비롯한 여러 양정 후배들이 들려주어 안 사실이다(〈김교신 전집〉 별권 148쪽)"라고 했다.

45. 박승빈(朴勝彬, 1880~1943): 강원도 철원 출생. 일본 중앙대학 법학과 졸업. 1910년 변호사 개업, 1925년 보성전문학교 교장 취임. 일반 대중의 한글 정서법은 간편해야 하며 언어나 표기법은 역사적 지속체여야 한다는 명제 아래 복잡하며 혁신적인 조선어학회의 〈한글맞춤법 통일안〉에 반대하여 '조선어학연구회'를 만들고 기관지 〈정음〉을 창간했지만, 사회적 동조를 얻지 못했다. 법률용어의 쉬운 한글화를 위해 한글 연구를 시작했다고 한다.

1933년

7~12월

서울 중구 만리동에 위치한 1930년대 양정고등보통학교 신축 교사.
현재는 손기정 기념관 등으로 쓰이고 있다.

1932년 11월 도쿄 여행 중에 지인들과 찍은 사진.
사진 속 인물이 누구인지는 분명치 않다.
일기에는 여행 중 장도원 목사를 만난 내용만이 기록되어 있다.

7월 1일 토요일. 비.
사도행전 7장. 6-10·30.

류석동 씨가 사람을 시켜 책 세 권을 빌려가다. 오후, 잡지 발송
사무를 밤중까지 하다. 연일 장마 비.

7월 2일 일요일. 비.
사도행전 8장. 6·30-12.

잡지를 마저 발송하고 등교, 당직. 저녁에 권호남 내방. (1)외투
(2)레 코트 (3)세비로 미쓰조로이(背廣三揃)[1] 등의 수선을 17엔에
약속하고 가져가다.
경남 구포 부근에 홍수가 심하다 하여 지우(誌友)의 안전이 염려
되다.

7월 3일 월요일. 맑음.
사도행전 9장. 6-12.

연일 호외의 수재 보도에 안심이 안 되다. 경남 일대의 농작(農作)
등 기타 손해는 1천만 엔, 사망자 40여 명, 피난자 만여 명이라
하다.
손피득(孫彼得) 내교. 독어 출석. 오늘도 당직.

7월 4일 화요일. 맑음, 흐림.
사도행전 10장. 6-11.

점점 맑아져서 조금 안심이다. 오사카(大阪)의 Go, stop 문제[2]는
점입가경이다.

7월 5일 수요일. 맑음, 더움.
사도행전 11장. 6-11.

오늘 당직. 수색 갔다 오다. 이한원(李漢元), 이한영(李漢榮)의 가정
방문.

7월 6일 목요일. 맑음.
사도행전 12장. 6-11.

5학년 지리 시간에 임춘근(林春勤) 문제.
류석동 씨의 원고 93매 도착, 감사.

7월 7일 금요일. 맑음, 더움.
사도행전 13장. 6·30-12.

독어 출석. 불어 라디오 듣다.

7월 8일 토요일. 맑음.
사도행전 14장. 6·30-오전 4.

이번 학기 수업 종료. 내주부터 고사. 오후 6시 국일원에서 조종
관 씨 사위 본 턱으로 피로연에 출석. 양주화(梁柱華) 씨가 사이다
를 강권하다.
가는 길에 종로에 있는 류영모 씨를 잠시 방문. 돌아오는 길에 세
브란스의원에 입원중인 김정현 목사를 방문하려 하였으나 시간
이 늦어 사절당하다.
제55호 원고 제출하다.

---

1. 세비로 미쓰조로이(背廣三つ揃い): 신사복(저고리, 조끼, 바지) 세벌 갖춤. '세비로(せびろ)'는 'Civil Clothes'
   에서 'Civil'의 음역.
2. 1933년 6월 17일 오사카에서 일본 육군 일등병이 빨간불에 횡단보도를 건넌 것을 순사가 저지한데서 비
   롯한 사건. 일등병이 "나는 지금 공무수행 중이다. 천황의 말은 듣겠지만 경찰의 말은 듣지 않겠
   다"라며 경찰의 제지에 반발함으로써 걷잡을 수 없이 사건이 커져 육군과 경찰의 대립으로 번졌
   다. 나중에는 일왕까지 개입하여 결국 군대와 경찰이 화합하는 모습을 보여 주는 것으로 끝났다.

7월 9일 일요일. 맑음.
사도행전 15장. 7·30-오전 2.

어젯밤 늦도록 집필하고, 오늘 오전은 자다. 오후에 동네교회의
김 장로, 손 장로 외 몇 명의 제직들이 집에 와서, 당회에서 나를
주일학교장으로 추천하였으니 승낙하라고 하여 단호하게 거절하
지 못한 셈이 되다.
류달영이 수원에서 상경 내방하여 여러 시간 이야기. 석양에 한
강에서 미역 감다.

7월 10일 월요일. 맑음.
사도행전 16장. 6·30-12.

오늘부터 제1학기 고사. 당직. 독어 출석.
김정현 목사를 세브란스병원에 가서 위문하다.

7월 11일 화요일. 맑음.
사도행전 17장. 6-오전 2.

연달아 오늘도 당직. 제55호 원고가 검열에 통과되어 찾아오다.
산상수훈 한글로 고쳐 쓰다. 창문사를 불러서 27.70엔 지불.

7월 12일 수요일. 맑음.
사도행전 18장. 5·30-10·30.

어제부터 좌측 아래 첫 번째 어금니가 아프다. 오늘 아침식사 후
점점 심해지다.
이발. 권석창이 어제 귀경하였다고 오늘 내교.

7월 13일 목요일. 맑음.
사도행전 19장.

시험 감독과 채점.

7월 14일 금요일. 맑음.
사도행전 20장.

밤에 사토 토쿠지(佐藤得二) 교수와 오노 후미타다(小野文質) 씨, 집
에 오다.

7월 15일 토요일. 맑음.
사도행전 21장.

제1학기 시험 마치다. 종일 낮 밤 채점.

7월 16일 일요일. 맑음, 더움.
사도행전 22장.

최태용 씨가 강연하려던 날이므로 부활사(復活社) 강당에 가보니
오류동 송, 류, 신, 최, 네 분이 왔기로 함께 성북동 234, 최태용
씨의 새 거처를 방문하다.

7월 17일 월요일. 맑음.
사도행전 23장.

고사 점수를 넘기는 날이어서 분주하다.

7월 18일 화요일. 맑음.
사도행전 24장.

등교하여 성적표 작성 및 운동.
마루젠에 자전(字典) 대금 285엔을 지불하다.

7월 19일 수요일. 맑음.
사도행전 25장.

성적표 작성 및 통지표(通信簿) 기입 등.

7월 20일 목요일. 맑음.
사도행전 26장.

오전 중 직원회. 오후 1시 성적 발표. 제1학기의 교무는 마치다.
오후에 성북동 최태용 씨를 방문하고, 새로운 교회 창설 의사를
듣고 오다.

7월 21일 금요일. 맑음.
사도행전 27장.

오후부터 제55호의 교정이 시작되다.
함흥으로 금20엔 부치다.

7월 22일 토요일. 맑음.
사도행전 28장.

오늘부터 류석동 형의 도움을 청하여, 한성도서회사[3]에 가서 밤
중까지 〈산상수훈〉을 교정하다.

7월 23일 일요일. 맑음.

오전은 장로교회에 가서 설교. 제목은 "절대(絶大)한 감사".
오후에는 신촌에 가서 농구 합숙소를 돌아보다.

7월 24일 월요일.
로마서 1장. 6·30-12.

아침부터 인쇄소에서 밤 10시 반까지. 류석동 형이 종일 함께 일
하다.

7월 25일 화요일.
로마서 2장. 6·30-12·30.

아침부터 밤중까지 교정. 류 형이 와서 돕다. 오후에 송 형이 수

박을 가져와서 위로하고 도와주다.

7월 26일 수요일.
로마서 3장. 6·30-1.

교정에 날과 달이 가는 줄도 분별 못하다. 류 형이 함께 수고하다.
진술에게 부채 한 개 사주다. 전기 곤로(電爐) 수리.

7월 27일 목요일.
로마서 4장. 6·30-12·30.

오늘은 류 형 외에 송 형도 와서 교정을 돕다.

7월 28일 금요일. 비.
로마서 5장. 6-12.

오늘 밤 10시 반까지 만 6주야(晝夜)에 〈성서조선〉 제55호와, 〈산
상수훈〉 250페이지의 교정을 완료하다. 과로에 반은 환자같이
되다. 류, 송 두 분은 밤중에 돌아가다. 우의에 감격!

7월 29일 토요일. 비.
로마서 6장. 7-2.

낮잠 외에 아무 일도 못하다. 신경이 몹시 약해졌음을 느끼다.
연일 호우에 경기도를 중심으로 한 홍수 및 전남의 홍수가 심하
다고.
〈성서조선〉 제55호가 나오다. 발송 업무. 이발.

---

3. 공식 명칭은 한성도서주식회사(漢城圖書株式會社). 1920년 장도빈(張道斌)을 중심으로 세워졌다. 창립 당
시 "우리의 진보와 문화의 증장(增長)을 위해 시종 노력하기를 자임하노라"라고 선언한 바 있다.
최남선의 《백두산근참기(白頭山覲參記)》 등을 발간하고, 한용운의 《임의 침묵》 등 여러 시집과 소
설을 출판하여 우리 말과 글을 통한 민족정신 고취에 힘썼다. 해방 후 화재로 소실되어 문을 닫
았다.

7월 30일 일요일. 비 온 후 맑음.
로마서 7장. 6·30-1·30.

오전 중 교회 주일학교장으로서 처음 가르치다. 제30공과. 오후에 〈성서조선〉 발송. 학교에 들르다. 조금용이 와서 이야기. 밤 11시에 〈산상수훈〉 책 500권이 도착하다.

7월 31일 월요일. 맑음, 약간의 비.
로마서 8장. 6·30-3·30.

경무국 도서과에서 내일 오전 10시에 오라는 호출을 받고, 어떻게든 잘 처리해 보려고 백방으로 주선하다가 안 되어, 내일의 남선(南鮮) 여행[4] 출발을 중지하기로 하다.
김진호(金鎭浩) 씨가 인쇄료 독촉하러 집에 오다. 조금용에게 금 50엔을 주어, 앞으로의 책임을 면하다. 밤에 오류동에 가서 송 씨 댁에 유숙.
무단 외출한 진술을 붙잡아 때리고 나서, 화가 지나쳤던 것을 자책하다.

[1933년 8월]

8월 1일 화요일. 맑음.
로마서 9장. 6-1.

오전 7시 반에 류 형 댁에서 예배. 최태사 씨 부부와 성 씨가 와서 참석하고, 신 씨는 오산에 가고 없다. 나는 요청에 따라 마태복음 10장을 가지고 감화를 이야기하고, 8시 반 차로 귀경. 10시에 총독부에 나가니, 〈산상수훈〉 연구의 서문과 본문 개역을 허가 없이 인쇄·발행하였다고 시비하였으나 관대히 용서한다는 처분이었다.
〈산상수훈〉과 제55호를 서점에 배달하다. 예수교서회의 장 씨께 전전호의 과실(過失)을 만나서 사과하다.
한성도서에 인쇄료 185엔 21전을 청산하다. 기한 약속은 지키지 않으면서도 수금만은 민첩하게 함에 분개하다.

8월 2일 수요일. 비, 맑음.
로마서 10장. 7-12.

지난달의 과로에 인한 피로로 열이 나서 오늘도 출발하지 못하다.

8월 3일 목요일. 비, 폭풍.
로마서 11장. 6-1.

피로는 조금 나았으나 아침부터 비가 와서 아산(牙山) 행의 목적을 달성하기 어려우므로 또다시 연기하다. 원고 제56호를 완결하여 걱정 없게 되다.

8월 4일 금요일. - 8월 21일 월요일.

18일간 남선(南鮮)여행기 별책.[5]

8월 22일 화요일. 맑음.
고린도컨서 13장.

오전 등교. 당직하다(최 선생 대리로). 사무실, 교장실, 교무실 등의 변혁(變革)으로 박물표본실을 없애고 준비실로 표본을 운반하다. 〈성서조선〉 제56호 교정.

8월 23일 수요일. 비.
고린도컨서 14장.

집에 돌아와 여행문(旅行文) 등을 정리하다.

---

4. 남선(南鮮) 여행: 이 여행은 8월 4일에 출발한다. 김교신은 이번 여행의 목적을 〈성서조선〉 제52호(1933년 5월호) 뒷면 광고에 "소위 전도여행이 아니라 지리학 공부를 위주로 하여 특히 이순신의 행적을 답사하고자 하며, 그 길에 독자들도 심방하고자 한다.··· 또 산중, 벽지, 고도를 가릴 것 없이 단 한 사람만 있는 곳이라도 가겠나이다"고 했다. 그러나 여행을 마치고 난 소감에는 "박물채집은 이름 뿐이었다. 역시 패각보다는 영혼이 흥미롭다"고 했다. 또한 〈성서조선〉 "지대 15전도 어려워서 직접 구독하지 못하고 적어도 5-6인이 윤독한다는 이야기를 듣고 "금후로는 경제적 이유로 구독하지 못하는 이에게는 특별한 방책을 도모하고자 한다"고 쓰고 있다.

5. 〈성서조선〉 제57호(1933년 10월호)에 8쪽 분량의 "남선여행기(南鮮旅行記)"로 기록되었으며, 〈김교신 전집〉에는 1권(인생론) 376쪽에 실려 있다.

8월 24일 목요일. 맑음.
고린도전서 15장.

오전은 오류동에. 오후에는 최태용 씨를 방문하였으나 없었다.

8월 25일 금요일. 맑음.
고린도전서 16장.

양정학교에 최태용 씨가 와서 이야기. 능동적에서 소극적으로 전향한 최 형의 고양이 눈동자(猫瞳) 같은 변화에 놀라다. 앞으로는 당분간 일절 협동을 중지할까 하다.

8월 26일 토요일. 비.
고린도후서 1장.

오늘부터 앞으로 3일간 당직.
어제 금200엔을 양인보(楊仁輔) 명의로 함흥 모친께 보내다.

8월 27일 일요일. 호우.
고린도후서 2장.

일요일인데 비까지 심하게 쏟아지니, 학교가 사찰(寺刹)보다도 조용하고 엄숙하다.

8월 28일 월요일. 흐림.
고린도후서 3장.

〈성서조선〉 제56호 교정 완료. 학교에 있으면서 박물표본 정리.
권오훈(權五勳) 상경 내교.

8월 29일 화요일. 맑음.
고린도후서 4장.

함흥에 가 계신 모친께서 논을 사셨다 하여 부득이 상업은행에서 돈을 빌리려고 교섭하다. 강용표 씨께 보증을 부탁하다.
본교에서 연희전문 대 양정의 농구 시합하다.

8월 30일 수요일. 맑음.
고린도후서 5장.

오후에 〈성서조선〉 제56호가 나오다.
오후 1시 등교. 직원회를 새 교장실에서 열다.
이번부터 나도 교무실 내에 좌석6을 정하게 되다.

8월 31일 목요일. 맑음.
고린도후서 6, 7장.

등교하면서 제56호 157권 발송하다.
표본실 정리.
오늘 밤까지 매일 밤 가정예배 드리던 것을 내일부터 1주 1회 수요일 밤에 드리기로 정하다.

[1933년 9월]

9월 1일 금요일. 맑음, 밤에 비.
시편 1, 2편. 고린도후서 8장. 6·30-11.

오전 8시 반 등교. 개학식. 김형배(金亨培) 씨가 오늘부터 양정에 취임하게 되었다고 인사하므로 처음 알다.
1학년 갑(甲)조 학생들에게 전 학기 성적을 발표하고, 말이 살찌는(馬肥) 가을날에, 등화가친(燈火可親)의 계절에 면학(勉學)하기를 권하다.
조선 박물학연구회 용무로 중앙일보7사에 최선익(崔善益)을 방문하였다가 면회 사절을 당하다. 같은 일로 최린(崔麟)8 씨를 방문하니 출타 중. 돌아오는 길에 학생 몇 명 심방.

6. 그동안은 박물표본실에서 수업을 준비하고, 원고를 쓰고, 성경을 읽고, 찬송하고 기도하며 지냈으나 박물표본실이 없어져(8월 22일자 일기) 교무실로 자리를 옮긴 것으로 보인다.

9월 2일 토요일. 맑음.
시편 3편. 고린도후서 9장. 7-11.

새 학기 수업 제1일. 오후에 진술에게 편지(함흥으로).
저녁식사 후에 수색까지 산보. 고요한 맛이 크지만, 아이들 교육
때문에 이사는 단행하지 못한다.

9월 3일 일요일. 비.
시편 4편. 고린도후서 10장. 6·30-12·30.

북한산으로 갈 예정이었으나 날씨가 불순하여 중지. 오늘 오후 2
시부터 최태용 씨가 부활사 강당에서 개강한다기에 참가해서 듣
다. 오류동에서 6인이 출석하여 5분의 1 전원을 차지함은 감사로
다. 마친 후에 최(崔), 류석(柳錫) 두 형과 함께 김 목사 댁의 저녁
식사 대접을 받다.
돌아오는 길에 YMCA에 들르니 류영모 씨와 이시영(李時榮) 목사
(미국인)가 대담 중이었다.

9월 4일 월요일. 비 후 맑음.
시편 5편. 고린도후서 11장. 6·30-12.

등교. 채집품 정리. 한억 군 상경.
진술과 정혜를 마중하려고 청량리역까지 가보았으나 헛걸음이었
다. 오는 길에 김정식 옹 부부를 방문하고 베어 씨를 만나다.

9월 5일 화요일. 맑음.
시편 6편. 고린도후서 12장. 5-11.

5시에 일어나서 아내와 악엄과 같이 용산 역까지 차로 와서 진
술. 정혜의 귀경을 맞이하다. 한림 군의 백부(伯父)도 같은 차로 상
경. 아이들은 8월 16일 함흥에 갔다가 3주일 만에 집에 오다. 주
님의 보호하심 가운데 건강하였음을 감사.
등교하여 어제와 같이 오전수업. 양택점이 등교하여 전학 수속
을 하여 가고, 저녁에 우리 집에 와서, 양정에서 공부하기를 간절
히 원하다.

9월 6일 수요일. 맑음.
시편 7편. 고린도후서 13장. 5-10.

5시 전에 일어나서 한림 군을 생각하며 또 위하여 기도하다. 아침식사를 일찍 마치고, 4년 반의 형기(刑期)를 마치고 출옥(出獄)[9]하는 군을 맞으려고 서대문형무소 문 앞에 가니 7시 10분. 한인숙(韓寅淑), 한진헌(韓鎭憲), 한흥(韓興), 류승흠, 주종선(朱鍾宣) 외 친족, 친구 수십 명이 모여서 기다리다. 8시까지 시간을 끌면서(延引) 나오지 않으므로 나는 등교하여 수업 후에 다시 경일여관에 가서 그를 만나 악수하다. 전후 6년간이나 부자유한 생활을 보내고도 그 심신이 모두 건강함에 놀라다. 신태헌 씨와 함께 돌아오다.

9월 7일 목요일. 맑음.
시편 8, 9편. 갈라디아서 1장. 6-11.

등교, 수업 후 정구 및 농구하다. 부재중에 윤호영, 교선(敎善)이 내방하였다고 하다.
한림 군에게 우정을 마음껏 표하기에는, 군에게 나보다 세력 있는 친구들이 너무 많음과, 군은 단세포(單細胞)동물이 아닌 것이 걱정이다.

9월 8일 금요일. 맑음.
시편 10편. 갈라디아서 2장. 7-12.

등교, 수업 후 직원회. 제2, 3학년에 보결시험이 있게 되지만, 역

7. 〈朝鮮中央日報〉. 원래는 〈中外日報〉가 〈中央日報〉로, 다시 1933년 3월 7일 여운형이 제호를 바꾸어 〈朝鮮中央日報〉로 속간하였다. 편집인 겸 발행인 최선익, 사장은 여운형이었다가 1935년 최선익이 물러나고 새 출자자 윤희중(尹希重)과 함께 경영했다. 민족 반역자의 행태를 폭로 보도하고 조선민란사화(朝鮮民亂史話)를 연재하는 등을 이유로 차압과 기사 삭제 등 총독부의 탄압을 받아오다 손기정의 일장기 말소 사건(1936. 8. 13)으로 무기 정간 당하고, 이후 재정 악화와 여운형의 강제적인 사장 사임 등으로 발행 허가 효력이 자연 상실되어 폐간(1937. 11. 5) 되었다.

8. 최린(崔麟, 1878~1958): 함남 함흥 출생. 1909년 일본 메이지대 법과 졸업. 보성고보 교장. 민족대표의 한 사람으로 3·1운동을 주도했으나 가출옥 후 1926년 일제의 경비 지원으로 유럽을 순방하고 1933년 말 '대동방주의'를 내걸고 친일 노선으로 변절했다. 그후 1934년 중추원 참의(中樞院參議)가 되었고, 1937년 총독부 기관지 〈매일신보〉 사장을 지냈으며, '조선임전보국단(朝鮮臨戰報國團)'을 만들어 공출과 헌금 등 전쟁협력운동을 전개하여 전시 황민화(皇民化)정책에 앞장섰다.

9. 1932년 1월 17일 일기 각주 참조. 1933년 9월 7일자 〈동아일보〉에 "…지난 6일 오전 7시에 만기 출옥되어 시내 공평동(公平洞) 148번지 신태악(辛泰岳) 씨 댁에 당분간 머문다고 한다"라고 보도.

시 불공정.[10]

오후 4시부터 적십자의 독어 강의가 시작되어, 참석하여 듣다. 마친 후 세오(妹尾) 선생 댁에 가서, 그의 빙모 장례식에 참석하다. 신관(神官)[11]의 허위가 가소롭다.

저녁에 현(玄) 및 양택점이 집에 오다. 택점에 관한 권직주 씨의 언행을 옳지 않다고 생각하다. 이때에 송도고보로 전학하는 것이 좋겠다고 말하다.

9월 9일 토요일. 맑음.
시편 11, 12편, 갈라디아서 3, 4장. 5·30-9.

수업 후에 보결시험 문제 둘을 출제하다.

저녁에 양인성 군이 개성으로부터 내방. 택점을 당분간 통학하게 하여 양정에 두기로 하고 돌아가다. 몸에 열이 나서 일찍 잤더니, 밤 10시 지나, 문을 두드리는 자가 있었으나 만나보지 않다.

9월 10일 일요일. 맑음.
시편 13, 14편. 갈라디아서 5장. 7-10.

오전 중 류달영, 이건표 내방. 건표의 고학(苦學)에 대하여 고언(苦言)하다.

오전 11시에 활인동교회에서 설교. 남선(南鮮) 여행의 감상을 사도행전 17장 26-27절 및 로마서 9장 3절에 비추어서 이야기하다.

오후 2시 지나서 부활사 강당에 참석하고, 사회자 이덕봉 씨의 요청에 의하여 폐회기도하다.

석양에 한림 군이 내방. 저녁에 죽을 같이 먹고, 격(格) 군에게 맡겨 두었던 서적을 보낸 후에, 8시가 지나기까지 유쾌하게 이야기하다가 시내로 들어가다.

9월 11일 월요일. 맑은 후 비.
시편 15편, 갈라디아서 6장. 6-12.

제2, 3학년 보결시험. 1학년도 몇 명이 추가 입학.

적십자의 독어 출석. 한림 군의 함흥 가는 여비 30엔을 조달하다.

밤에 숙직. 류석동 씨 내교, 11시경 돌아가다.

9월 12일 화요일. 비.
시편 16편, 에베소서 1장. 6-10.

석양에 보결시험 결과 보고회의. 현원식과 한목용 및 농구선수를 위하여 변론이 있었으나 효력이 없었다. 연달아 당직.
장기원 씨에게 부탁하여 라디오 1대를 구입하다(대금 47엔).

9월 13일 수요일. 비.
시편 17편, 에베소서 2장. 6-11.

연일 호우가 겨우 개다. 오후에 집에 와서, 장 선생의 도움을 받아 라디오를 가설(架設)하다. 식구들은 태어나서 처음 듣는 것이었다.

9월 14일 목요일. 맑음.
시편 18편, 에베소서 3장. 6-11.

수업을 마친 후에 종로 YMCA에서 있는 BB선수권대회에 양정 팀을 데리고 참전. 대(對) 경신(儆新) 전(戰)에 41:20으로 쾌승. 오는 길에 세브란스 의전 대 양정 직원 정구전에 참가. 양정 참패하다.

9월 15일 금요일. 맑음.
시편 19편, 에베소서 4장. 6·30-10.

농구전 참관. 양정 대 휘문 16:8로 쾌승하다. 돌아오는 길에 안(安) 교장이 연회에 초대하여 키라쿠(きらく)에서 전골(すきやき) 포식(飽食). 이런 일로 부득이 독어는 결석하고, 불어 라디오를 듣지 못하다. 집에 오니 전등 고장. 오늘 아침에 류 형이 원고를 가지고 오다. 감사 천만.

---

10. 당시 양정을 비롯한 고등보통학교는 시험성적으로만 입학 여부가 결정되는 것은 아니었다. 선생이 한 명 정도 친인척을 추천할 수도 있었다. 또 직급이 높을수록 그런 권한이 더 강했을 것이다. 보결 시험도 시험성적이 아닌 인맥으로 당락 여부가 정해지는 경우가 많기 때문에 이를 비판한 것으로 보인다.

11. 인간과 신 사이에서 신의 뜻을 살피거나 중재 역할을 하는 관리.

9월 16일 토요일. 맑음.
시편 20편, 에베소서 5장. 6·30-11.

등교하여 조례시간에 전학생에게 농구 응원을 부탁하다. 오후 2
시부터 양정 대 중동 준결승에서 석패(惜敗)하다. 중학부는 중동
과 신성(信聖)이 결승전을 하게 되고, 어제 숭전(崇專)을 이긴 연전
(延專)은 오늘 보전(普專)에 석패하다. 오늘 밤 전등 수리.
돌아오는 길에 용산경찰서에 들렀으나 고등계 직원이 없었다.
이발.

9월 17일 일요일. 맑음.
예레미야 40장, 시편 21편, 에베소서 6장.
6·30-10·30.

하늘이 높고 바람이 맑은 가을철이 분명하다. 실내에 앉아 있기
는 아까운 감이 있으나. 오늘부터 회원제로써 성서연구회의 재개
광고를 발표하였으므로 오후 2시까지 기다리다. 한 사람도 와서
참석한 자가 없었다. 회비를 부담하고는 들을 가치가 없다는 것
임을 알다. 이웃집 할머니 두어 분이 왔기로 함께 예배하고 흩어
지다. 후에 오로스[12] 산에 산보.
오후 6시 반에 김창제 씨의 라디오 강화(講話)를 듣다.
10월호 원고는 아직 1매도 쓰지 못하여 초조한 마음 이를 데 없다.

9월 18일 월요일. 맑음.
시편 22편, 빌립보서 1장. 6-9·30.

경성형무소[13]와 제염소(製鹽所)의 굴뚝 때문에 매일 창문을 열 수
없다.
등교 전에 용산경찰서 고등계에 갔더니, 앞으로는 〈성서조선〉지
원고 검열은 교정쇄(校正刷)로 승인한다는 통지였다.
이른바 만주사변기념일[14]이라 하여 양정학교 학생 전부 용산 군
부대를 참관하고, 오후 2시간만 수업하다. 독어에 출석.

9월 19일 화요일. 흐림.
시편 23편, 마가복음 1장, 빌립보서 2장. 6-8.

정혜의 치통으로 집안이 소란하다.
쌀 1섬을 10엔 20전으로 사다. 지난번보다 50전 비싸지다.

9월 20일 수요일. 흐림, 맑음.
시편 24편. 빌립보서 3장. 6-12·30.

10시간을 잤다. 아아, 태만한 자여! 등교하여 오후에 정구하다.
저녁에 원고 쓰려 했으나, 한 문장도 쓰지 못하고 12시를 지나다.

9월 21일 목요일. 흐림, 맑음.
시편 25편, 마가복음 2장, 빌립보서 4장.
6-12·30.

오후에 정구. 채집품 정리. 정혜는 며칠 전부터의 치통이 아직 완
쾌되지 않다.
오늘 미터제로 전등을 개수(改修)하다.

9월 22일 금요일. 맑음.
시편 26편, 마가복음 3장, 골로새서 1장. 6-12.

수업이 끝난 후에 농구선수권대회 추첨하러 조선신문사[15]에 참
석하다. 강사가 출장 중이므로 독어는 쉬다.

---

12. '오로스'는 지명이 아니라 신약에 65회나 사용된 명사 '산(ὄρος)'으로 보인다. 그 즈음 김교신은 산상수
    훈 공부를 마친 때여서, 예수께서 산(ὄρος)에 올라시고(마태복음 5장 1절) 가르치신(3절 이
    하) 산상수훈을 생각하며 산보를 한 것이 아닌가 생각된다.
13. 1907년 감옥 운영권이 일제로 넘어가자 1908년(순종 2년) 서울 서대문구 현저동에 '경성감옥'이 건립되
    었다. 1912년 '경성감옥'은 마포구 공덕동 105번지 신축 옥사로 이전하고, 기존 시설은 '서대문 감
    옥'으로 개명했다. 경성감옥 자리에는 현재 서울지방법원 서부지원이 들어서 있고, 현장에는 표
    지석만 있다. 서대문 감옥 자리는 현재 일부 원형이 보존되어 있다(사적324호). '감옥'이란 명칭은
    1923년에 '형무소'로 바뀌었다.
14. 관동군 사령부가 1931년 9월 18일 밤 10시 30분 '류타오후'라는 곳에서 철도 폭파를 조작하고, 이에 대
    한 복수라는 명목으로 만주 침략을 시작한 날. 이후 이 지역에 괴뢰정부 '만주국'을 세웠다.
15. 〈조선신문〉은 여러 과정을 거쳐 1908년 12월 1일 인천에서 〈조선신보(朝鮮新報)〉와 〈조선타임즈〉가 합
    병하여 창간되었고, 1921년 12월 20일부터 경성에서 발행되었다. 일문지(日文誌)이므로 일본 사
    람이 주 독자였지만 한글판 발간으로 상층 조선 사람도 포섭하였다.

9월 23일 토요일. 맑음.
시편 27편, 마가복음 4:1-20, 골로새서 2장.
6-10.

오전 7시에 집을 떠나 서대문 우편국 앞에서 학생 수십 명과 만나, 안산(鞍山)[16]까지 갔다가 연전(延專) 운동회에 참가하여 응원하다. 금년도 양정이 105점의 기록으로 쾌승하다.
오후 목욕.

9월 24일 일요일. 흐림.
시편 28편. 마가복음 4:21-41, 골로새서 3장.
6·30-1.

오전 중 낮잠. 아현공립보통학교 운동장 개수(改修)에 금5엔을 기부.
오후 1시에 경성운동장에 가다. 조선신문사 주최 농구선수권대회에 양정이 참전하였기 때문이다. 제1회에 중동을 20:15로 이기고, 제2회에 보성을 이기고, 결승에 2고보(二高普)를 20:9로 이겨 우승하다. 축하회를 아서원(雅叙園)[17]에서 열게 되어 11시 반에야 해산하다. 부재중에 김필영, 조금용이 집에 왔었다고 하다.

9월 25일 월요일. 맑음.
시편 29편, 마가복음 5:1-21, 골로새서 4장.
6·30-11.

도관호(都寬浩) 씨가 학교로 내방. 어머니의 사촌 된다는 학생의 전학 건이다. 도 씨는 약 1년 전부터 금광(金鑛) 덕대[18]를 다닌다고. 밤에는 김을봉(金乙峰)이라는 양산(梁山) 김덕봉(金德峰) 씨의 동생분이 집에 오다. 경성에 와서 인쇄업 한다고.

9월 26일 화요일. 맑음.
시편 30편, 마가복음 5:22-43,
데살로니가전서 1장. 6·30-11.

〈성서조선〉 제57호 원고(일부)를 가마쿠라 인쇄소에 다시 보내다. 라디오를 떼어다가(집에서) 박물실에 가설하다. 새벽 강좌까지 들으려고. 오후에 농구와 정구. 숙직.

9월 27일 수요일. 맑음.
시편 31편, 마가복음 6:1-29, 데살로니가전서 2장.
7-11.

방과 후 집에 오니 인원이가 함흥으로부터 개성으로 가는 길에
우리 집에 왔다가 시내에 들어갔다고 하다. 조금용이 내교.

9월 28일 목요일. 맑음.
시편 32편, 마가복음 6:30-56,
데살로니가전서 3장. 6·30-1.

제1학년 학생들을 인솔하고 경학원(經學院)¹⁹ 석전제(釋奠祭)²⁰에
참가하기 위하여 오전 9시부터 정오까지 경학원에 있었다. 마친
후에 숭이동(崇二洞)²¹ 101번지로 주범진 씨를 방문하고 한참을 환
담하다. 안 씨 댁에도 들렀으나 노인, 젊은이 다 부재중.
가마쿠라 인쇄소에 가서 원고를 정리하고 오후 7시 지나서 집에
오다.

9월 29일 금요일. 맑음, 약간의 비.
시편 33편, 마가복음 7:1-23, 데살로니가전서 4장.
6·30-11·30.

운동부장(運動部長) 회의 있었다. 김영원(金永元), 3학년 갑조에 입
학 허가. 독어 출석했으나 휴강. 라디오를 듣고 집에 오니 송두용
형이 와서 기다리는 중. 여러 가지 이야기 중에 류석동 형도 와서
이야기. 동계집회 건 등을 의논하다가 유숙하다.

---

16. 서울시 서대문구 현저동에 있는 산. 기봉, 무악, 봉우재, 길마재라고도 한다.
17. 당시 황금정(黃金町) 1정목(현재 을지로 1가)에 있던 중국음식점.
18. 남의 광산에서 광산 주인과 계약을 맺고 채굴권을 얻어 광물을 캐는 사람.
19. 경학원은 일제강점기 때의 유교 교육기관이다. 1911년 6월 15일 성균관을 없애고 〈경학원 규정〉을 공포
    하여 경학원을 세우고, 석전제를 대대적으로 거행하여 유교가 총독부 체제에 안정적으로 정착
    하게 하고 식민 통치를 정당화하는 데 활용했다.
20. 문묘에서 공자에게 지내는 제사.
21. 현재의 서울시 종로구 명륜동 2가.

9월 30일 토요일. 흐림.
시편 34편, 마가복음 7:24-37, 데살로니가전서 5장.
6-11.

류, 송, 두 형은 6시 전에 벌써 교정을 시작하여 식전에 초교를 마
쳐 주고 조반 후 돌아가다. 등교, 수업. 오후 가마쿠라 인쇄소에
가서 교정하다. 함흥으로 성묘(看山) 가려던 것은 단념하다.

[1933년 10월]

10월 1일 일요일. 흐림.
시편 35편, 마가복음 8장, 데살로니가후서 1장.
7-11·30.

쾌청한 하루를 고요히 집에서 지내다. 오전 중 김정현 목사가 집
에 와서 설교를 부탁하나 거절하다. 자기 저서의 광고도 의탁하나
모든 일이 다 불쾌한 것뿐이다. 이건표의 학비운동과 일반이다.
낮잠 후에 4시 30분 유니언교회에 참석. 반해득(半解得)도 곤란.
진술의 외출을 금하고 꾸짖다. 목욕. 모기가 아직까지 살아남아
왱왱거리다(尚今殘鳴).

10월 2일 월요일. 맑음.
시편 36편, 마가복음 9:1-29, 데살로니가후서 2장.
6-2·30.

〈성서조선〉 제57호 교정을 아직 마치지 못하여 불안하고 초조하
다. 모든 일은 미리미리 할 일. 인쇄소에서 소다(曾田) 옹의 저녁식
사 대접을 달게 받다. 독어 출석. 11시까지는 인쇄소에서, 새벽 2
시 남짓까지는 집에서 교정.

10월 3일 화요일. 흐림.
시편 37편, 데살로니가후서 3장. 7-11·30.

수업 후 가마쿠라 인쇄소에 가서 밤 9시 반까지 교정.

김헌직(金憲稙) 기숙(寄宿)

10월 4일 수요일. 흐림, 맑음.
시편 38편, 마가복음 9:30-50, 디모데전서 1장.
6·30-11.

주마가편(走馬加鞭)하듯 하다. 겨우 오늘에 〈성서조선〉 10월호 나
오다. 납본하고 발송. 오후에 양정 대 세브란스전문학교(世專) 정
구 직원 시합.
김헌직(金憲稙)[22]이 오늘 밤부터 기숙하게 되어, 아랫방 서재를 이
전하여 건넌방으로 옮기다.

10월 5일 목요일. 흐림, 약간의 비.
시편 39편, 마가복음 10:1-16, 디모데전서 2장.
6-10.

수업을 마친 후에 양정 대 배재 직원 정구시합 하려고 배재학교
에 갔다가 비가 내려 3게임만 하고 중지되다.

10월 6일 금요일. 비, 흐림.
시편 40편, 마가복음 10:17-34, 디모데전서 3장.
6-10.

등교하여 화학준비실 정리. 독어 출석.
제4학년이 오늘 아침에 만주로 출발. 최, 고이노보리(鯉登), 서봉
(徐鳳), 세 분이 인솔.

---

22. 김헌직(金憲稙): 1933년 양정고보에 입학. 김교신이 그를 5년간 담임했고, 그는 2년간 김교신의 집에서
기숙했다. 후에 고교 국어 교사가 되었으며, 〈김교신 전집〉 별권에 추억문을 남겼다. 그 가운데
이런 글이 있다. "의기에 넘친 젊은 선생님은 불의와 악에 대한 증오도 강렬했었다. 특히 민족 반
역자, 변절자, 친일 주구(走狗)의 매판자본가에 대해서는 심한 공격과 저주를 퍼부었다. 한때 기
미독립선언문을 기초하였던 C씨의 변절을 개탄하면서 '그 사람의 저서는 요새 세 사람만 읽는
대' 하고 풍자하셨다. 세 사람이란 작가 본인과 조선총독부 검열관과 인쇄소의 식자공 등을 말
한 것이다."

10월 7일 토요일. 비.
시편 41편, 마가복음 10:35-52, 디모데전서 4장.
4·30-10.

등교하니 메이지(明治)신궁 경기의 예선도 하기 전에 파견 선수가 발표되었다고 농구부원이 떠들다. 화학준비실을 대청소하다. 박물준비실로 사용하려고. 집에 돌아와 실내 대청소하니. 종일 청소한 날이다. 아현공립보통학교에 금5엔 기부금 보내다.

10월 8일 일요일. 맑음.
시편 42편, 마가복음 11장, 디모데전서 5장.
5·30-10.

다소 피곤한 느낌에 몸에 열이 나서 집에서 정양하다. 오후 유니언교회에 출석. 목욕하다. 아현공립보통학교 운동회를 조금 엿보다.

10월 9일 월요일. 맑음.
시편 43편, 마가복음 12:1-17, 디모데전서 6장.
6·30-10.

등교, 수업. 정구. 자각사(自覺社)에서 배아미(胚芽米) 75kg에 10엔 25전으로 구입하다. 적십자의 독어 출석. 오늘부터 기온 급강하.

10월 10일 화요일. 맑음, 추움.
시편 44편, 마가복음 12:18-44, 디모데후서 1장.
6-9·30.

구름 한 점도 없이 쾌청. 맑은 하늘. 맑은 마음! 3, 4학년은 수학여행 중.

10월 11일 수요일. 흐림, 맑음.
시편 45, 46편, 마가복음 13:1-27. 디모데후서 2장.
5-9·30.

소풍날로, 제1학년 학생 135명을 인솔하고 오전 7시 30분 경성역 앞 집합. 8시 출발. 수원역 하차. 화산(華山), 건릉(健陵),[23] 융릉(隆陵)[24] 참배 후 돌아오는 길에 고농(高農)을 거쳐, 일부 다리가 튼튼한 사람만 시내 화서(華西), 북문(長安門)으로부터 화홍문(華虹門)까지 갔으나 방화수류정(訪花隨柳亭)은 개수 공사중이었다. 시가(市街)를 지나 오후 5시 47분 수원발 기차로 귀경. 일행이 무사하여 새롭게 다시 감사.

10월 12일 목요일. 맑음.
시편 47편, 마가복음 13:28-37, 디모데후서 3장.
6·30-10.

어제의 피로가 덜 풀리다. 등교 수업 후, 정구 및 농구. 패류(貝類) 정리.

10월 13일 금요일. 맑음.
시편 48편, 마가복음 14:1-31, 디모데후서 4장.
5·30-12.

독어 휴강인줄 모르고 다녀오다. 라디오 붙어 청취. 이창훈의 부친께 발신. 함흥에 계시는 모친께 회답.

10월 14일 토요일. 맑음.
시편 49편, 마가복음 14:32-54, 디도서 1장.
6·30-10·30.

조례 시에 오늘 농구 시합 응원 건을 전학생에게 이르다. 갑자기 장소도 변경되어, 경성사범 강당에서 경성사범과 붙어 분패. 송진엽(宋鎭燁)이 집에 와서 사죄하여도 종일종야 울분 또 울분.
오늘 안방, 건넌방 온돌 수리. 안방 전등선을 다시 배치. 정옥이 피부병으로 적십자병원에서 진료 받다.

---

23. 건릉(健陵): 조선 정조와 그의 비(妃) 효의왕후(孝懿王后) 김씨의 능. 사도세자의 둘째아들인 정조는 아버지의 원혼을 위로하기 위해 노력했고, 효의왕후는 혜경궁 홍씨를 지성으로 모셨다.
24. 융릉(隆陵): 사도세자(莊祖)와 혜경궁 홍씨(獻敬王后)의 능. 정조의 어머니 혜경궁 홍씨는 자전적 회고록인 《한중록(閑[恨]中錄)》을 남겼다.

10월 15일 일요일. 맑음.
시편 50편, 마가복음 14:55-15장, 디도서 2장.
6·30-8.

오전 10시 45분 차로 오류동 행. 집회에 지각하여 송, 류 두 형의 뒤에 에클레시아(Ecclesia)25에 대한 감화를 잠시 말하다. 겨울 집회를 오류동에서 개최하기로 확정하다. 점심식사 후에, 신축된 오류학원을 보고 집에 돌아와서 장작을 패다.

10월 16일 월요일. 맑음.
시편 51편, 마가복음 16장, 디도서 3장.
5·30-2·30.

오늘부터 오전 9시에 수업 시작. 오후 3시 반경에 양인성 군이 갑자기 전화하여, 독어반을 결석하고 함께 인원의 출가 준비로, 옷장 종류를 구입하려고 본정통과 종로 큰 상점을 돌아다니다가 11시경 집에 돌아와 유숙. 출가 비용의 다대(多大)함에 여러 번 놀라다.

10월 17일 화요일. 맑음.
시편 52, 53편, 마태복음 1:1-17, 빌레몬서 1장.
7·30-10.

오전 중 인민(仁敏)의 외조모를 집에 오시게 하여 양 군과 함께 혼례물(婚禮物) 사러 나가다. 아내도 함께 가다. 오후에는 안방 장판과 지붕 수리. 이발.

10월 18일 수요일. 흐림.
시편 54편, 마태복음 1:18-24, 히브리서 1장.
6-12·30.

농구, 육상 선수들이 오후 10시 25분 평양으로 출발. 류 형이 학교에 와서 원고 건네주다.

10월 19일 목요일. 맑음.
시편 55편. 마태복음 2:1-6, 히브리서 2장.
7-12·30.

오전 중 원고 정리하여 가마쿠라 인쇄소로 보내고, 미쓰코시고
후쿠텐(三越吳服店)²⁶에 가서, 인원의 결혼식용 양복장을 55엔으
로 가격을 결정하고, 하물(荷物) 운송비 7엔 50전을 추가로 보내
다. 등교하여 4시간 수업.
저녁 7시에 휘문고보에 모여 조선박물학 연구회. 12시 반에 집에
돌아오다.

10월 20일 금요일. 맑음.
시편 56편, 마태복음 2:7-12, 히브리서 3장.
6·30-10.

황태원(黃太元) 씨로부터 패류(貝類) 소포 및 편지 오다.
오후 정구. 독어를 출석하기 위하여 직원회는 결석하다.

10월 21일 토요일. 맑음.
시편 57, 19, 103, 104편, 마태복음 2:13-18,
히브리서 4장, 5-1·30.

오리온자리(參宿), 황소자리(昴宿), 처녀자리(乙女), 작은곰 큰곰자
리(小大熊), 카시오페이아(Cassiopeia)! 새벽하늘은 찬연(燦然)하다.
이상(以上)의 시편을 읽고 찬미하다. 그런데 이웃에서는 남녀의
싸움소리. 저주받은 인간을 대표한다. 약 30분간이나 계속하다.
어제 직원회 결석 건으로 세오(妹尾) 씨가 또 한 번 뽐내다. 기묘
한 인간.
오후 연전(延專) 구장에서 양정 대 연전 직원 정구. 밤에는 원고.
조금용이 집에 와서 안방 벽지 발라주고 밤 7시 반에 물러가다.

25. 에클레시아(Ecclesia, ἐκκλησία): 원래 '부르심을 받은 자들, 성도(기독교인)들의 모임, 회중'을 의미하는
데, 가톨릭이나 개신교에서는 보통 '교회'로 번역한다. 그러나 김교신은 이 모임을 '제도로서의
교회'와 구별하기 위해 원문 그대로 사용한 것으로 보인다.
26. 1906년 일본 미쓰코시백화점의 경성출장소인 미쓰코시고후쿠텐(三越吳服店)이 충무로 입구에 개업했는
데, 1930년 지금의 신세계백화점 본점 자리에 지하 1층 지상 4층의 대규모 백화점으로 등장했다.

10월 22일 일요일. 비.
시편 58편, 마태복음 2:19-23, 히브리서 5장.
6·30-10.

당직으로 오전 9시 반에 학교에 가서 유숙. 종일 여름처럼 비가
내리다. 철 지난 장마로 인하여 오는 손님도 없이 하루를 독서와
집필에 쓰니 감사.

10월 23일 월요일. 맑음.
시편 59편, 마태복음 3:1-12절, 히브리서 6장.
6·30-9.

오늘도 연달아 당직으로 유숙. 평양 원정군(遠征軍)27이 육상은 이
기고, 농구는 지다.
오후 독어 참석.

10월 24일 화요일. 맑음, 추움.
시편 60편, 마태복음 3:13-17, 히브리서 7장.
6·30-11·30.

기온이 점점 내려가다.

모친귀경(母親歸京, 2월 25일→10월 25일)

10월 25일 수요일. 맑음.
시편 41편. 마태복음 4:1-11, 히브리서 8장.
4·30-11.

아침 4시 반 기상. 아내, 진술이와 함께 경성역으로 모친 일행을
마중 나가다. 2월 하순에 함흥에 가셨다가 만 8개월 만에 오셨
다. 개성 인원의 결혼식에 참여하려고 수변(水邊) 큰어머니 및 원
문호(元文鎬) 처, 삼평 큰어머니 및 만근(萬根)의 처가 동행. 오후 1
시 반 차로 일행은 개성 행. 오늘 두 번 경성역을 드나들다.

10월 26일 목요일. 맑음.
시편 42편, 마태복음 4:12-17, 히브리서 9장.
7-11.

오늘부터 제2학기 중간고사. 동시에 〈성서조선〉지 교정 시작.

10월 27일 금요일. 맑음.
시편 43편, 마태복음 4:18-22, 히브리서 10장.
6·30-1·30.

낮에는 시험 감독. 오후는 독어반. 불어 라디오. 밤에는 교정, 일
이 많았다(多事).

10월 28일 토요일. 맑음, 흐림.
시편 44편, 마태복음 4:23-25, 히브리서 11장.
6·30-12.

오전 11시 차로 진술, 시혜와 함께 개성 행. 오후 3시 중앙회관에서
인원의 결혼식 참석. 심히 공허함을 느끼다. 학문에 충실한 분인
상록(相祿) 씨를 만나 이야기하다가 그의 방에서 하룻밤을 쉬다.

10월 29일 일요일. 맑음.
시편 61편, 마태복음 5:1-12, 히브리서 12장.
6·30-12.

오전 중 도상록(都相祿), 만영 두 분과 함께 송악산 등산. 오후에는
좌담하다가 오후 7시 40분 차로 귀경. 진술과 시혜가 함께 오다.

10월 30일 월요일. 맑음.
시편 62편, 마태복음 5:13-16, 히브리서 13장.
7-12.

오전 등교. 시험 감독의 틈을 타서 〈성서조선〉 제58호 교정. 오후

에는 독어반을 결석하고 가마쿠라 인쇄소에 가서 밤중까지 교정.

10월 31일 화요일. 맑음.
시편 63편, 마태복음 5:17-20, 야고보서 1장.
6·30-12,

모친은 아침부터 함흥에서 온 사람들 안내. 〈성서조선〉이 나왔으
나 종이 질이 나빠서 다시 인쇄하라고 명(命)하다(11월 1일).

[1933년 11월]

11월 1일 수요일. 비.
시편 64편, 마태복음 5:21-26, 야고보서 2장.
6·30-10·30.

최 선생 대신 숙직. 오후 독어반 출석. 〈성서조선〉 제58호 일부
삭제당하여 고쳐서 인쇄.
학교 시험, 〈성서조선〉 출판의 교정, 인원의 결혼식 등으로 밤낮
을 분별하지 못하다가, 오늘 조금 숨 쉴 사이를 얻어, 약 1주간의
일기를 쓰다 보니 위와 같이 혼돈(混沌).**28**

11월 2일 목요일. 맑음.
시편 65편, 마태복음 5:27-30, 야고보서 3장.
6·30-10.

함흥 손님 중 삼평댁 큰어머님과 만근의 처는 오늘 밤 함흥으로
돌아가다.
〈성서조선〉을 다시 인쇄하기로 승낙하였던 가마쿠라에서 약속
을 어겨서, 다른 데 줄까 하고 생각 중이다.

11월 3일 금요일. 맑음.
시편 66편, 마태복음 5:31-32, 야고보서 4장.
6·30-10.

〈성서조선〉 제58호를 다른 인쇄소에서 다시 인쇄·발간하기를 단념하고, 가마쿠라보육원에서 그 일부분만 다시 인쇄하도록 화협(和協)하여 오늘 저녁에 발송하다. 단, 제3종 우편물 규약에 이면(裏面) 글자가 제대로 인쇄되지 않았다고 접수원이 말썽을 부리다. 교회근성과 관리(官吏)근성!
오전에 식(式). 그 후 교내 직원 홍·백 정구 시합. 오후에는 숙명 교직원 대 정구 시합. 밤엔 태서관에서 안 교장이 베푼 연회. 숙직.

11월 4일 토요일. 비.
시편 67편, 마태복음 5:33-38, 야고보서 5장.
6:30-10.

오늘도 연달아 숙직. 류석동 씨가 겨울 집회 준비 자금 청구.

11월 5일 일요일. 맑음.
시편 68편, 마태복음 5:39-42, 베드로전서 1장.
6·30-11.

아침에 집에 오다. 신태헌 씨가 안종원 씨의 예서(禮書)를 얻고자 와서 요청하다.
오전과 오후 두 번 예배를 다 우리 집에서 드리다(활인동교회당은 개축 중).

28. 원문은 10월 29일과 10월 30일 일기를 바꾸어 썼다가 바로잡았고, 여기저기 첨삭한 흔적이 있다.

11월 6일 월요일. 맑음.
시편 69편, 마태복음 5:43-48, 베드로전서 2장.
6·30-10·30.

독어 휴강. 오늘 밤에 민원식(閔元植)이 집에 와서 기숙. 저녁에 류
석동 형이 와서 11시 경까지 이야기하고. 금5엔을 준비자금으로
가지고 가다. 이발.

11월 7일 화요일. 비.
시편 70편, 마태복음 6:1-6, 베드로전서 3장.
7-11.

오후 독어 출석. 불어 라디오 듣다. 민원식 어젯밤부터 기숙.
〈The Expository Times〉 제45권 제1호 도착. 표지 색깔이 변
경되었다.

11월 8일 수요일. 맑음.
시편 71편, 마태복음 6:7-15, 베드로전서 4장.
6·30-오전 1·30.

강화 최병록 씨의 엽서가 와서 기쁘다.
어제부터 1주간 국민정신작흥(國民精神作興)²⁹ 주간이라 하여 오
늘은 교내 대청소. 조복성(趙福成)³⁰ 씨 내교. 도쿄 원정중의 육
상부 귀경. 오후 5시 역으로 마중 나가다. 백합원에서 만찬회.
YMCA 농구 참관.
진술이 머리가 아프다고 결석하다.

11월 9일 목요일. 비.
시편 72편, 마태복음 6:16-18절, 베드로전서 5장.
5-10.

정신작흥주간이라 하여 아침 5시 50분 양정학교 비상소집에 나
가 참석하다. 오전 9시부터 여전히 수업. 오후는 박 모(某)를 초청

하여 작흥 강연이 있었다.

인천 내리(內里)교회[31] 원종철(元鍾哲)이라는 배재 5학년생이 내방하여 연경반(研經班)에 와서 강의 듣기를 청하다.

11월 10일 금요일. 맑음, 잠시 비.
시편 73편, 마태복음 6:19-21, 베드로후서 1장.
5-12.

등교하니 조서(詔書) 기념식으로 1시간 보내다. 오늘 새벽에 학급 담임 중 남대문으로 불참한 자는 그 이유서를 교장에게 제출하라고. 쥐새끼 같은 계략(鼠畧). 종일종야 불쾌. 양기점(楊基漸)에게서 편지 오다.

한홍식이 끝내 퇴학당할 일을 저질렀다. 그 부모가 가련하다.

11월 11일 토요일. 맑음.
시편 74편, 마태복음 6:22-24, 베드로후서 2장.
6-11.

등교하니 작흥주간의 마지막 날이라 하여 제1교시 수업 후에 전교가 동소문 밖 삼선평(三仙坪)[32]에 출동하여 마라톤(7마일)을 하다.

양기점에게 답장 쓰다(2·45. 2·80 납세고지서 동봉).

29. 1923년 9월 1일 관동대진재 수습 방안으로 그해 11월 10일 국민정신작흥 조서를 발표했다. 1932년 11월부터는 자력갱생운동이라는 미명하에 한민족 말살정책의 하나로 명치절인 11월 3일이 든 주간을 '국민정신작흥주간'으로 정하여, 이 주간이면 학교에서는 조기회(はやおきかい)라 하여 모든 학생이 새벽에 일어나 학교에 가서 체조를 하고 청소를 했다.

30. 조복성(趙福成, 1905~1971): 동물학자 겸 교육자. '한국의 파브르', '한국 곤충학의 아버지'로 불리며, 한국의 자연과학 발전에 크게 이바지했다. 평안남도 평양 경창리 출생. 25세 때 한국 최초의 곤충학 관계 논문 〈울릉도산 인시목(鬱陵島産 鱗翅目)〉을 발표했으며, 이후 우리 땅의 동물을 우리 손으로 연구하는 데 줄곧 힘썼다. 저서로 대표작인 《곤충기(昆蟲記)》 외에 다수가 있다. 고려대학교에 장서를 기증하여 '관정기념도서실'을 마련하고 '관정동물학상' 제도를 남겼다.

31. 현재 인천광역시 동구 내동에 있는 감리교 교회. 북감리회 선교사 헨리 아펜젤러가 1891년 세웠다. 현건물은 1958년 신축.

32. 현재의 서울시 성북구 삼선동, 동소문동, 동선동 일대의 마을을 일컫던 이름으로, 삼선평은 평평하고 넓어서 대한제국 시대까지 을지로 6가의 훈련원과 함께 무예를 익히던 장소로 쓰였다.

11월 12일 일요일. 맑음.
시편 75편, 마태복음 6:25-34, 베드로후서 3장.
5·30-12.

오전 예배에 설교하다(〈성서조선〉 제58호의 일부를 읽고 해석하는 것으로). 오늘 저녁 예배로써 우리 집을 떠나고, 앞으로는 예배당 신축이 완성되기까지 장(張) 장로 댁에서 집회한다고 하다.
오후에 조금용이 와서 이야기. 배추 세 지게를 주겠다 하다. 앞으로는 군(君)의 생활에 더 보조할 수 없음을 다시 분명히 말하다.
오늘 아침 설교를 와서 들은 자에게 〈성서조선〉 제58호 한 권씩 배부하다. 약 30여 권.

11월 13일 월요일. 맑음.
시편 76편, 마태복음 7:1-12, 요한일서 1장.
6-11.

결근하고 집필하려 하였으나 학생들에 대한 의리감과 평소의 습관이 허락지 않아 등교하다. 2시간 수업 후에 각부 운동회. 농구부는 준결승까지 하다. 독어는 교사가 병으로 결강.
오늘 아침에 조금용이 배추 세 지게 가지고 오다. 그 삯으로 65전씩 1엔 95전을 지불하다.
홍원(洪原)33의 한상용 씨로부터 홍식 건으로 전화 오다.

11월 14일 화요일. 맑음, 약간의 비.
시편 77편, 마태복음 7:13-23, 요한일서 2장.
6-11.

등교하여 오후는 농구 결승. 4학년 을(乙)조가 이기다.
집에서는 김장하다. 라디오 불어 듣고, 국일관에서 있었던 미모토 히토시(見元 等) 씨 송별회에 참석. 제3종물 인쇄 건으로 서대문국(局)이 말썽.
김훈갑(金薰甲) 씨를 위하여 엽서 3매 쓰다.

11월 15일 수요일. 흐림.
시편 78편, 마태복음 7:24-29, 요한일서 3장.
6·30-10.

오후에 일독교환방송(日獨交驩放送)을 들었으나, 베를린(伯林)에서 오는 일본어는 원거리로 인하여, 도쿄에서 오는 독일 대사(大使) 의 말은 어학 부족으로 인하여 이해하지 못하다.
옛 이야기에서 난상여(蘭相如)[34]전(傳)을 읽고 지식을 바로잡다.

11월 16일 목요일. 맑음.
시편 79편, 마태복음 8:1-4, 요한일서 4장.
6-10.

인민(仁敏)의 외할머니가 며칠 동안 김장을 도와주고 오늘 아침 에 돌아가시다. 안상철 씨가 대체(振替)로 입금하여 그 답장에 김 훈갑(金薰甲) 씨를 소개하고 청탁하다. 신태헌 씨에게서 감사 편지 오다.

11월 17일 금요일. 맑음.
시편 80편, 마태복음 8:5-13, 요한일서 5장.
6-10.

등교. 2시간 수업. A식 축구 결승전에 선수끼리 싸움한 것이 한 스럽고 마음 아픈 일.
적십자의 독어 참석. 조성빈의 엽서 오다.
제59호 원고 일부분을 가마쿠라 인쇄소로 보내다.

---

33. 함경남도 동해안 중부에 있는 군.
34. 조(趙)나라 혜문왕(惠文王) 때 상경(上卿)이라는 벼슬을 한 재상으로, 염파(廉頗) 장군의 시기와 질투로 도전을 받았으나, 결국 그의 사죄를 받고 '문경지교(刎頸之交)'의 우정을 나누게 되었다는 고사가 전한다.

11월 18일 토요일. 맑음.
시편 81편, 마태복음 8:14-17, 요한이서.
5·30-11.

등교. 2시간 수업. 미모토 히토시 씨가 현역 군인으로 도쿠시마 (德島) 연대로 가게 되어 강당에서 송별식. 오후 2시 5분 차로 인 천으로 향하다. 서병주(徐丙周), 이순복(李順福) 등의 가정을 심방 한 후에 내리교회로 박정수(朴晶水)[35] 전도부인을 찾다. 도서관 근 처 한적한 곳에서 기도하면서 생각을 가다듬다가, 오후 7시부터 내리교회에서 연경반원(研經班員) 약 40명에게 '성서 연구의 각오' 라는 제목으로 약 1시간 강화(講話) 후, 또 약 30분간 질의에 답 하다. 9시 4분 차로 상인천을 출발하여 집에 오다.
간밤 꿈에 우치무라 선생을 보다.

11월 19일 일요일. 맑음, 밤에 비.
시편 82편, 마태복음 8:18-22, 요한삼서.
7·30-11.

어제 강연으로 피로했는지 종일 아무 일도 못하고 낮잠.
한상용 씨가 홍원으로부터 상경. 그 아들 홍식의 전학 건으로 와 서 이야기.
산세이도(三省堂)[36] 사원 이 씨 내방. 오후 목욕. 원식은 어제 연천 (漣川)으로 돌아감.

11월 20일 월요일. 흐림, 잠시 비.
시편 83편, 마태복음 8:23-27, 유다서.
7-10·30.

감기에 걸리다. 등교하여 2시간 수업, 2시간은 휴강. 오후 적십자 의원에 독어 참석. 한상용 씨 내교. 홍식의 전학 수속을 완료하 여가지고 경성을 떠나다. 오사카의 Go-Stop 사건은 화해했다고 하다.

11월 21일 화요일. 맑음.
시편 84편, 마태복음 8:28-34, 요한계시록 1장.
6·30-12.

오늘도 2시간 수업. 2시간 휴강하다. 최병록 씨의 내신(來信).
밤 12시까지 역대지(歷代志)[37] 개요 집필.

11월 22일 수요일. 맑음.
시편 85편, 마태복음 9:1-8, 요한계시록 2장.
6·30-11·30.

등교. ○시간 수업. 원고는 진척이 없다. 나의 역량 부족. 어찌하랴.
박정수 씨 내신. 한상용 씨 로부터 온 편지에 답신.

11월 23일 목요일. 맑음.
시편 86편, 마태복음 9:9-13, 요한계시록 3장.
7-1·30.

왼쪽 귀 쏘이다. 김명룡 씨 내방. 사이토 마타키치(齊藤又吉) 씨에
게 소개하다.
오후 등교. 박물표본 정리. 조성빈, 이지호의 편지 오다.

35. 박정수(朴晶水, 1898~1996): 평안남도 강서군 증산 출생. 이화학당 중등과를 졸업하고 1918년 송재봉과
결혼. 1929년 평양에서 열린 전국주일학교연합대회에서 이용도 목사를 만났으며, 1931년 인천
내리교회 전도부인으로 있을 때 이용도 목사를 초빙하여 부흥회를 열었다. 이때 《성서조선》과
김교신을 소개 받았다. 감리교회가 신사참배를 수용하자 교회를 떠나 무교회 신자가 되었으며,
《성서조선》 사건 때 피검되어 심한 고문을 당하기도 했다. 송두용이 옹진군 장봉리에서 푸른학
원을 운영할 때 뒷바라지했다. 1971년부터 자택에서 무교회 집회를 시작했고, 《김교신 전집》 별
권에 추억문을 남겼다.

36. 산세이도(三省堂): 1881년 가메이 다다카즈(龜井忠一)가 도쿄 간다(神田)에 창립한 출판사. 교과서, 사서
등 교육관계 도서를 주로 간행하고 있다. 사이토 세이스케(齋藤精輔)의 편찬 작업으로 《일본백과
대사전》을 1908년부터 1919년까지 완간(전10권)하여 20세기 초 일본 문화발전에 기여했다.

37. 역대(기). 《성서조선》 제59호(1933년 12월호)에 〈역대지 상하 대지(大旨)〉가 실렸다.

11월 24일 금요일. 맑음.
시편 87편, 마태복음 9:14-17절, 요한계시록 4장.
7-11·30.

2시간 수업 후 '성서(城西)통신' 원고 쓰다. 독어 출석.
기점의 편지 오다. 마쓰무라 도요키치(松村豊吉) 선생 미국 면(棉)
재배 성공의 소식 알려오다. 예하(藝賀).
〈Times〉의 X-mas호가 도착하다.

11월 25일 토요일. 맑음.
시편 88편, 마태복음 9:18-26, 요한계시록 5장.
6·30-11·30.

황 선생 대리 숙직. 오후 운동. 제59호 교정 시작되다.
기점(基漸)에게 답장 편지 발송. 민영옥(閔泳鈺) 씨께 답신.

11월 26일 일요일. 맑음.
시편 89편, 마태복음 9:27-31, 요한계시록 6장.
8-12.

오전 9시 반 수색 행. 조금용이 집을 비우고 퇴거(退去)함을 발견
하고 그를 원망하기보다 나의 어리석음을 한탄하다. 수색장로교
회 참석. 김영환(金永煥, 봉수 형) 씨를 만나, 집 처리를 부탁하다.

11월 27일 월요일. 맑음.
시편 90편, 마태복음 9:32-34, 요한계시록 7장.
6·30-11·30.

등교, 수업. 독어 강의 결석. 하시모토(橋本) 산부인과 선생에게, 아
내의 산기(産期) 등 상의하고 물약(水藥)을 가져오다. 오늘 밤 숙직.

11월 28일 화요일.
시편 91편, 마태복음 9:35-38, 요한계시록 8장.
6·30-11·30.

수업의 틈을 타서 교정.
내일이 분만일이라고 적십자의원에서 진찰을 받았으나 아직껏
아무런 징조가 없다.

11월 29일 수요일. 흐림.
시편 92편, 마태복음 10:1-4, 요한계시록 9장.
7-12.

가마쿠라 인쇄소에 들렀다가 등교. 강연회로 인하여 오후 휴업.
오늘이 아내의 임신 만기일로 추산된 날이나 아직 낳지 않았다.
오늘 새벽에 꿈을 꾸니 모친님이 나보다 앞서 달음박질하시며,
또 나는 큰 총(銃)을 얻다.

11월 30일 목요일. 흐림.
시편 93편, 마태복음 10:5-16, 요한계시록 10장.
6·30-11·30.

저녁에 키라쿠(きらく)에서 양정 직원 정구 홍백전 회식. 농구를
YMCA에서 참관.
곽경흔(郭璟炘)이 골절당한 것을 위문하러 청신(淸新)여관까지 갔
으나 없었다.

[1933년 12월]

12월 1일 금요일. 흐림.
시편 94편, 마태복음 10:17-22, 요한계시록 11장.
7-11·30.

서대문밖에서 류영모 씨를 만나니 11월 2일에 부친상을 당하였
다고 상복을 입고 있다. 놀라고 후회하다. 독어 출석.
오후 6시에 〈성서조선〉 제59호가 나오다.

12월 2일 토요일. 맑음.
시편 95편, 마태복음 10:23-25, 요한계시록 12장.
6·30-12.

수업을 마친 후에 학교 자전거를 타고 수색에 갔다 오다. 147번
지의 초가를 수리하기로 작정. 저녁에 YMCA에서 농구 구경.
〈성서조선〉 발송.

12월 3일 일요일. 가랑비.
시편 96편. 마태복음 10:26-33, 요한계시록 13장.
7-10·30.

오전에 수색 행. 한편으로 인부 두 사람을 시켜 울타리 하고, 한
편으로는 실내 벽을 도배하다가 마치지 못하다. 김영환 씨가 도
와주고, 김 전도부인이 내방.
해가 진 후에 집에 오다. 심히 피곤하다. 어제 오늘 학교 자전거
빌려 쓰다.

12월 4일 월요일. 흐림.
시편 97편. 마태복음 10:34-42, 요한계시록 14장.
2·30-10.

등교, 4시간 수업 후, 오후 1시 반 차로 수색 행. 울타리는 모두
마치다. 흙일(土工)만 남다. 기차가 연착하여 걸어서 집에 돌아오
니 밤 9시경.

12월 5일 화요일. 흐림.
시편 98편, 마태복음 11:1-19, 요한계시록 15장.
6·30-11.

오늘 아침에 아내를 데리고 적십자병원에서 진찰받다. 아직도 며
칠 후에라야 분만할 것이라고 하다.
등교, 4시간 수업. 곽경흔의 골절상 문병을 위해 옥인동으로 심
방. 저녁에 함흥 김장복의 모자(母子)가 집에 오다. 눈병을 치료하
러 상경했다고 하다. 10시 지나서 시내로 가다.

12월 6일 수요일. 맑음.
시편 99편, 마태복음 11:20-24, 요한계시록 16장.
7-다음날 4시.

등교, 수업. 오후에 집에 와서 수색으로 옮길 짐 등을 준비하다.
저녁에 YMCA에서 양정 대 대동(大東)의 농구전을 참관하고 집
에 오니 산모(胎母)가 아프기 시작하여 적십자의원에 가서 산파
를 청하여 오다.

正孫出生(정손 출생)

12월 7일 목요일. 맑음.
시편 100편, 마태복음 11:25-27, 요한계시록 17장.
7-10·30.

어젯밤 7시경부터 진통을 시작하여 11시 반에 산파가 오고도 매
우 신경을 쓰다가 오늘 아침 오전 2시 15분에 출산되니 남자 아
이였다. 숙부님, 교량, 교란, 교인, 경희 숙부, 보희 숙부, 만희 숙
부, 원집 종조부 및 한경용에게 통지하다. 양기점 내신, 민영옥 내
신. 운집(運集) 종조부, 인성 군에게도 통지하다. 등교, 수업.
저녁에 YMCA에서 휘문과의 농구 구경하다. 23:18로 양정 승리.
제11922일. 정(正) 1일.[38]

12월 8일 금요일. 흐림.
시편 101편, 마태복음 11:28-30, 요한계시록 18장.
6-10.

등교. 조례시간에 농구 응원 건을 전학생에게 말하다.
오후 독어 참석. 민영옥 씨에게 답장 쓰다. 장 선생 처방으로 감기
약 3첩 조제. 오늘 밤에 1첩 마시다.

---

38. '본인의 생후 11,922일, 아들 정손(正孫)의 생후 1일'을 의미한다. 김교신은 이후 하루하루 날짜를 의식
하며 최선을 다해 살고자 한다. 〈성서조선〉 1935년 3월호의 "제12,345일"의 감상에서 "우리는 …
차라리 하루의 삶을 의식하고 살며 참으로 살고자 하는 자이다. … 제12,345일의 속생명을 경이
의 눈으로써 의식하고 살아야 할 것이다. 단, 오늘 나의 현상을 볼 때엔 나의 머리가 깊이 숙어지
는 것뿐이요, 그리스도를 앙견(仰見)할 때만 내가 살도다(〈김교신 전집〉 제1권 350쪽 재인용)"라고 고
백한다.

12월 9일 토요일. 비.
시편 102편, 마태복음 12:1-8, 요한계시록 19장.
6-12.

오늘 아침 가정 예배. 아침저녁에 감기약 2첩 마시다.
오늘 저녁 8시 10분 YMCA에서 양정 대 중동 농구전. 양정은
13전 1패. 중동은 13전 전승 팀이다. 25:20으로 양정이 이기니
피차 감격에 넘치다. 마친 후에 선수와 코치들을 이문(里門)식당
에서 위로하다. 산후 젖이 아직도 돌지 않다.

12월 10일 일요일. 흐림.
시편 103, 104편, 마태복음 12:9-14,
요한계시록 20장. 6-12.

오전 10시 수색으로 출발. 담을 쌓다. 김 전도부인 댁에서 저녁
밥을 주셔서 감사. 저녁 9시 차로 활인동 집에 돌아오다.
함흥 충(忠) 숙부께서 답신. 정손(正孫)이라고 아기에게 이름을 지
어 주시다.

12월 11일 월요일. 맑음.
시편 104편, 마태복음 12:15-21, 요한계시록 21장.
6-12.

정손의 출생신고 서식이 잘못되어 오늘은 접수되지 못하다.
등교. 이완기 씨를 청하여 〈성서조선〉 인쇄에 관하여 교섭하다.
저녁에 YMCA에서 중동과의 농구 결승전이 있었으나 석패하여
양정은 제2위로 되다. 마친 후에 선수 및 코치를 열빈루에서 위
로하다.

12월 12일 화요일. 맑음.
시편 105편, 마태복음 12:22-27, 요한계시록 22장.
8-8.

정손의 출생신고를 세 번째 만에 접수시키다. 아내가 시축[39]을
앓으므로 박종준(朴鍾濬) 씨를 학교 수업이 없는 시간에 청해서
진찰을 받다.

중앙협동(中央協同)에서 배아미(胚芽米) 1섬 들여오다. 가정 윤독 (輪讀)은 신약까지 마치다.

12월 13일 수요일. 맑음, 추움.
시편 106편, 마태복음 12:28-37.
7-11.

어제부터 기온이 점점 내려가다. 실외에 엷은 얼음이 보이다. 오늘까지 원고 1매도 쓰지 못하다. 오늘부터 양정 제2학기 고사. 시험 감독 후에 종로 예수교서회에 가서, 노성모 군의 부탁인 주일 학생용 카드 수백 매를 사서 보내다. 조학녕(趙學寧)약국에 들러, 아내의 산전 산후 건강하지 못함을 말하고, 보약 1질 짓게 하다. 적십자병원 산파가 오늘까지 1주간 매일 와서 씻어 주다.

12월 14일 목요일. 맑음.
시편 107편, 마태복음 12:38-42. 6·30-9.

학교를 결근하고 원고 쓰기 위해 수색 초가로 왔다(오전 9시 도착). 틈을 타서 솥 하나 더 걸다. 김 전도부인과 김영환 씨가 와서 이야기. 얼개를 잡을 뿐이고 원고는 역시 쓰지 못하다. 추워서 일찍 자다. 수색은 하늘이 맑다. 고요하고 춥다.

12월 15일 금요일. 맑음.
시편 108편, 마태복음 12:43-45. 7-10·30.

방이 추워서 글을 쓸 수가 없다. 더운 집에는 몸 푼 아기 엄마와 아이들이 떠들고, 조용한 데는 춥고. 오전 10시 차로 등교, 시험 감독.
수업을 마친 후에 적십자 독어 출석. 불어 Radio 듣고 활인동 유숙.
아내는 어제부터 한약을 먹었더니 젖먹이 아이의 얼굴이 누렇게 된다고 하여 중지하기로 하다. 연말 상여금 54엔을 받다.

39. 풍열(風熱)이 나고 가슴이 답답한 증상을 치료하는 한국 전통 처방의 '시죽(豉粥)'으로 보인다.

12월 16일 토요일. 첫눈.
시편 109편, 마태복음 12:46-50, 창세기 1장.
7-2.

당직을 김형배 씨에게 대신 부탁하고 집에 오다. 밤 2시까지 집필
(활인동). 첫 눈이 자국눈[40]이나 쌓이다.

12월 17일 일요일. 맑음.
시편 110편, 마태복음 13:1-9, 창세기 2장.
8-3·30.

종일 집에서 집필. 감상문 16매쯤 작성하다. 밤에는 에스라, 느헤
미야서 개요를 쓰다.

12월 18일 월요일. 비.
시편 111편, 마태복음 13:10-15, 창세기 3장.
8-4·30.

어제 밤에 새벽 3시 넘도록 집필하여 원고 합계 44매 쓰다.
등교, 시험 감독. 류석동 씨 원고 62매가 되어 급한 것은 면하게
되다. 구두 수선.
오후 적십자 독어 출석. 금년 종강. 후에 본정(本町) 메이지제과
(明治製菓)에서 차를 마시면서 강사를 위로하다.
집에 돌아오니 송두용 씨가 다녀갔다고 하다. 새로 4시 지나서까
지 성서(城西)통신을 쓰다. 장작 한 마차를 12.25엔에 사다.

12월 19일 화요일. 맑음.
시편 112편, 마태복음 13:16-18, 창세기 4장.
8-9·30.

등교하여 제2학기 고사를 완전히 마치다. 휴업식. 이순복을 책망
하다.
간밤 새벽 4시 지나서까지 마친 원고를 가마쿠라 인쇄소에 보내다.
오후에 소다(曾田) 옹을 방문하고 인쇄 감독을 특별히 부탁하다.

12월 20일 수요일. 맑음.
시편 113편, 마태복음 13:19-23, 창세기 5장.
6-11·30.

오전 중 등교하여 채점. 김헌직, 민원식 등 오늘 고향으로 돌아가다.
오후 7시 차로 수색에 와서 유숙하면서 채점하다.

12월 21일 목요일. 맑음.
시편 114편, 마태복음 13:24-30, 창세기 6장.
8-12.

수색에서 두 번째 밤을 지내다. 전번보다 덜 춥게 잤다. 아침밥을 끓여먹고 10시 11분 차로 등교. 채점표 교부(交附). 계산 시작하다.
오늘 밤부터 〈성서조선〉 제60호의 교정 시작.

12월 22일 금요일. 맑음.
시편 115편, 마태복음 13:31-15, 창세기 7장.
6·30-11.

등교하여 1학년 갑·을조 석차 평정(評定). 역시 갑조의 김중면(金重冕)[41]이 수석이었다. 오후는 교정을 병행하다.

12월 23일 토요일. 맑음.
시편 116편, 마태복음 13:36-43, 창세기 8장.
5-11·30.

아침에 인쇄소에 가서 교정. 가쇄(假刷) 납본하였으나, 12월은 15일까지 접수라고 거절당하여 다시 도청과 경무국에 가서 교섭하

---

40. 원문은 '자귀눈'. 발자국이 날 정도의 눈.
41. 김중면(金重冕): 김교신은 양정 10년 동안 5년간씩 담임을 두 번 하였는데, 김중면은 두 번째 5년간의 담임 반 학생으로, 당시 수석 졸업생이다. 그는 수원고등농림고를 졸업한 후 함북 갑산농업학교 교사로 근무하며 학생들에게 민족의식을 고취하다 1940년 체포되어 함흥으로 압송되었다. 이 사건 수사 과정에서 수원고등농림고 한글연구회 조직이 드러나 1941년 9월 대부분의 회원이 검거되었는데, 이 사건이 제3차 고농사건이다. 3년형을 언도받아 함흥형무소에 수감되었고, 출옥 후 결핵을 앓고 있던 그로부터 체온계 구입의 부탁을 받고 김교신이 류달영에게 체온계 입수 방법을 문의하는 편지가 있다(《김교신 전집》 7권, 370쪽). 해방 후 생사 불명.

여도 소용없었다. 출판이 자유로운 나라가 간절한 소원이다.
등교하여 성적회의 후 발표. 동계(冬季) 집회 준비.

12월 24일 일요일. 맑음.
시편 117편, 마태복음 13:44-47, 창세기 9장.
7-10.

오전 9시 지나 출발, 오류동 집회(일요일)에 참석. 송, 류 두 형 뒤에 비상시 생활에 대한 감상을 잠시 이야기하다. 성백용 씨가 오늘부터 다시 집회에 참석하게 된 것은 감사한 일이었다. 모임 후에 동계 집회에 관한 협의. 침식 일체는 송두용 형께 모두 맡기다.

12월 25일 월요일. 맑음.
시편 118편, 마태복음 13:48-52, 창세기 10장.
4·30-10·30.

X-mas 찬양대에 일어나서 답례.
가마쿠라 인쇄소에서 〈성서조선〉에 대하여 태업(怠業)을 시작하여, 오늘도 교정 못하다. 오전 11시 반 차로 수색에 와서 유숙하다. 장로교회에서 X-mas 놀이가 야단이다. 김영환 씨가 시미즈(淸水)의 토지 건 소개 차 와서 이야기하다.

12월 26일 화요일. 맑음, 따뜻함.
시편 119편 1-16절, 마태복음 13:53-58,
창세기 11장. 6·30-11·30.

첫 차로 집에 오다. 가마쿠라 인쇄소가 수금 미납을 이유로 지난 토요일부터 〈성서조선〉 인쇄를 중지하고 매일 거짓말하고 있음을 알았으므로, 한성도서주식회사에 제60호부터 인쇄를 맡기다. 등교하여 편지를 받다.
총독부 및 도청에 가서 〈성서조선〉 가쇄 납본을 겨우 접수시키다.
오후 4시 반 차로 진술, 시혜를 데리고 수색 초가에 왔다. 바람의 방향이 북으로 바뀌니 부엌 연기가 아궁이로 되나와 저녁 짓기에 많은 눈물을 흘렸다. 그러나 저녁밥은 각별히 맛스러웠다. 금성, 토성이 서남쪽 하늘에, 오리온자리는 동쪽 산봉우리에 솟아, 하늘이 맑다.

12월 27일 수요일. 맑음, 밤에 비.
시편 119편 17-40절, 마태복음 14:1-14,
창세기 12장. 5-11·30.

아이들과 같이 하룻밤을 지내니. 온가족이 함께하기로는 수색에
서의 첫 밤이었다.
오전 11시 차로 활인동에 돌아오다. 오후에 한성도서주식회사에
가서 교정. 초교를 마치고 오후 10시 25분 차로 수색에 돌아오
다. 철 지난 비에 옷이 젖다.
집회 준비와 〈성서조선〉 교정 때문에 양정학교 임시 직원회에도
불참하려니 마음이 심히 불안하다.

12월 28일 목요일. 비.
시편 119편 41-56절, 마태복음 14장 15-21절,
창세기 13장. 7·30-12·30.

오전 11시 반 차로 시내에 들어가 한성도서에서 교정을 마치다.
오후 9시경 활인동에 들렀다가 10시 50분 차로 신촌 출발. 수색
에 돌아와 자다.

12월 29일 금요일. 흐림, 맑음.
시편 119편 57-72절. 마태복음 14:22-29.
창세기 14장. 5-12·30.

수색으로 피하여 물러나온 목적인 '정숙(靜肅)'을 얻지 못하고 매
일 시내에 들어가게 되므로, 오늘 아침 7시 35분 차로 두 아이와
짐을 가지고 활인동으로 돌아오다. 함석헌 형이 아침 차로 상경
하다. 아침식사 후에 남해(南海)의 황태원 씨가 집에 왔다가 오류
동으로 먼저 가다.
총독부에 가서 제60호 허가된 것을 찾아오다. 이발 목욕.
밤 10시 반 제60호가 나오다.

12월 30일 토요일. 맑음.
시편 119편 73-88절. 마태복음 14:30-36,
창세기 15장. 6-12·30.

집회 준비로 분주한데 활인동교회 김 목사와 김, 장 두 장로가
내방. 오후에는 함흥에서 치수(治水) 공사에 종사하고 있는 후지
사와 코키치(藤澤光吉) 군이 상경하여 내방. 점심을 함께 먹고 난
후 떠나가다. 〈성서조선〉 제60호 발송.
오후 5시 45분 출발하는 차로 함 형과 함께 오류동에 오다. 임우
재, 이찬갑(李贊甲),[42] 노정희(盧正熙), 황태원 씨 등이 저녁 식사 중
이었고, 오후 7시 반에 개회할 때에 안상영 씨가 정(鄭) 씨를 데리
고 와서 참석하니, 청강자 14명이 한 방에 모여 개회되다. 오류학
원 교실에서. 저녁밥부터 식사는 송두용 씨 댁에서 하고, 일반회
원은 류석동 씨 댁에서, 우리 두 사람은 최태사 씨 방에서 유숙하
게 되다.
7시 40분-8시 40분까지 기도회, 8시 45분-11시 05분까지 나의
일반 주의사항 외에 지리 강화(講話).

12월 31일 일요일. 맑음.
시편 119편 89-112절. 마태복음 25:1-20,
창세기 16장. 6-11.

집회 제2일. 오전은 예배, 류석동 형 사회 및 전좌(前座).[43] 나는
공관복음의 대강의 줄거리를 이야기하다. 점심식사 후는 류 형
댁 사랑방에 모여 간담(懇談), 질의 등이 있었다.
저녁 7시부터 함석헌 형의 역사 강화 제1회. 충실하다.
제11946일.

42. 이찬갑(李贊甲, 1904~1974): 평북 정주 출생. 함석헌과 오산학교 동기. 이승훈의 종손자이며 국사학자 이기백·국어학자 이기문의 부친이다. 〈성서조선〉에 27편이나 글을 기고하였으며, 1942년 〈성서조선〉 사건 때 옥고를 치렀다. 1958년 주옥로와 함께 풀무농업기술학교를 설립했으나 개교 2년 8개월 만인 1960년 12월 19일 연탄가스 중독으로 식물인간이 되어 연명하다 1974년 6월 16일 별세했다.

43. 전좌(前座): 일본어 '젠자(ぜんざ')로, 사전적 의미는 고단(講談=야담野談), 라쿠고(落語=만담漫談) 등에서 신우치(眞打, 맨 나중에 나오는 인기 출연자)에 앞선 견습 출연 또는 그 사람(본 프로에 앞선 개막출연)을 가리킨다. 집회나 강연회에서는 본 강의에 앞선 '전(前) 강의'를 뜻하는 것 같다.

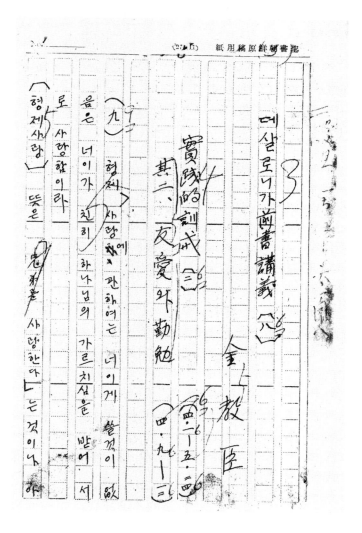

김교신의 육필원고. 〈데살로니가전서 강의〉의 일부.
1941년 〈성서조선〉 제150호에 연재되기 시작하나,
곧 이은 〈성서조선〉 폐간으로 미완의 원고로 남았다.

1934년 1월 1일 월요일. 맑음.
시편 119편 113-136절, 마태복음 15:21-28,
창세기 17장. 6·30-11.

오류학원 학생 소집일이므로 30분 늦게, 10시 반에 개회하고, 나는 예수의 탄생 및 유년기를, 류석동 형은 예언서 서언(序言)을 이야기하다. 류영모 선생이 오후에 다녀가다. 오후 2시 반 차로 귀경하여 학교와 집에 들러 연하장을 처리하고, 지도(地圖), 기타 집회에서 사용할 물건들을 가지고 오후 7시 17분에 오류동에 돌아오다. 함석헌 형의 "성서적 입장에서 본 조선역사" 제2강도 역시 충실한 것이었다.

1월 2일 화요일. 맑음.
시편 119편 137-176절, 마태복음 15:29-34,
창세기 18장. 7-11.

오전과 밤 집회는 어제와 같다. 함 형의 충실함에 비하여 류 형과 나의 준비되지 못한 점이 보이다. 함 형의 역사 강화(講話)는 3회에도 끝나지 않다. 저녁에 이덕봉(李德奉) 씨가 와서 참석하고 귀경하다.

1월 3일 수요일. 쾌청.
시편 120편, 마태복음 16:1-12, 창세기 19장.
7-12·30.

오늘부터 오전 집회의 순서를 바꾸어 류 형의 예언서를 먼저 한 후에 나의 복음서를 하다. 오후엔 뜻있는 이들의 등산.
저녁에는 이덕봉 씨의 성서 식물 소고(小考). 많은 표본과 등사지(謄寫紙)[1] 등의 준비가 충실하여 감사. 후에 함 형의 역사를 마치니 밤 11시 반. 역시 우리 중 제1인자는 함석헌이다.
양능점 씨가 함흥에서 상경하여 집회에 오다. 저녁식사부터 함께 참석하다.

1월 4일 목요일. 맑음.
시편 121편, 마태복음 16:13-20, 창세기 20장.
7·30-12.

오늘 오전 집회는 처음에 양능점 씨, 다음에 류석동 씨가 하게
되다. 오전부터 참석하셨던 류영모 씨가 오후에 좌담식 이야기.
부인들을 위하여 특별히 예배했는데, 함 형이 에베소서 5장 15
절 이하로써 설교하다.
양인성 군이 함흥에서 불참한다고 통지가 와서 저녁은 감화회(感
話會). 금번 집회도 유익한 기도(企圖)인 것을 알았다.

1월 5일 금요일. 쾌청.
시편 122편, 마태복음 16:21-28, 창세기 21장.
6-오전 2시.

오전 10시 류 형의 에스겔서 연구의 뒤를 이어, 예수전(傳)의 십
자가의 길 이하 수난과 부활과 승천까지 2회분을 한꺼번에 강의
하고 집회를 마치다. 점심식사 후에 각기 흩어져 돌아가다. 함 형
과 함께 집에 왔다가 밤 10시 반 차로 함 형을 전송하다. 안상영
씨가 곶감 300개를 고맙게 주시다.

1월 6일 토요일. 맑음.
시편 123편, 마태복음 17:1-8, 창세기 22장.
7·30-11·30.

오전 중 등교하여 휴가 중 당직. 양능점 씨가 전날 과자 1봉지를
고맙게 주시다.
함흥 한림 군에게서 사과 1상자를 보냈다던 것이 도착.
종희가 집에 오다. 정손의 사주(四柱)와 엿을 가지고.

---

1. 등사지(謄寫紙)의 사전적 의미는 "등사판에 박아낼 원고를 쓰는 얇은 기름종이"를 의미하나, 여기서는 등
사기로 인쇄한 자료를 말하는 것으로 보인다. 등사기는 철필로 긁어 쓴 원지를 붙인 망판 위에
잉크 묻은 롤러를 굴려 인쇄하는 인쇄기로 1960~70년대까지 사용했다.

1월 7일 일요일. 맑음.
시편 124편, 마태복음 17:9-13, 창세기 23장.
6·30-12.

오전 9시 반 집에 오다. 장작을 패다. 인성 군 일행은 오늘까지도 소식이 없다. 오후에 이찬갑 씨 내방. 많은 이야기 나누고 유숙. 김헌직이 은행 열매를 가지고 돌아오다. 교년(敎年)은 오늘부터 와서 기숙케 되다. 엿과 생선을 가지고 오다.

1월 8일 월요일. 맑음.
시편 125편, 마태복음 17:14-20, 창세기 24장.
7-12.

제3학기 시업식. 이찬갑 씨 떠나가다. 저녁 10시에 송두용 형이 집에 와서 밤이 깊도록 이야기하다. 계란 10개, 밀가루, 호박, 시래기 등을 고맙게 주고(惠擲) 가다.
한근(韓根)도 미역, 사과, 명태 1두름을 가지고 와서 황송하다.

1월 9일 화요일. 흐림.
시편 126편, 마태복음 17:22-23, 창세기 25장.
6·30-10.

등교하여 수업 후 숙직. 집회 후에 이어서 오신 손님들과 많은 이야기를 하느라 피로하여, 자는 것 외에 아무 일도 못하다. 최규회가 엿을 갖고 내방.
어젯밤에, 양정학교에서 27년을 충실·근면하던 소사(小使) 현상근(玄相根)이 세상을 떠나다.

1월 10일 수요일. 눈 온 후 맑음.
시편 127편, 마태복음 17:24-27, 창세기 26장.
7-10·30.

수업 후 집에 왔다. 이용규(李容圭)와 그의 모친이 어제 곶감 한 접을 가지고 집에 왔었다 하더니, 오늘 다시 만나러 오다. 간밤에 쌓인 눈이 9cm쯤.

1월 11일 목요일. 맑음.
시편 128편, 마태복음 18:1-9, 창세기 27장.
6-10·30.

간밤의 최저 온도가 영하 15.7도라 하여 올겨울 중 가장 춥다. 중앙군(中央軍)2이 연달아 승리하여 복건(福建) 독립군을 거의 완전히 평정하였다고 하며, 장쉐량(張學良)3이 상하이에 도착하였다고 하다.

1월 12일 금요일. 맑음.
시편 129편, 마태복음 18:10-20, 창세기 28장.
5·30-11·30.

간밤 최저 온도가 영하 18.6도. 등교, 수업 후에 적십자병원 독어반에 참석하다.

1월 13일 토요일. 맑음.
시편 130편, 마태복음 18:21-35, 창세기 29장.
6-11.

최저 온도 영하 17.4도. 수업을 마친 후 집에 돌아와 장작 패다. 저녁에 대화정(大和町) 관사(官舍)4에 다나카 토지로(田中藤次郎) 씨를 방문하고 백남주(白南柱)5 씨 등의 예수교 운동에 대한 질의에 답하다.

---

2. 중국에서 지방의 성(省)정부가 장악한 군벌이나 공산군에 상대하기 위하여 국민당 정부가 관장하였던 군대.

3. 장쉐량(張學良, 1898~2001): 중국의 군벌 정치가. 만주 지방과 북중국 일부를 지배한 군벌 장쭤린(張作霖)의 맏아들. 1928년 일본 장교들에 의해 아버지가 살해당하자 만주 지역을 통치하다 일본군에 밀려 산시 성으로 철수했다. 1936년 반공산군 공세를 위해 방문한 장제스를 시안에서 감금하고 시안 사건을 주도하여 제2차 국공합작을 이뤄 냈다. 장제스와 난징으로 돌아간 뒤 장제스에 의해 가택 연금 당하고, 후에 타이완으로 끌려갔다가 1993년에야 출국이 허용되어 미국 하와이에 정착했다.

4. 대화정은 지금의 서울시 중구 필동에 해당한다. 1906년 일제의 통감부 설치로 대거 일본인 관리가 등용 되기 시작하면서 관사 건립이 본격화되었다. 1910년 한일합방 이후 관사 건립은 더욱 급속히 진행되었는데, 이러한 관사들은 주로 남산 근처를 중심으로 경성부 주요 지역에 지어졌다. 대화정 도 그중 하나.

5. 백남주(白南柱, 1901~1949): 성서번역가. 함경남도 갑산 출신. 1930년 평양신학교를 졸업하고 1932년 〈새 생명의 길〉 발간. 1933년 이용도, 백남주, 이종현 등 3인 발기인 명의로 예수교회를 창립하였으 나, 개신교사(史)에서 그는 이단으로 취급받았다. 우치무라의 〈성서의 연구〉 독자였으며, 히브리 어와 헬라어에 능통했다.

1월 14일 일요일. 맑음.
시편 131편, 마태복음 19:1-12, 창세기 30장.
6-9·30.

최저 영하 17.2도. 종일 집에 있었다. 원고 쓰려니 손이 시려서 못
쓰다.
〈성서조선〉 구호(舊号, 21·22호)를 물 위에 뿌리려고[6] 겉봉 싸다.

1월 15일 월요일. 흐림.
시편 132편, 마태복음 19:13-30, 창세기 31장.
5·30-12.

함 형 원고 19매 도착. 류 형 원고가 되지 않았다고 전화 오다.
오후 적십자 독어 출석. 저녁에 장 선생께서 라디오 수리.

1월 16일 화요일. 맑음.
시편 133-134편, 마태복음 20:1-16, 창세기 32장.
6-10.

기온이 조금 올라서 길 위의 얼음이 녹다. 오후 일찍 집에 왔으나
원고는 쓰지 못하다.
행화동(杏花洞)[7] ○[8] 목사 댁 매매 건 이야기가 있다. 정손이가 적
십자병원에서 천연두 예방주사 맞다(41일 만에).

1월 17일 수요일. 맑음.
시편 135편, 마태복음 20:17-34, 창세기 33장.
6-12.

정손이와 모친님이 적십자 안과에서 진료 받다.
저녁에 류영모 선생이 집에 오다. 이정섭(李鼎燮)[9] 씨의 야마시다 노
부요시(山下信義)[9] 선생 《강연록》이란 작은 책 40권을 가져오셔서
황송천만이다. 10시경 시내로 가시다. 가지고 온 《病床の友へ(병
상의 친구에게)》라는 작은 책을 12시 지나서까지 통독하다.
예수교회 중앙선도원(中央宣道院)[10]에서 발간한 《예수》 제1권을 보
내왔기에 잠시 읽는 동안 배운 것이 많다.

1월 18일 목요일. 맑음.
시편 136편, 마태복음 21:1-11, 창세기 34장.
6·30-11.

등교하여 학생 복장 검사. 어제 전화로 요청하였던 정세권(鄭世
權)[11] 씨가 주간(主幹)하는 잡지 〈실생활(實生活)〉 한 권 오다. 감자
연구에 참고하기 위해서다. 5학년 갑조, 2학년 을조, 2학년 갑조,
1학년 갑조 등에 〈실생활〉,《病床の友へ》, 야마시다 선생《강연
록》등을 소개하다.
5학년 갑조 양선호(梁宣鎬)가 〈성서조선〉지 제1호부터 제60호까
지 가져가다.
수업을 마치고 돌아오는 길에 제2고보에 가서 교년이의 퇴사(退
舍)를 수속하다.

6. "물 위에 뿌리려고"는 〈성서조선〉을 무상으로 배포하려고(뿌리려고)"라는 뜻으로 보인다. 예수님의 씨 뿌
리는 자의 비유가 연상되며, 〈성서조선〉이 좋은 땅에 떨어지기를 기대하는 심정이 엿보인다. 〈김
교신 전집〉 5권 203쪽의 1934년 8월 13일 일기를 보면 이와 비슷한 맥락의 표현으로 "떡을 위에
뿌리고자"라는 표현이 있다.
7. 작은 행화동과 큰 행화동이 있었는데, 작은 행화동은 활인서(活人署)가 있던 마을로 현재 아현중고, 아현
직업학교, 아현초등학교 자리에 해당하며, 큰 행화동은 아현동, 신수동에 걸쳐 있던 마을로, 은
행나무골이라고도 했다.
8. '함(咸)' 자를 흘려 쓴 것 같으나, 명확하지 않다.
9. 야마시다 노부요시(山下信義, 1880~1945). 야마나시(山梨) 현 출생. 교토제국대학 법학과 졸업. 기독교적
입장에서 '일사관행(一事貫行)', '일인일연구(一人一硏究)', '일인일평화(一人一平和)'를 주장하여 다이
쇼(大正)시대 청년들에게 큰 영향을 주었다. '일사관행'은 일종의 생활개선운동. 1922년 5월 18일
자 〈동아일보〉에 의하면 경성우체국의 저금 강연에서 '진합태산(塵合泰山)의 신설명(新說明)'이란
제목으로 청중 5, 6백 명에게 세 시간이나 강연을 하였는데 명강의였다 한다. 그 밖의 강연 및
기사 제목으로, '횡(橫)의 도덕과 종(縱)의 도덕', '자력갱생(自力更生)과 가산조성운동(家産造成運
動)', '부(富)와 인생' 등.
10. 예수교회 중앙선도원: 예수교회 행정업무를 담당한 기관. '예수교회'는 1933년 6월 평양에서 창립공의
회를 열고 교단으로 출발한 교회로, 이용도 목사를 선도감으로 선출했으나 이 목사가 4개월 후
사망하자 10월 이호빈 목사를 선출했다.
11. 정세권(鄭世權, 1888~1965): 일제에 아홉 번이나 투옥된 독립운동가. 잡지 〈실생활〉을 발행하고 〈우리말
큰 사전〉 발간에 이바지했다. 서울 북촌 가회동 31번지와 종로구 익선동 166번지의 한옥집단지
구를 개발한 부동산업자이기도 하다. 그의 한옥은 수도와 전기·환기시설을 갖추었으며 일조권
을 확보하고, 행랑과 장독대를 재배치하며 대청에 유리문을 다는 등 20세기형 생활방식을 고려
한 퓨전(fusion) 한옥이었다. 조선물산장려회를 운영했고, 조선어학회에 시가 4천원 상당의 회관
을 기증(동아일보 1935. 7. 13)하는 등 재정을 지원했으며, 교육 진흥과 서민생활 개선에 힘썼다.
한용운은 〈장산〉지에 "백난중분투(百難中奮鬪)하는 정세권에게 감사하라"는 글로 그의 노고를
치하했다.

1월 19일 금요일. 눈.
시편 137편, 마태복음 21:12-22, 창세기 35장.
6-10.

아현보통학교가 오늘부터 제3학기가 시작되어 시혜는 등교.
민원식(閔元植) 보증인 내교. 수업 마친 후 독어 출석.

1월 20일 토요일. 맑음.
시편 138편, 마태복음 21:23-32, 창세기 36장.
6-11.

수업 후 집에 돌아와 집필하였으나 감기에 걸려, 뜻대로 나아가
지 못하다. 병이 들고야 건강했던 때의 게을렀던 것이 후회된다.

1월 21일 일요일. 맑음.
시편 139편, 마태복음 21:33-41, 창세기 37장.
6-9·30.

정오에 등교하여 당직. 학교에서 유숙하면서 몇 매의 원고를 쓰
다. 안상영 씨 어머님 별세 소식에 놀라다.

1월 22일 월요일. 맑음.
시편 140편, 마태복음 21:42-46, 창세기 38장.
7-12.

감기로 괴로워 2시간만 수업하다. 돌아오는 길에 장지영 씨 처방
으로 한약 2첩 지어다가 오늘 밤에 1첩 마시다.
송두용 씨 내방. 원고 쓰기에는 방해되었으나 감기도 괴로운 줄
모르고 유쾌한 이야기를 할 수 있었음은 기이하다. 11시에 돌아
가다.

1월 23일 화요일. 맑음.
시편 141편, 마태복음 22:1-14, 창세기 39장.
6-10.

등교하였으나 감기로 2시간만 수업하고 조퇴하다.
한성도서에 회계(會計)하고, 원고 일부 넘겨주다.

1월 24일 수요일. 맑음.
시편 142편, 마태복음 22:15-22, 창세기 40장.
6-2·30.

감기로 집에서 정양하다. 물독이 얼어서 실내에 들여와 녹이다.
영하 16도.
틈틈이 원고 쓰다가 밤에 "입춘(立春)"이란 글을 쓰니 유쾌하였다.

1월 25일 목요일. 맑음.
시편 143편, 마태복음 22:23-33, 창세기 41장.
6-9·30.

등교하니 빙상대회라 하여 한강에 나가다.
오후 2시에 열빈루에서 구로이와(黑岩) 씨 환영회. 오는 길에 한성
도서에 들러 원고 정리하다.

1월 26일 금요일. 맑음.
시편 144편, 마태복음 22:34-40, 창세기 42장.
6-11.

등교하여 수업한 외에 오후 9시까지 원고를 마쳐 우편으로 한성
도서에 보내고, 집에 돌아와 10시경에 저녁식사.
어젯밤에 84전을 지갑에 넣어둔 것이, 오늘 아침에 41전만 남아
있어 기이(奇異)하다. 며칠 전에는 안방에서 3엔 분실.

1월 27일 토요일. 맑음.
시편 145편, 마태복음 22:41-46, 23:1-12,
창세기 43장. 4·30-11·40.

등교하여 수업 후 농업견학소풍 모집. 불과 3, 4명 응모.
오후 3시 의대(醫大)에서 조선박물학회의 강의를 듣다.
오후 5시부터 10시 지나서까지 한성도서에서 교정. 날씨가 조금
따뜻하여지다.

1월 28일 일요일. 맑음, 따뜻함.
시편 146편. 마태복음 23:13-24, 창세기 44장.
5-10.

ὁδηγοὶ τυφλοί, οἱ διϋλίζοντες τὸν κώνωπα, τὴν δὲ κάμηλον
καταπίνοντες.

맹인 된 인도자여 하루살이는 걸러내고 낙타는 삼키는도다(마태복
음 23:24)

오전 8시 40분 차로 경성역 출발. 문산에서 내려 약 400m 남짓
떨어진 파주군 부곡리 백봉현(白鳳鉉) 씨의 양계장 견학. 송두용
씨 외에 학생 2명 동행. 오후 5시 반 귀경. 한성도서에 교정본 건
네주다.

1월 29일 월요일. 흐림, 따뜻함.
시편 147편, 마태복음 23:22-39, 창세기 45장.
5·30-10.

등교하여 수업 중에 틈틈이 교정하다. 목욕.
남태평양의 영국·프랑스 영토를 미국에 양도하였다고 세상이 요
란하다.

1월 30일 화요일. 맑음, 따뜻함.
시편 148편, 마태복음 24:1-14, 창세기 46장.
6-12.

정옥의 제2회 생일을 축하하다. 〈성서조선〉지 오늘 교정 완료.
당직으로 학교에 머물다. 류석동 씨 내담. 박제섭(朴齊燮) 취학 상담.

1월 31일 수요일. 맑고 따뜻함.
시편 149편, 마태복음 24:15-28, 창세기 47장.
7-12.

〈성서조선〉 검열 통과. 날씨는 날로 따뜻해지고, 얼음이 흩어져
진흙길이다(散氷泥道).
한 일 없이 또 한 달이 갔다. 일은 시작도 못하였는데 시간만 12
분의 1이 흘렀다. 365-31=334.
1901년 4월 18일(목) 신축(辛丑) 2월 30일 병인(丙寅)부터 오늘은
8+365×32+(13+31+30+31+31+30+31+30+62)=11977[12]
며칠 전에 안방에서 분실되었던 돈 3엔을 진술이가 주워서 만년
필 산 것이 발각되어 꾸짖다. 솔직히 자백하였으므로 큰일에 이
르지는 아니하였으나, 아픈 마음은 자제하기 어려웠다(心痛難制).
아이들의 행동이 모두 유전 소인(素因)인 듯, 반영(反影)인 듯하여
몹시 두렵고 깊이 뉘우치다(恐懼痛悔). 하나님은 은혜로 주신 자녀
로써 그 부모를 교육하시는도다. 고맙고도 두려운 일!
석간에 오산고보 큰 화재의 보도를 보고 놀라다. 함 형께 편지
쓰다.

【1934년 2월】

2월 1일 목요일. 비.
시편 150편, 마태복음 24:29-42, 창세기 48장.
6-11·30.

오전 중에 〈성서조선〉 제61호 나오다. 수업만 마치고 일찍 돌아

12. 여기서 8은 1901~1934년 사이에 윤년(2월이 29일까지여서 1년이 366일인 해)이 모두 여덟 번 있는 것을 나
타내고, 괄호 안의 덧셈 부분은 1901년 4~12월과 1934년 1월의 날 수를 합한 것이다.

와 발송 사무. 오후 5시에 서대문우체국에서 발송. 구호(舊號)까지 합 292권과 20권 우송하다. 우체국 직원에게 괄시당하다. 나 자신의 사람됨(爲人)이 못생긴 것을 절감하다. 더욱 겸손하여 죽은 자 되어야겠다.

저녁에 권오훈 내방.

2월 2일 금요일. 눈.
잠언 1장, 마태복음 24:43-51, 창세기 49장.
6·30-12.

새벽부터 눈이 내리다. 한편으로는 녹으면서도 온종일 9cm 남짓 쌓이다.

윤(尹) 강사가 병결(病缺). 도로가 미끄러워 걷기가 아주 어렵다.

오는 4일은 입춘이요. 정손의 제60일 되는 날이므로 감사와 축하의 의미로 오늘 밤 인절미를 치다. 손이 부르텄다.

2월 3일 토요일. 맑음.
잠언 2장, 마태복음 25:1-13, 창세기 50장.
6·30-11.

오늘 아침 7시 라디오 독어 시간인데, 도쿄에 적설(3치 7푼)로 인하여 하시모토(橋本) 강사의 자동차 고장 발생으로 휴강.

내일의 기쁨을 나타내기 위하여 오늘은 시루떡과 콩떡을 만들어 집안이 잔치 분위기 같다. 정손이 오늘 밤 처음 건넌방에 와서 함께 자다.

2월 4일 일요일. 맑음.
잠언 3장, 마태복음 25:14-30, 출애굽기 1장.
6·30-11·30.

입춘이지만 산과 들이 완전히 쌓인 눈으로 덮여 있으므로 햇볕의 따뜻함이 두텁지 못하다. 준비하였던 3가지 떡으로 정손의 60일 건강하게 자란 것을 축하하고 감사하다. 오후에 신촌까지 산보.

2월 5일 월요일. 맑음.
잠언 4장, 마태복음 25:31-46, 출애굽기 2장.
6·30-11·30.

등교. 수업. 오후 독어 출석. 류달영, 양능점 씨한테서 기쁜 소식
이 오다. 류, 양 및 이찬갑 씨께 편지를 쓰느라고 밤 10시 반까지
쓰다.

2월 6일 화요일. 맑음.
잠언 5장, 마태복음 26:1-16, 출애굽기 3장.
6-11.

류석동 씨가 전화로 〈성서조선〉 집필을 중지하겠다고 하다. 잘도
변한다.
유희열(劉熙烈) 씨가 무료로 읽기를 청하다. 공덕리 내에 약국을
찾아다니다.

2월 7일 수요일. 맑음.
잠언 6장, 마태복음 26:17-35, 출애굽기 4장.
6·30-11·30.

감기가 심하여 모친과 나의 약을 달이다. 시내에 유행성 감기 환
자가 20여만 명에 이르렀다고.

2월 8일 목요일. 맑음.
잠언 7장, 마태복음 26:36-46, 출애굽기 5장.
6·30-10.

류석동 씨가 편지로 집필 중지를 통고하였으므로 재고를 촉구
하다.
류달영의 서신을 받고 수원 소식을 알다. 목욕.

2월 9일 금요일. 맑음.
잠언 8장, 마태복음 26:47-56, 출애굽기 6장.
6-11.

Ἀπόστρεψον τὴν μάχαιράν σου εἰς τὸν τόπον αὐτῆς· πάντες γὰρ
οἱ λαβόντες μάχαιραν ἐν μαχαίρῃ ἀπολοῦνται.

네 칼을 도로 칼집에 꽂으라 칼을 가지는 자는 다 칼로 망하느니라
(마태복음 26:52b)

오후 독어 참석. 윤창식(尹昶植) 씨가 돼지 다리 하나를 고맙게 주
어 송구하다.
함 형 원고 도착. 학교의 큰 재앙[13] 중에도 할 일은 다 하는구나.

2월 10일 토요일. 맑음.
잠언 9장, 마태복음 26:57-75, 출애굽기 7장.
6·30-10·30.

오후 수색 다녀오다. 세교리 서쪽으로는 걸어서 가다. 눈 속의 봄
풀을 찾으려 함이었다. 풀보다 빙하(氷河)의 작은 물고기가 눈에
뜨이다. 빈 집은 변함이 없고, 일본인의 집과 토지는 얼마 전에
400엔에 팔렸다고.

2월 11일 일요일. 맑음.
잠언 10장, 마태복음 27:1-14, 출애굽기 8장.
6·30-12.

오전 등교, 식. 며칠 동안 온화하여 도로에 얼음이 많이 녹았지
만, 눈 내린 지 열흘이 되어도 아직 산과 들은 흰색뿐이다.
원고 쓰려고 오후에 학교에 머물렀으나, 1매도 쓰지 못하고 6시
에 집에 돌아오니, 곽경흔(郭璟炘) 씨 집에서 날 꿩고기 두 마리를
고맙게 보내왔다고 하다.
《독일 국민에게 고함》[14](이와나미岩波 문고)을 다 읽다. 벌제위명(伐齊
爲名)[15]이로다. 나의 독서.

2월 12일 월요일. 맑음.
잠언 11장, 마태복음 27:15-26, 출애굽기 9장.
7-11.

오후 독어 출석. 노성모(盧成模) 편지 오다. 결혼 상담 건.
조주환(趙周煥)의 청에 의하여 친화회(親和會)에서 금100엔 빌리다.

2월 13일 화요일. 맑음, 흐림.
잠언 12장, 마태복음 27:27-40, 출애굽기 10장.
7-10.

등교. 수업 후에 6시까지 독서(존 로크John Locke[16])하고 집에 돌
아오다.
조선인 사회는 아무래도 음력 과세다. 미개한 백성!
저녁에 싸락눈이 떨어지다.

2월 14일 수요일. 맑음.
잠언 13장, 마태복음 27:41-56, 출애굽기 11장.
6-11.

백설(白雪)의 엷은 천으로 산과 들을 새롭게 단장하여, 태음력(太
陰曆)을 사용하는 백성을 긍휼히 여기시는 듯.
정손의 70일. 더욱 건강하게 자라지만, 어제 오늘 이틀은 매우
보채다.
나는 11991일. 천재(天才) 없음은 한(恨)하지 않으나, 게으르고 태
만하였음이 역시 후회.
오후에 안 교장 댁에 우리 직원 일동이 초대받아 세찬(歲饌).

---

13. 얼마 전 오산고에 큰불이 나서 교사가 전소된 것을 말한다.(1934년 1월 31일 일기)
14. 피히테(Johann Gottlieb Fichte, 1762~1814)가 1807년 12월 13일부터 1808년 4월 20일까지 매주 일요일
 14회에 걸쳐 베를린 학술원에서 행한 강연. 이때 독일은 프랑스 군에 점령당한 상태였고, 피히테
 의 강연장 역시 프랑스 군이 삼엄하게 경계하고 있어 최악의 상태를 각오한 강연이었다. 피히테
 의 이 절규는 국권 회복과 영광을 위한 올바른 실천적 견해로 가득 차 있어 독일 국민의 심금을
 울렸다. 초월적 관념론자인 피히테는 1810-1812년 베를린 대학 초대 총장을 역임했다.
15. 《사기(史記)》 〈전단열전(田單列傳)〉에 나오는 고사에서 유래한 말로, 어떤 일을 하는 척하면서 속으로는
 딴 짓을 하는 일을 이르는 말.
16. 로크(John Locke, 1632~1704): 영국과 프랑스의 계몽주의 선구자. 자연과학과 도덕적·사회적·정치적 삶
231 의 근본 원리에 관심을 가졌으며, 미국 헌법에 정신적 기초를 제공했다. 《인간오성론》을 지었다.

2월 15일 목요일. 맑음.
잠언 14장, 마태복음 27:57-66, 출애굽기 12장.
6·30-10·30.

제5학년 지리 최종 수업시간. 학생들에게 감상문을 써내게 하다.
Radio 영어에서 〈헨리 4세(King Henry Ⅳ)〉 3막 1장(Act Ⅲ Scene
1)을 듣고 감격.
숙직하다. 다나카(田中) 시계점에 맡겼던 시계 수리 마치다.

2월 16일 금요일. 맑음.
잠언 15장, 마태복음 28:1-20, 출애굽기 13장.
5·30-10.

숙직실의 온돌 고장으로 추워서 수면 부족. 오후 독어 출석.
새벽꿈에 정상훈 댁을 찾아가 방문하다. 내가 동생 교량(敎良)이
와 함께 가서 소개하였음도 의외, 정(鄭)씨 일가(一家)가 나를 강
하게 만류하는 것도 의외였다.

2월 17일 토요일.
잠언 16장, 마태복음 1:1-17, 출애굽기 14장.
5-10.

마태복음을 캠브리지 그리스어 성경(Cambridge Greek Testament)
으로 공부하기 시작하다. 수업 후, 조성빈, 노성모, 이찬갑, 교인
등에게 발신.
오후 5시 엄경섭 씨 댁에서 직원 세찬회(歲饌會). 김헌직 부친이
와서 주무시다.

2월 18일 일요일. 맑음.
잠언 17장, 마태복음 1:18-25, 출애굽기 15장.
6-12·30.

종일 집필하노라면서 겨우 6매 쓰다. 김헌직 부형 조반 후 떠나
다. 제2고 오마가리 이사무(大曲 勇) 선생이 가정 심방하러 집에
오다.

2월 19일 월요일. 맑음.
잠언 18장, 마태복음 2:1-6, 출애굽기 16장.
7-10·30.

오산(五山)서 기쁜 소식. 하나님의 역사(役事)를 기원할 뿐.
독어 출석하기 위하여 강용표(康容杓) 씨의 초청에 불참하다.
저녁에 이필영, 유재석 내방.

2월 20일 화요일. 맑음.
잠언 19장, 마태복음 2:7-12, 출애굽기 17장.
6·30-9.

어젯밤 11시 반부터 약 1시간 정혜가 갑자기 기침하다가 호흡 곤
란이 되어 온 가족이 소동하다. 오늘 아침에 적십자의원의 하라
(原) 박사께 진찰을 받았으나 별고(別故) 없다고 하다. 이규동 씨
내교.

2월 21일 수요일. 흐림, 밤에 비.
잠언 20장, 마태복음 2:13-15, 출애굽기 18장.
6-12.

어젯밤부터 감기 기운이 있다. 오늘까지 졸업고사 마치다. 오후에
재학생 주최로 졸업생 송별회. 틈틈이 원고 쓰기. 송 형께 발신.

2월 22일 목요일. 흐림, 맑음.
잠언 21장, 마태복음 2:16-23, 출애굽기 19장.
6-11.

손영주(孫榮柱), 김인배의 경성사범 지원 서류를 지체케 하여 크
게 놀라다. 겨우 접수하게 하다.

2월 23일 금요일. 맑음.
잠언 22장, 마태복음 3:1-13, 출애굽기 20장.
6-3·30.

제 12000일이다. 정손은 79일. 전례대로 새벽 가정예배.

이계신이 19일 오후 8시 10분에 별세하였다고. 임수호(任洙鎬) 씨의 소식 오다.

등교하니 함석헌 씨가 오산(五山)에서 사임된다는 내신(來信). 영적 약진을 내심 감사. 약속대로 송두용 씨가 집에 오다. 류영모 씨까지 청하여 저녁식사를 함께 하다. 12000일을 이야기하며, 함 형을 말하며, 생활 방침의 전향(轉向)을 이야기하다가 오전 1시 반에 류 선생이 떠나고, 송 형과 자리 속에서 계속 이야기하다.

2월 24일 토요일. 맑음.
잠언 23장, 출애굽기 21장.
7-10.

사상이 용출(湧出)하여도 기록할 시간을 얻지 못하다. 학교에서 수업 및 성적표 작성 등 잡무.

2월 25일 일요일. 맑음.
잠언 24장, 출애굽기 22장.
7-3.

아침 식사 후 등교하여 집필. 아직도 3월호 원고를 마치지 못하다. 곽경흔 어머니가 집에 왔다는 전화 받고 집에 돌아와 상담하여 보내다.
오전 3시 지나서까지 집필.

2월 26일 월요일. 맑음.
잠언 25장, 출애굽기 23장. 8-9.

등교. 틈틈이 원고 쓰다. 독어 강사 휴강.
오후 졸업 성적 판정회.

2월 27일 화요일. 맑음.
잠언 26장, 출애굽기 24장. 7-3.

결근하고 집에 있으면서 감기 때문에 정양하는 틈틈이 집필. 새벽 3시까지 손이 둔하고 건강이 부족함을 느낄 따름이고 생각은 계속하여 일어나다. 은혜에 감사.

동네 장로교회의 부인 사경회 마치는 날이라고, 그 강사와 여직
원들이 우리 집에서 오찬회 갖다.

2월 28일 수요일. 흐림, 저녁에 눈.
잠언 27장, 출애굽기 25장. 7·30–1.

오늘까지 〈성서조선〉 3월호 원고가 대체로 완결되었다. 내일이
발행일인데 겨우 이 지경!

며칠 동안 일어나는 시간이 일정하지 않아서 아침 예배에도 참
여하지 못하고 성경도, 기타 독서도 1주간은 중단되었다.

【1934년 3월】

3월 1일 목요일. 맑음.
잠언 28장, 출애굽기 26장. 7·30–2·30.

12006일. 두 달이 가고 열 달이 남았다.

3월 2일 금요일. 맑음.
잠언 29장, 출애굽기 27장. 6–12.

수업 후에 독어 결석하면서 제62호 교정하고 11시 지나 집에 오다.

3월 3일 토요일. 밤에 눈.
잠언 30장, 출애굽기 28장. 6·30–12.

오전 중 제18회 졸업식. 오후에 인쇄소에 가서 교정. 밤에 학교에
서 교정 완료. 오후 9시 지나 김형배(金亨培) 씨를 방문하고, 〈성서
조선〉 60, 61호 두 권을 드리고, 씨(氏)의 기독교관을 듣다. 의외
의 사람에게도 번민은 있도다.

3월 4일 일요일. 맑음.
잠언 31장, 출애굽기 29장. 6-2.

오전 중 오류동 송두용 씨 댁 집회에서 이계신 군 기념회. 경인역
전(驛傳)경기 응원하고 점심식사. 저녁식사 후에 송 형과 함께 집
에 돌아와 제62호 발송을 준비하고 송 형은 유숙.

3월 5일 월요일. 맑음.
욥기 1장, 출애굽기 30장. 6·30-9.

등교. 숙직. 송 형은 오류동으로 돌아가다. 제62호 발송.
독어 휴강.

3월 6일 화요일. 맑음.
욥기 2장, 출애굽기 31장. 6·30-9.

오늘도 검열을 마치지 못하다. 오늘 밤부터 모친님 시내 승동(勝
洞)예배당[17] 도사경회(都査經會)에 참석하기 위하여, 먹을 쌀과 침
구 등을 가지고 시내로 들어가시다.

3월 7일 수요일. 맑음, 따뜻함.
욥기 3장, 출애굽기 32장. 6·30-12.

등교하니 이덕봉 씨의 전화 오다. 황해도 교사 추천 건.
함 형이 사직을 결정했다는 편지 오다. 양기점의 형 취직 건 내신.
제62호 치안 방해로 일부 삭제되어, 김진호 씨께 고쳐서 인쇄하
도록 교섭.
가는 길에 장산사(奬産社)[18]로 정세권 씨를 방문하고 고구마 농사
에 관해 듣다. 다시 천광당(天光堂)으로 류영모 선생을 찾아뵙고
함 형 일을 상의하다.

3월 8일 목요일. 맑음.
욥기 4장, 출애굽기 33장. 5·30-12.

이덕봉 씨 주선으로, 그의 댁에서 김노득(金路得) 씨를 면담. 황해

도 산곡(山谷)에 유망한 사업이 있음을 알다. 돌아오는 길에 류영모 씨를 천광당으로 잠시 방문.

3월 9일 금요일. 맑음.
욥기 5장, 출애굽기 34장. 6-9.

함 형께 답신. 이건표로부터 어제 내신.

3월 10일 토요일. 맑음.
욥기 6장, 출애굽기 35장. 6-10.

농업 시험에 마종국(馬鍾國)이 부정행위. 오후 2시에 1학년 갑(甲) 조 학생 인솔하여 역에 나가, 만주로 건너가는 일본군대를 영송 (迎送)하니, 느낌이 많다. 감기가 점점 심해져서, 자리에 누워 쉬는 수밖에 없다.

3월 11일 일요일. 흐림, 밤에 비.
욥기 7장, 출애굽기 36장. 6-11.

벼르고 벼르던 휴일에, 감기로 집필할 수 없으니 슬프도다. 밤에 한약 두 첩 마시다.

3월 12일 월요일. 비 온 후 흐림.
욥기 8장, 출애굽기 37장. 6-11·30.

밤새도록 쉬지 않던 봄비가 폭풍을 겸하여, 걸어 다니기가 곤란하다. 헤이스팅스(Hastings)[19]에 의거하여 욥기를 공부하다. 조성빈, 이건표에게 답신.

---

17. 사무엘 무어(모삼율) 선교사가 1905년 곤당골 교회를 인사동 137번지로 옮기고 '양반과 천민이 함께 승리하는 교회'라는 의미의 승동교회라 이름 지었다. 현 서울시 유형문화재 제130호.
18. 장산사(獎産社): 실력건설잡지(實力建設雜誌)임을 표방한 〈실생활(實生活)〉을 발간하던 출판사. 정세권이 사장이었고, 경성부 낙원동 300번지(파고다공원 뒤)에 있었다.
19. 헤이스팅스(James Hastings, 1852~1922): 스코틀랜드 장로교회 목사 및 신학자. 스코틀랜드 북부 에버딘 주 헌틀리(Huntly) 출생. 에버딘(Aberdeen) 대학에서 고전을 공부하고, 에버딘에 있는 자유교회신학대학(Free Church Divinity College)에 출석했다. 1884년 자유교회 목사로 임명되었다. 〈the Expository Times〉 창간 및 편집자.

3월 13일 화요일. 맑음, 밤에 약간의 눈.
욥기 9장, 출애굽기 38장. 6-12.

등교. 시험 감독. 감기에 차도가 없어, 다시 장 선생 처방으로 한약 2첩 마시다.
박흥기(朴興基)가 도쿄로부터 함흥 가는 길에 집에 오다. 한근의 양복을 맡아 보관하다.

3월 14일 수요일. 맑음.
욥기 10장, 출애굽기 39장. 6·30-12.

돈희 숙부 편지. 구도(求道)는 천만 뜻밖의 일. 감사 찬송.

3월 15일 목요일. 맑음, 한때 눈송이.
욥기 11장, 출애굽기 40장. 6·30-12.

함 형의 편지, 계속 근무하겠다는 말이 섭섭하다. 오후 1시 출발하여 류영모 선생과 함께 창의문 밖 구기리[20]까지 갔다 오다. 돌아오는 길에 적선동 류 선생 댁에서 9시 지나서까지 이야기하고, 다시 이덕봉 씨를 방문하여 김노득 씨께 교사 추천할 것을 그만두다. 정손 감기.

3월 16일 금요일. 맑음.
욥기 12장, 레위기 1장. 6·30-2.

정손의 제100일. 나는 12021일째. 100일간 건강하게 자란 감사의 기쁨을 나누기 위하여 약간의 떡을 준비하고, 교회 연로하신 분들을 모친님이 초청하시다. 장 선생의 사진기를 빌려오다.
김종흡 씨 편지. 양기점·능점에게 발신. 함 형께 답신 보내다.

3월 17일 토요일. 맑음.
욥기 13장, 레위기 2장. 6·30-12.

오전 중에 정손 및 가족기념사진을 날로 찍었다. 정손은 감기로 적십자에서 진료 받다. 종희, 규회가 집에 오다. 한인숙(韓仁淑) 씨 편지 받고 답장 발송. 돈희 숙부께 답장 쓰다.
욥기 대강의 줄거리 쓰기를 마치다.

3월 18일 일요일. 흐림.
욥기 14장, 레위기 3장. 6-12.

심한 먹구름으로 실내가 어두워서, 집필과 독서를 할 수 없다. 등
교하여(오전 10시) 밤9시까지 원고 쓰다. 7시경에 송두용 씨가 내
방하여, 피신하여 집필하던 것을 들키다. 목욕.

3월 19일 월요일. 맑음.
욥기 15장, 레위기 4장. 4·30-11.

날씨가 갑자기 따뜻하여 화창한 봄날이다. 농사 지을 준비하는
사람들이 여기저기 보이다. 양정은 오늘로 시험을 마치다.
시험을 마친 후, 1학년 갑조 학생들에게 느낌을 이야기하다. 〈성
서조선〉지를 소개하다.

3월 20일 화요일. 맑음.
욥기 16장, 레위기 5장. 6-11.

등교. 대청소. 채점표 제출.
창의문 밖 산보. 류 선생 잠시 방문. 김종흡 씨의 엽서 오다.

3월 21일 수요일. 어젯밤 비, 눈 온 후 맑음.
욥기 17장, 레위기 6장. 6·30-12.

어젯밤의 비가 밤사이 눈으로 바뀌어, 온 세상이 은빛인데, 오늘
이 춘분날이다.
오전 등교. 조 선생이 불렀다 하나, 본인이 오지 않았기 때문에
집에 오다.
양능점 씨의 이력서가 오다. 진술이가 밤에 예배당에 가는 것을

꾸짖다.

정혜가 유치원(동네 예배당)에서 독창을 잘했다고 상을 받다.

3월 22일 목요일. 맑음.
욥기 18장, 레위기 7장. 6-1 a.m.

아침에 충희 숙부로부터 편지 오다. 교량이가 마작(麻雀) 상습자로 검거되어 180엔 벌금을 내야 하니 그중 80엔 전송(電送)해 달라고 하다. 8푼(分)도 없다고 답장을 보내다. 체형(體刑)을 받더라도 인간이 되도록 지극히 원하여마지 않는다.

종업식. 서웅성(徐雄成), 이동근(李東根), 이상민(李常敏) 씨 등의 사직식(辭職式). 저녁에 국일관에서 이상 세분의 송별연 참석. 숙직.

3월 23일 금요일. 맑음.
욥기 19장, 레위기 8장. 6·30-10.

새벽까지 〈성서조선〉 원고 대부분을 마쳐서 한성도서로 보내고, 오후 4시경까지 학년 성적표 작성 및 판정회. 저녁에 통신부(通信簿) 기입(記入)은 교년과 진술이 도와주다. 김헌직은 고향으로 돌아가다(22일).

3월 24일 토요일. 맑음.
욥기 20장, 레위기 9장. 5-1·30 a.m.

성적 발표. 신입 학생 입학시험 준비.

요사이 어깨가 죄어오고 피로가 심하다. 장 씨는 신경통이라고 말하다. 오늘 밤에 정손의 얼굴과 가슴을 정옥이 밟아 한때 대경실색하다. 별고 없음이 천행(天幸)이다. 송두용 씨로부터 온 편지에 류 씨의 이사를 알리다.

김희완(金熙完) 씨(선천)가 상경하여 전화를 걸다.

3월 25일 일요일. 맑음.
욥기 21장, 레위기 10장. 6-10·30.

오전 중 성서(城西)통신을 쓴 것으로 〈성서조선〉 제63호의 원고를 완결하여, 오늘 오후가 휴가의 시간이다. 이발, 목욕하고 등교하여 내일의 입학시험 준비.

오후 4시 반 차로 수색 행. 동네에도 농사가 시작되다. 초가의 안팎을 청소하고, 밭갈이를 부탁하고, 7시 반 차로 집에 돌아오다(활인동).

송두용, 류석동 두 분께 서책(書冊) 반환을 재촉하는 편지 보내다. 권직주 씨가 내가 없는 사이 내방. 평양에서 취직하였다고 하다. 이발, 목욕.

3월 26일 월요일. 맑음.
욥기 22장, 레위기 11장. 5-10 · 30.

정손의 제110일. 나는 제12031일.

8시 반 등교. 신입학생 시험. 수험 지원자 770명 내외. 오전 시험 감독을 마친 후에, 오후 4시 반 차로 수색 행. 이삿짐을 운반할 마차 얻으러 갔다가, 뜻밖의 매매 상의가 있어, 그냥 집에 돌아오다.(其樣歸宅)

도관호 씨 오후에 내방. 윤태영(尹台榮)이 주수만(朱洙万)의 안내로 내방.

3월 27일 화요일. 맑음.
욥기 23장, 레위기 12장. 5-10.

8시 반 등교. 시험 감독 및 학과 성적 발표.

약전(藥專)[21]에 도(都) 교수를 찾아가 방문. 김종렬 씨가 뜻밖에 집에 오다. 그 매부(妹夫)의 동생 3학년 입학 건으로. 권직주 씨가 연 3일째 집에 오지만 김택윤(金澤胤) 씨 아들이 낙제되어 미안.

3월 28일 수요일. 맑으나 추움.
욥기 24장, 레위기 13장. 5 · 30-1 a.m.

오전 8시 등교. 입학시험 제2일 시험 감독.

---

21. 약전(藥專): 1930년 서울에 설립된 사립 전문학교. 공식 명칭은 '경성약학전문학교(京城藥學專門學校)'이며, 1950년 서울대학교 약학대학이 설립되자 이에 통합되었다.

오후 한성도서에 가서 교정.

3월 29일 목요일. 맑음.
욥기 25장, 레위기 14장. 6·30-12.

오전 8시 입학시험 결과 발표. 이덕봉 씨가 전화하고 저녁에 찾아
와서 양능점의 취직 건 상의.

3월 30일 금요일. 맑음.
욥기 26장, 레위기 15장. 6-11.

〈성서조선〉 제63호가 허가되지 않아서, 일부분 고쳐 써서 다시
출원(出願)하다.
이덕봉 씨가 2차 집에 오다. 황송하다. 양 씨께 발신.

3월 31일 토요일. 맑음.
욥기 27장, 레위기 16장. 6-9.

양능점 씨께 상경하라는 전보를 보내다. 〈성서조선〉 불허가(不許
可) 건으로 도경(道警) 및 경무국에 호출당하다. "군대 영송(迎送)
의 감(感)"이란 글도 시비가 있었으나 그대로 인쇄하게 되고, "양
서(良書) 소개", "성서(城西)통신" 중 세 곳은 삭제하여 고쳐 쓰기
로 하고, 겨우 다시 출원하기를 허락받아, 한성도서에서 교정을
마치다.
3월 업무가 일단락되어 오늘 오후 1시 반 차로 수색에 와서 묵다.
아내와 정손, 시혜, 정혜와 함께.

【1934년 4월】

4월 1일 일요일. 맑음.
욥기 28장, 레위기 17장. 4·30-10.

오전 9시 경 활인동에 다녀오다. 〈성서조선〉 나오지 못하다. 양능
점 씨는 오늘 밤 차로 함흥을 출발한다고 전화 오다. 저녁에 수색

에 돌아오다. 시혜는 내일부터 등교하기 위해 집에 오다.

4월 2일 월요일. 맑음.
욥기 29장, 레위기 18장. 5-10.

걸어서 활인동에 오니 양능점 씨가 상경. 도관호 씨 내방. 양(楊) 씨
와 함께. 이덕봉 씨와 이화고보를 방문. 이덕상 씨와 교장을 면회함
으로써 거의 취직이 약정되다. 저녁 7시 차로 수색에 돌아오다.

4월 3일 화요일. 흐림.
욥기 30장, 레위기 19장. 5-10.

종일 수색에 있다. 토지 매매가 거의 되다가 일본인이 답사한 후
오늘 논의를 그만두다(破議). 이 일로 1주일 이상이나 무위(無爲)
로 기다린 날들이 후회되다.

4월 4일 수요일. 맑음.
욥기 31장, 레위기 20장. 5·30-10.

오전 7시 반 차로 온 식구가 활인동으로 돌아오다.
등교하여 시업식. 학년 초의 여러 가지 주의할 사항. 역시 교육은
흥미 있는 일이다. 오후 독어 참석(적십자).
양 씨는 강사로 확정되어 오늘부터 근무를 시작하다.
함 형 원고 오다. 이창호 내신.

4월 5일 목요일. 맑음.
욥기 32장, 레위기 21장. 4·30-11.

모친님 오늘 수색에 가시다. 오늘 밤 숙직.
안상영, 원문호 씨께 회답.

4월 6일 금요일. 쾌청.
욥기 33장, 레위기 22장. 6-11.

이진신(李鎭紳) 군에게 수안(遂安)[22] 취직 소개로 어제 밤 편지 보내다.
독어 출석. 며칠 전부터 설사가 멎지 않다. 하루 서너 번씩.
능점 씨 오늘 밤차로 함흥으로 가다. 이부자리와 서적 등을 가지러 가다.
모친님 수색으로부터 집에 돌아오시다.

4월 7일 토요일. 흐림.
욥기 34장, 레위기 23장. 6-10.

오후 4시 반 차로 수색에 오다. 시혜, 순선도 함께 오다.
밭을 분작(分作) 주기로 확정(김영환께)하고, 일부는 자작(自作)하기로 하다.
이재윤(李在潤) 씨 내교. 처음 대면(對面)하다.

4월 8일 일요일. 맑음.
욥기 35장, 레위기 24장. 5-9·30.

종일 흙을 파고 고루어서 감자, 참깨, 수박, 땅콩 류 등을 심다.
오늘 밤도 수색 유숙.

4월 9일 월요일. 비.
욥기 36장, 레위기 25장. 5·30-11.

오전 7시 반 차로 집에 오다. 아이들과 함께 오다. 등교, 수업.
밤 6시 반부터 명월관에서 엄경섭(嚴敬燮)씨 생남(生男) 잔치에 참석.
능점 씨 귀경. 영세약국에서 아내의 약 한 질 지어오다. 이발.

4월 10일 화요일. 비.
욥기 37장, 레위기 26장. 5-11.

오후 직원회에 빈자리를 채우다. 독어 참석.
능점 씨 오늘밤부터 김영만 집에 기숙.

4월 11일 수요일. 비.
욥기 38장, 레위기 27장. 6-10·30.

연일 장마. 제철 아닌 장마지만, 처음 파종(播種)이 잘 나올까 하고 기쁘다.
정혜가 요사이 점점 약해져서 병이나 아닌가 하고 걱정이 그치지 않는다.

4월 12일 목요일. 흐림.
욥기 39장, 민수기 1장. 6-11.

도상록(都相祿) 씨 잡지 대금 90전이 오다. 천만뜻밖이다.
참나무 장작 4마차를 매입하다. 1마차에 8.50, 운임 1엔씩.
능점 씨의 짐을 정류장에서 찾아오다. 국인숙 씨가 사과를 주어 가지고 오다. 은혜에 매우 감사하다. 독어 출석. 목욕.

4월 13일 금요일. 맑음.
욥기 40장, 민수기 2장. 6-11.

오후 4시 반 남대문통에서 조선으로 돌아오시는 이 왕(李王)[23]을 마중[24]하다.

---

22. 황해도 북동부에 있는 군. 북쪽은 평안남도 강동군, 성천군과 접해 있다.

23. '이 왕(李王)'은 일제강점기 대한제국의 황족을 일본의 왕공족으로 대우하면서 대한제국 황제에게 붙인 칭호다. 당시 이 왕은 1926년 순종의 사망으로 왕위를 물려받은 영친왕(英親王) 이은(李垠, 1897~1970)이다. 그는 통감 이토 히로부미의 강권으로 일본 유학길에 올라, 1920년 나시모토 마사코(梨本宮方子)와 결혼하여 일본 왕족 대우를 받으며 일본군 장군이 되었다. 종전 후에는 민족 반역자라는 낙인과 이승만 정권의 견제로 귀국하지 못하고 병이 깊어진 1963년에야 귀국하여 혼수상태로 고독한 투병생활을 하다가 1970년 5월 1일 창덕궁 낙선재에서 별세했다.

4월 14일 토요일. 맑음.
욥기 41장, 민수기 3장. 6-10·30.

수업 후 집에 오다. 김수기(金守基) 씨 신임(新任) 환영회를 결석하고 수색에 다녀오다. 신촌역 하차 시에 한 할머니의 손에 든 짐을 들어 도와드렸더니, 출구에 나와서 본즉 김강제(金康濟)의 할머님이었다. 도중에 두 사람에게 길 가르쳐 주다.
모친은 박순자(朴舜慈) 집에 다녀오다. 가족사진이 현상되다.
오늘 아침에 조학녕(趙學寧) 씨 내방. 2학년으로 보결입학 교섭 차(次).

4월 15일 일요일. 맑음.
욥기 42장, 민수기 4장. 6-10.

오늘 오전 10시 반 등교. 이 왕(李王)의 재향군친열식(親閲式)[25]을 광화문통에서 참관하다. 한성도서에 원고를 맡기다.
오후에 신승균(申昇均), 하태수(河太守), 두 분이 내방. 모두 초대면이었다.

4월 16일 월요일. 맑음.
시편 1편, 민수기 5장. 6-11.

수업 후 적십자에 독어 출석. 라디오로 마루야마(丸山) 씨 불어를 듣다.
이찬갑 씨 편지 오다.

4월 17일 화요일. 맑음.
시편 2편, 민수기 6장. 6-11.

밤에 안상영 씨가 내방하였다가 평양으로 곧 출발하다. 누이동생 입원시키러.
오후에 수색 다녀오다.

4월 18일 수요일. 맑음.
시편 3편, 민수기 7장. 6-12.

김종흡 씨 전주에서 상경. 물리·화학 교사 구하려고 와서 이야기.
오늘이 제33회 생일, 즉 제 12054일이다. 저녁식사를 차리고 능
점 씨와 종희를 청해서 함께 식사하다. 이날에 정손은 133일.

4월 19일 목요일. 맑음.
시편 4편.

안상영 씨, 경성을 지나 경북 예천으로 돌아가다(歸醴). 독어 출석.
교정 시작(제64호). 농구부장 중임(重任)이 불가피.
엿을 달이다.

4월 20일 금요일. 맑음.
시편 5편. 6-10.

등교, 수업 후 수색에 오다. 아내, 진술, 정손과 함께.
구장(區長)²⁶ 집에서 라디오 듣다.

4월 21일 토요일. 맑음.
시편 6편. 5·30-10.

수색서 통학. 회수권을 사다. 포플러 옮겨 심다.
이 왕(李王), 경성을 떠나시다.

---

24. 〈동아일보〉 1934년 4월 14일자 기사에 다음과 같은 대목이 있다. "이왕동비양전하(李王同妃兩殿下)께옵
서는 예정과 같이 13일 오후 5시 경성역 착 열차로 무사히 어착하시와 관민 다수의 봉영을 받으
시며 창덕궁에 드시옵섯다(후략)." 같은 날 부속기사에는 "邊次 途中에 대한 杵村 中佐 謹話"라
는 제하에 이런 기사가 실렸다. "…부산에 어착하옵신 후로는 잠시도 쉬이시지 아니하옵시고 차
창으로 화창한 조선의 산천경개를 어람하옵시엇습니다. 그런데 이번의 어일정은 이왕전하께옵
서는 군적의 어본부가 게시옵시므로 조선에 오래 게시옵지 못하시게 될 것입니다."

25. 〈동아일보〉 1934년 4월 16일자 기사에 이런 대목이 있다. "李王 殿下의 御台臨을 仰하야 在鄕軍人會 第
三會 全朝鮮 大會並 朝鮮國防義會發會式이 擧行되엇다." 부속기사로 "본대회에 금일봉을 御下
賜"하였음을 보도.

247   26. 구(區)는 시, 읍, 면에 딸렸던 행정단위로, 구장은 오늘의 통장(統長)이나 이장(里長)에 해당한다.

4월 22일 일요일. 맑음.
시편 7편. 5·30-10.

종일 수색 초가에 머물다. 옮겨심기, 가지고르기 등.

4월 23일 월요일. 맑음.
시편 8편. 6-2 a.m.

아침 등교 시에 활인동 집에 들르니 한림 군이 간밤에 와서 자다.
아침식사를 함께하면서 운동 방침 이야기. 등교. 독어 출석. 라디
오 불어.
밤 10시 40분 수색으로 돌아오다.

4월 24일 화요일. 맑음, 한때 약간의 비.
시편 9편. 5·30-10.

등교. 당직. 목욕.
정손이 처음으로 엎쳤다. 제139일에. 나는 12060일.

4월 25일 수요일. 맑음.
시편 10편. 6·30-3.

수업 후에 테니스 하고 집에 오다. 윤태영(尹台榮) 내담(來談).
저녁에 한림 군 내방. 저녁밥을 함께 먹고 새벽 3시까지 변론(辯
論). 아내는 아이를 데리고 수색에서 활인동으로 돌아오다.

4월 26일 목요일. 맑음.
시편 11편, 민수기 15장. 7-12.

어젯밤 과로로, 오늘 아침에 뇌빈혈. 결근하고 정양하다. 오후 4
시경 한림 군 떠나다. 오늘 밤 함흥으로 돌아간다고 하다.

4월 27일 금요일. 맑음.
시편 12편, 민수기 16장. 6-11.

일본 야스쿠니신사 제일(靖國神社祭日)이라 하여 휴교. 단, 만주로 건너가는 군인 영송(迎送)하러 용산에 간다는 것을 신병으로 불참. 잠시 학교에 들러 우편물을 찾아오다.
목욕. 모친님은 조학녕 씨에게서 나의 보약 한 질 지어 오시다. 오늘 한 첩 마시다.

4월 28일 토요일. 흐림.
시편 13편, 민수기 17장. 6-11.

소풍 가는 날이나, 종일 집에서 정양하다. 실은 약을 먹으면서 집필하다. 이찬갑 씨의 글 "오산학교에 불이 붙었다"를 제외하기로 하다. 그래서 새로 원고 작성. 한약 4첩 마시다.
정손이 적십자 안과에서 진료 받고 약을 받아오다. 요즈음은 매일 여러 차례 엎친다. 이발.

4월 29일 일요일. 비.
시편 14편, 민수기 18장. 6-11.

종일 한성도서에 가서 교정하다. 학교는 결근. 약 두 첩 마시다.

4월 30일 월요일. 흐림.
시편 15편, 민수기 19장. 6-11.

4월은 안일과 게으름으로 보냈다! 원고도 쓴 것 없고, 독서도 어학도 진보 없이. 한가롭게 지내면서 선을 행하지 아니하니(閑居不爲善) 퇴보요, 행악(行惡)이로다.
제12066일도 갔다. 정손은 제 145일. 젖먹이의 발육과 양정 학생 등의 진보(進步)는 눈에 뜨이게 보이다.
나의 태만으로 인하여 〈성서조선〉 5월호는 아직까지 완성되지 못하다.

5월 1일 화요일. 흐림.
시편 16편, 민수기 20장. 6-12.

수업 후에 교정. 교우회(校友會) 예산회의. 농구부는 100엔이 증가하여 350엔이 되고, 배구부를 합하니 실질(實質)로는 450엔이 되다.

5월 2일 수요일. 맑음.
시편 17편, 민수기 21장. 6-10.

등교, 수업 후에 농구 건으로 3시간이나 허비하고 후회하다. 저녁에는 수색 초옥(草屋)에서 유숙하다. 오늘도 한약 2첩 마시다. 〈성서조선〉 제64호 또 일부 삭제되다.

5월 3일 목요일. 맑음.
시편 18편, 민수기 22장. 5·30-10.

동네 사람의 부르짖는 소리에 깨니 새벽 4시 반. 채소 팔러 떠나는 모양이었다. 빈대 서너 마리 잡고 다시 한숨 자니 5시 반. 〈성서조선〉 제64호 발송하다.

5월 4일 금요일. 맑음.
시편 19편, 민수기 23장. 6-10.

등교, 수업. 연기하였던 독어는 오늘도 휴강. 라디오 불어 강의 듣다.

5월 5일 토요일. 맑음.
시편 20편, 민수기 24장. 6-10.

교내 육상, 럭비 학년대항 경기를 경성운동장에서 열다. 오전 8시 반까지 참여하였다가 학교에 돌아와 농구 선수의 연습을 감독하다. 연전(延專) 선수가 와서 시합하고, 후에 다과회. 오후 8시 흩어지다. 종일 운동으로 시종(始終)하였으니 이럴 수 있나·
정손이, 제4유아심사회(乳兒審查會)에서 진찰받다.

5월 6일 일요일. 맑음.
시편 21편, 민수기 25장. 6-11·30.

오전 9시 등교하여 농구선수의 연습 감독. 연전 선수가 와서 함께 시합.
오후 4시 반 차로 수색에 가서 포플러를 옮겨 심다. 김영환(金永煥) 씨의 과수원 방매(放賣) 건을 듣고 9시 차로 집에 돌아오다.

5월 7일 월요일. 맑음.
시편 22편, 민수기 26장. 6-10·30.

제12073일. 정손은 152일. 수일 전부터 양손을 내민다.
오후 독어 출석. 불어 라디오.

5월 8일 화요일. 비.
시편 23편, 민수기 27장. 6-10.

비가 와서 교내 농구대회는 연기하다.

5월 9일 수요일. 비.
시편 24편, 민수기 28장. 6-11.

오후 이슬비 내리는 중에 수색에 가서, 호박, 콩 종류를 파종하다. 포플러를 제자리에 심다. 마늘밭에 나뭇재 비료 주다. 김영환 씨 과수원 방매 건 다시 이야기. 7시 차로 집에 오다.

5월 10일 목요일. 맑음.
시편 25편, 민수기 29장. 6-12.

조선농구협회 주최의 연맹전을 오늘부터 시작하여, 석양에 보전

(普專) 코트에 잠시 참석. 독어 출석. 돌아오는 길에 천광당(天光堂)에 들러 류영모 씨께 수색 토지 건 이야기, 훈춘(琿春)²⁷ 이야기 등.

5월 11일 금요일. 맑음.
시편 26편, 민수기 30장. 6-10.

어제 교내 농구대회. 오늘 아침에 전교 학생에게 응원을 청하고, 오후 양정 대 경신 전(戰)에 참관. 28:29로 아깝게 지다.

5월 12일 토요일. 맑음.
시편 27편, 민수기 31장. 6-11.

수업 후 농구선수 연습 감독. 7시 지나 집에 오다.
정손이 우량유아에 입선되어 다시 진찰 받으러 오늘 오후에 일본 애국부인회 유치원에 갔다 오다.

5월 13일 일요일. 맑음.
시편 28편, 민수기 32장. 5·30-11.

오전에 등교하여 당직. 농구선수 연습 감독. 오후 4시 반에 본교 대 휘문 전에서 23:20으로 이기다.
제12079일.

5월 14일 월요일. 맑음. (음 4월 2일)
시편 29편, 민수기 33장. 5·30-10.

연달아 당직. 대동(大東)과의 농구 전에서 13:23으로 분패하다.
정혜가 점심 가지고 학교에 오다. 독어는 쉬고 불어는 라디오 듣다.
오늘이 모친님 생일. 김영환 씨 내방. 850엔으로 가격을 내리다.

5월 15일 화요일. 맑음, 안개.
시편 30편, 민수기 34장. 5·30-12.

조선농구협회 주최의 최종일. 중학부 A조 끝으로 대 중동(中東) 전에서 심판이 불공평하여 양정은 기권하다. 연전이 백합(百合)[28] 에게 진 것도 애석하도다.

오늘 백윤화(白允和) 부모 칠순 생일잔치라 하여 양정 직원도 초청하였다 하나 불참. 생일 앞뒤로 6일간 잔치를 벌인다 하니 태평(泰平) 500년!

5월 16일 수요일. 흐림.
시편 31편, 민수기 35장. 6-12.

수업을 마친 후 배재 직원과의 정구 대회로 배재학교에 참전. 15:12로 양정이 또 이기다. 어제부터 원고 쓰기 시작하다.

5월 17일 목요일. 흐림.
시편 32편, 민수기 36장. 6-11.

뜻밖에 양인성 군이 내교. 택점이가 공산주의 서적 탐독하다가 검거되었다고. 의외 중의 의외의 일에 놀라다.

내일 총독부 시학관(視學官)이 내교한다고, 오후엔 수업을 중지하고 대청소.

모친님은 15일 아침에 수색에 가셨다가 오늘 저녁에 집에 오시다.

5월 18일 금요일. 비, 잠시 맑음.
시편 33편, 신명기 1장. 6-11.

아침부터 시학관 4, 5명 내교. 나의 이과(理科) 시간에도 들어와 보다.

연전 주최 농구선수권 대회에 선수 14명과 함께 참석하여, 오늘

---

27. 중국 지린(吉林) 성 옌볜 조선자치주에 있는 도시.

28. 종로통의 양식집 백합원(百合園)의 동업자이자 요리사인 정복경(鄭福慶)이 만든 우리나라 최초의 동호인 농구팀. 요리사로 푼돈을 모은 시골 청년이 농구팀을 만들어 1928년부터 10년 가까이 농구연맹전에 매년 백합 팀을 이끌고 출전, 우승은 못 했지만 강팀으로서의 면모를 과시했다. 대중가요 작곡가 손목인(孫牧人)도 백합원 농구선수였다.(《경향신문》 1978. 2. 13. 기사 재구성)

예선에는 협실(協實)에 이기고 통과되다.
수색에 가서 김영환 씨와 방천(防川) 일 하는 일꾼과 서로 약속하고 가마통 10개 값 90전 지불하다. 구장 댁에서 라디오를 듣고자 하였으나 오늘은 불어 중계가 없었다. 저녁 9시 집에 오다.
정혜가 소화불량이어서 영신환(靈神丸)을 한 병 사오다.
정손 163일. 며칠 전부터 아이들에게는 손을 안 주고 돌아서다.

5월 19일 토요일. 흐림.
시편 34편, 신명기 2장. 6-11.

농구 준결승에서 중동(中東)을 꺾고, 결승에서 대동(大東)을 꺾어 우승하다. 컵(Cup)과 기(旗)를 받다. 코치와 선수들을 (데려와) 열빈루에서 만찬.

5월 20일 일요일. 비.
시편 35편, 신명기 3장. 6-10.

원고를 쓰려 했으나 1매도 쓰지 못하다. 어제도 한 일 없이 헛되이 보내고, 오늘도 역시 그랬다. 오후 목욕. 순(淳)의 결혼식에 모친님은 불참하기로 결정하고 편지 보내다.

5월 21일 월요일. 오후 맑음.
시편 36편, 신명기 4장. 6-9.

오전 중 농구 우승배(優勝杯), 기(旗) 등 봉정식. 감화를 이야기하다. 오후 독어 출석. 불어 라디오 듣다.

5월 22일 화요일. 맑음.
시편 37편, 신명기 5장. 5·30-11.

오후 4시 반 차로 수색에 오다. 이웃마을 농작(農作)은 나날이 성장(成長)하다. 저녁밥을 지어 먹고 유숙하다. 역시 빈대가 성화다. 뻐꾸기의 소리가 한적하다. 달도 밝다.

5월 23일 수요일. 맑음.
시편 38편. 신명기 6장. 5·30-11.

새 소리, 꿩 소리, 뻐꾹새 소리.
오전 11시 반 차로 등교하여 시험 감독. 활인동에서 유숙.
오늘이 순(淳)의 결혼 날인데 아무도 참석하지 못하다.

5월 24일 목요일. 맑음.
시편 39편, 신명기 7장. 5·30-11.

오후에 등교하여 시험 감독. 적십자에 갔으나 강사가 결근. 통지
(通知)도 없어 분개하다.
오늘도 수색에 못 갔다.

5월 25일 금요일. 맑음.
시편 40편, 신명기 8장. 5·30-1·30.

한림, 함석헌의 편지 오다. 송, 류달영에게 발신.
오늘 아침까지 원고 겨우 완결하여 보내다. 양능점 씨가 교정을
도와주다.

5월 26일 토요일. 맑음.
시편 41편, 신명기 9장. 6-10·30.

틈틈이 교정. 오후 송두용 씨 집에 오다. 저녁 식사를 함께하다.
함께 교정하고 9시 반에 돌아가다.

5월 27일 일요일. 맑음. (음 5월 15일)
시편 42편, 신명기 10장. 5·30-11.

오전 9시 활인동교회가 야외예배를 위해 연희림(延禧林)으로 출
발. 모친, 진술, 시혜, 정혜, 정옥, 순선이 참여.
오전 11시 반 차로 수색에 가서 고구마 밭, 깨 밭을 매고, 오후 8
시 반 차로 돌아오다.

5월 28일 월요일. 맑음.
시편 43편, 신명기 11장. 5·30-10·30.

오전에 한성도서에서 교정. 오후에 등교하여 시험 감독. 독어. 불어 라디오.
김계환(金啓煥) 씨 내교. 송 형이 고구마 싹을 보내주다.
유아심사회에서 정손이 최우량아로 입상되다. 제173일.

5월 29일 화요일. 맑음.
시편 44편, 신명기 12장. 5·30-11.

오전 2시간 시험 감독 후에 고구마 싹을 가지고 수색에 가서 본 밭에 심다(定植). 50본(本)은 이한영에게 주고 150본만 심다. 돌아오는 길에 무이동(武夷洞)²⁹ 고개를 넘어, 세교리를 지나 걸어서 오니 9시 반.
장지영 씨 처방으로 보약 1질 지어오다. 김계환 씨가 나 없는 사이에 집에 왔었다고.

5월 30일 수요일. 맑음.
시편 45편, 신명기 13장. 5·30-11·30.

정혜가 점점 열이 올라 자리에 눕다.

5월 31일 목요일.
시편 46편, 신명기 14장. 6-11.

오후에 〈성서조선〉 6월호 발송하다.
5월도 다 갔도다! 내일은 5월이 아니다. 아아, 게으른 사내여.
나는 제 12097일. 정손은 제176일.

【1934년 6월】

6월 1일 금요일. 맑음.
시편 47편, 신명기 15장. 5-10.

당직. 전교생 미술전람회 참관. 학생 가정 방문 약 10호.

정혜가 적십자의원에서 진찰 받다. 홍역인 줄 알고 놀라다.
송 형이 고구마 싹 200본을 두 번째 보내주다. 감사.

6월 2일 토요일. 비.
시편 48편, 신명기 16장. 6·30-11.

정혜의 병세가 급하다 하여 1시간 수업하고 조퇴. 장지영 씨 처방
으로 한약 3첩 조제(調製). 몸의 열이 39도 내외.

6월 3일 일요일. 흐림.
시편 49편, 신명기 17장. 5-11.

오후에 고구마 싹을 가지고 수색에 가서 밭에 심다. 헌직, 시혜와
함께 걸어서 가고 오다. 정혜의 병세가 심하여 모친님이 조학녕
씨한테서 약을 지어 오시다.

6월 4일 월요일. 흐림, 맑음.
시편 50편, 신명기 18장. 6-11.

오전 11시 반, 2학년 학생들을 인솔하고 청량리 경성농업학교 견
학. 이규완(李圭完),[30] 김정식, 두 분을 찾아뵙다. 정혜가 병이 조
금 나아지다. 조학녕 씨가 와서 진찰하다.

---

29. 무이동(武夷洞): 서울시 마포구 성산동에 있던 마을. '무리울'이라고도 했는데, 도둑의 무리가 많아 무리
지어 행동해야 할 만큼 으슥한 곳인 데서 유래했다.

30. 이규완(李圭完, 1862~1946): 조선 후기 무신. 대한제국 육군 소장. 갑신정변에 행동대장으로 참여했다가
실패 후 일본으로 망명했다. 1907년 사면되어 귀국 후 강원도 관찰사, 강원도장관, 함경남도장관
을 역임했다. 미국의 이승만, 서재필 등에게 활동비를, 상하이 임시정부에 운영자금을 송금했으
며, 일제강점기 참정권, 자치권 운동을 주도했다. 1924년 함경남도장관직 사직서 제출 후 중추원
참의 등 고위직 제안은 물론 각종 친일단체 자문 요청을 모두 거절하고 황무지를 개간하며 농장
을 경영했다(청량리에 전농농장, 강원도에 춘천농장). 김교신은 〈성서조선〉 1930년 8월호에 이규완
관련 기사를 썼는데, 이날은 경성농업학교 견학 후 희망자들과 전농농장을 견학한 소감을 기록
했다(《김교신 전집》 제5권 187쪽). 물산장려회 회장을 지냈으며, 근검절약, 교육입국, 식산흥업의 실
력양성론을 주장했다.

6월 5일 화요일. 비.
시편 51편, 신명기 19장. 6-10.

정혜는 오늘 아침 열이 완전히 내리다. 다만 오후에 무지(無智)한 그 어미의 사랑으로 빙과(氷菓)를 먹인 탓에 다시 열이 오르다. 오늘, 점심과 저녁, 두 끼를 단식하다.
등교하여 2시간 수업 후 도고 헤이하치로(東鄕平八郎)[31]의 국장(國葬)으로 일과를 쉬다.

6월 6일 수요일. 맑음.
시편 52편, 신명기 20장. 5·30-12.

두 끼를 단식하여도 영향이 적지 않다. 정혜는 조금 차도가 있어 아침밥 먹고 등교하였으나 종일 어리어리하다. 일단 집에 왔다가 중동(中東)학교에서 모이는 조선박물연구회에 출석. 임원 개선할 때에 위원을 면하게 되어, 한 짐을 덜었음은 감사.
화신(和信)에서 밀짚모자를 40전에 샀으니 여름철 준비가 되다.
소록도 최병수 씨의 편지 받고 기뻤다.

6월 7일 목요일. 맑음.
시편 53편, 신명기 21장. 5·30-1·30.

방역 주간이라고 시내가 요란하다. 학교도 내일은 조기(早起) 집합(5시)이고, 토요일은 대청소라고 한다. 오후에 학생 가정 방문 및 농구 시합 인솔.
정손의 사진을 적십자병원에서 찾아오다. 최우량유아로 뽑힌 기념으로 찍은 것.

6월 8일 금요일. 흐림.
시편 54편, 신명기 22장. 5·30-10.

일찍 일어나려고 어젯밤 10시에 일단 잠자리에 들었으나 잠이 오지 않아 다시 독서하다가 오전 1시 반에야 잠이 들었더니, 오늘 집회 시간을 놓쳤다.
등교. 9시부터 2시간 수업 후, 교내 씨름대회. 작년처럼 번외(番外)로 씨름하여 박제섭(朴濟燮)에게는 지고, 기타 김수기 씨까지 4,

5명에게는 이기다. 역시 우리에게는 가장 흥미 있는 경기다.
독어 출석. 불어 라디오. 당직으로 유숙. 농구하다.

6월 9일 토요일. 맑음.
시편 55편, 신명기 23장. 6-11.

정손이 어젯밤부터 열이 나서 오늘 적십자에서 진찰 받다.
어제 운동을 과도하게 하여 오늘은 아무 일도 할 수 없었다. 목욕
하다.

6월 10일 일요일. 맑음.
시편 56편, 신명기 24장. 6-11.

오전 11시 차로 수색 행. 묵은 밭이 되어서 능률 부진(不進). 오후
9시 지나 집에 오다. 정손은 좀 나아지다(小康).

6월 11일 월요일.
시편 57편, 신명기 25장. 6-11.

등교하여 수업 후, 적십자에 독어 출석. 학교에 가서 라디오로 불
어 듣다.
정손이 적십자병원에서 진찰을 받았으나 단순히 감기라고.
장성림(張成林)이 찾아왔었다고 하나(부재중) 만나지 못하다.

6월 12일 화요일. 맑음.
시편 58편, 신명기 26장. 6-12.

시혜 눈병으로 적십자에 가서 진찰 받다. 정손은 홍역이 확실한
듯하다.

---

31. 도고 헤이하치로(東鄉平八郎, 1848~1934): 1905년 러일전쟁 때 연합함대 사령관으로 쓰시마 섬 앞바다에
서 러시아 발틱 함대를 격파했다. 전형적인 야전 군인으로, 1913년 은퇴하여 조용히 여생을 보
냈다. 영국의 한 신문 인터뷰에서 "나를 영국의 넬슨 제독에 견줄 수는 있으나 조선의 이순신 장
군에 견주는 것은 불가하다. 내가 그 휘하에 있었으면 하사관도 못되었을 것이다"라고 했다고 한
다. 일본 천황의 승전기념식에서 천황의 칭찬에도 같은 말로 대답한 것으로 전한다.

씨름한 후의 피로는 차츰 회복되나, 왼쪽 가슴은 도리어 아파오다.

6월 13일 수요일. 맑음.
시편 59편, 신명기 27장. 6-11.

수업을 마친 후, 경성사범학교 구장에서 농구 준결승. 양정은 제2
위. 경신이 1위. 선린이 3위가 되다. 오호라, 독서도 않고(無讀) 쓰
지도 않는(無書) 날의 연속이구나.

6월 14일 목요일. 맑음.
시편 60편, 신명기 28장. 6-10.

수업을 마친 후 6개 중등학교 직원 정구연맹전에 선수로 끌려 나
가 영패(零敗)하고 집에 돌아오니 밤 9시가 지나다. 이제부터는 불
참하리라.
정손의 홍역은 순조롭다. 오늘 아래 앞니 1개가 나오다. 제190일.
정혜는 병이 나은 후 처음 목욕.

6월 15일 금요일. 흐린 후 맑음.
시편 61편, 신명기 29장. 6-11.

박종선(朴鍾璿) 씨 의학박사 학위논문[32]이 그저께 경성대학 교수
회를 통과하였다고 하다.
농구 주장 김경수(金景洙)를 타이르고, 그 부친께 편지 보내고,
그 숙부께 전화하다.
정손의 사진 추가 인화한 것 4매 찾아오다. 1매는 한경룡께(수일
전), 1매는 이름을 지어주신 숙부께, 1매는 교량(敎良)께, 다른 1
매는 송두용 씨께 보낼 것. 독어 출석. 불어 라디오 듣다.
모친님은 정혜를 데리고 수색에 가시다. 오늘 밤엔 돌아오시지
않다.

6월 16일 토요일. 흐린 후 맑음.
시편 62편, 신명기 30장. 6-11.

등교. 박한정(朴漢正)에게 〈개자원화전(芥子園畵傳)〉[33] 소판(小版)을

주문하여 함흥으로 보내다. 오후 1시 차로 수원 행. 정지윤(鄭址潤)의 가정 방문 후, 류달영을 찾아 농사시험장에 가서 원예부(園藝部)를 견학하고 8시 차로 귀경. 모친님은 오늘 밤도 안 오시다.

6월 17일 일요일. 맑음.
시편 63편, 신명기 31장. 6-12.

오전 8시 차로 수색 행. 종일 제초작업. 밥맛, 물맛이 달다! 김헌직이 오후에 와서 돕다. 모친님은 그냥 유숙. 정혜와 헌직을 데리고 활인동으로 돌아오다. 장성림 씨 내방하여 밤 11시에 시내로 돌아가다.

6월 18일 월요일. 맑음.
시편 64편, 신명기 32장. 6-11.

정손이 오늘 처음으로 기어서 앞으로 나아가기 시작하다. 제194일.
등교하여 수업. 독어선생이 오지 않아 헛걸음치고 돌아오다. 불어 라디오 듣기.
최병록(崔炳祿) 씨가 저녁에 내방. 자력(自力) 구원을 주장하는 등 분투(奮鬪)의 사람임이 보이다. 유숙. 오늘까지도 나의 원고는 1매도 쓰지 못하다.

6월 19일 화요일. 흐림.
시편 65편, 신명기 33장. 6-11.

최병록 씨가 아침 식사 전에 떠나서 섭섭하다. 등교하려고 문을 나서니 신상철 씨가 내방. 가는 길에 오류학원 사임의 뜻을 듣다. 등교하니 평양 김영석(金永奭) 씨와, 보은 이도영(李道榮) 씨로부터 각기 아들의 성품과 행실에 관한 편지가 오다. 자애(慈愛)의 극치

---

32. 주논문 제목: "脾臟ニ於ケル免疫體産生促進物質ニ關スル研究"(비장에서 면역체 생산 촉진 물질에 관한 연구)

33. 명나라 말기에 옛 유명 산수화를 모아 간행한 책. 총4집으로 구성되어 있다. '개자원(芥子園)'은 당시 대부호이자 문인이던 이어(李漁, 1611~1680)가 난징에 소유한 별장 이름인데, 그의 주도 아래 이루어졌기 때문에 이렇게 이름 붙여졌다.

인 어버이 사랑에 감동됨이 많다. 어떻게 하든지 선량한 사람으로 만들어 보내고 싶다.

오후에 교내 강연대회. 오후 5시 차로 수색에 오다. 살구나무의 어린 가지를 찍어내고, 땅콩, 완두에 지지대를 세우다. 모친님이 손수 지으신 저녁밥을 먹은 후 달밤 맑은 바람에 한적한 농촌에서 잠들다.

6월 20일 수요일. 맑은 후 비,
시편 66편, 신명기 34장. 4·30-9·30.

수색에서 오전 6시 47분차로 등교. 수업 후 활인동에 돌아오다. 함흥에서 종희 모친 상경. 종희와 함께 집에 와서 유숙. 종희는 시내로 돌아가다.
이발하다. 정손의 사진 1매를 보촌댁(保村宅)에게 드리다.

6월 21일 목요일. 맑음.
시편 67편, 여호수아 1장. 5-11.

어제 문학영(文學永) 군 내교. 이성일(李聖一), 이남철(李南喆) 두 사람과 함께 대현리(大峴里)의 류인순(柳仁淳) 처소에 와서 자면서 노동하고 있다고 하다. 지난번에 강순명(姜順明) 씨가 말하던 이들이다.
등교하여 수업. 평양 김영석 씨께 회답. 이창훈을 타이르다.
수업을 마친 후 학생 가정방문. 종희의 모친님은 오늘도 유숙. 세자(世子)가 가출하여 금년 봄부터 어떤 남자와 평양에 가서 살림한 후로 1시간 이상 편안히 잘 수 없다고 하다.

6월 22일 금요일. 맑음.
시편 68편, 여호수아 2장. 5·30-10.

오늘 아침 8시 차로 종희 모친님 함흥으로 돌아가시다.
등교, 당직. 독어 출석. 라디오 듣다. 운동.
오는 7월호 원고 5매 초고 시작. 어떻게 될 것인고?

6월 23일 토요일. 흐림, 밤에 비.
시편 69편, 여호수아 3장. 5·30-1.

수업 후 집에 돌아와 집필. 겨우 11매를 쓰니 새로 1시!
전라도에서 온 문학영 외 2명이 내방하는 것을 도중에서 만나.
훗날을 약속하고 보내다.
정손이 어제부터 완전히 혼자 앉다. 오늘은 제199일.

6월 24일 일요일. 비.
시편 70편, 여호수아 4장. 6·30-12.

종일 집에 있으면서 원고 쓰다. 최병수 씨 내신. 류영모 선생이 이
정섭(李鼎燮) 씨의 기탁(寄託)으로《강연록》(열두 권),《어떻게 살까》[34]
(열 권)를 일부러 갖다 주시다. 황송 천만.
이기분(李基粉) 내방. 저녁식사 함께 한 후 떠나다.
정손의 제200일.

6월 25일 월요일. 비.
시편 71편, 여호수아 5장. 5·30-12.

원고는 마치지 못했는데 두통은 심하다. 오후 독·불어 공부.
양정은 오늘부터 오전 8시 수업 시작. 35분 수업.

6월 26일 화요일. 비.
시편 72편, 여호수아 6장. 5·30-1.

최명학(崔明鶴)[35] 씨로부터 오는 주일 밤 남대문예배당 면려(勉勵)
청년 예배의 설교 부탁이 있어서 수락하다.

---

34. 야마시타 노부요시(山下信義)의 저서로, 원제목은 '엇더케살가: 生活의 標準'. 1934년 이정섭이 간행했다.
35. 최명학(崔明鶴, 1898~?). 함경남도 함흥 출생. 1919년 3·1독립만세 사건으로 징역 8월을 선고받았다.
1926년 세브란스의학전문학교 졸업하고 1928년 일본 교토대학 의학부 해부학교실 입학, 1932년
한국인 최초로 해부학박사 학위를 받았다. 귀국하여 모교에서 교수로 활동하다 1936년 학내 갈
263   등으로 사직하고 고향으로 내려가 개업. 8·15광복 후 북한 의료계의 중추적 역할을 했다.

6월 27일 수요일. 흐림, 비 조금.
시편 73편, 여호수아 7장. 6-4.

모친님이 정혜, 정옥을 데리고 수색에 가시다.
〈성서조선〉은 한편으로는 교정하면서 한편으로는 원고를 마치지
못하다.
최재학(崔在鶴) 씨 별세의 부고에 놀라다. 오후에 집필, 운동.

6월28일 목요일. 흐림.
시편 74편, 여호수아 8장. 7-11.

수업을 마친 후에 양정 직원들과 함께 고(故) 최재학 씨 댁에 조문.
한성도서에 가서 원고 쓰기를 마치고 교정. 이윤재(李允宰)[36] 씨와
인사하다.
돌아오는 길에 손영보(孫永甫) 장로를 만나고, 김정현(金正賢) 목
사께는 오는 주일에 설교할 것을 승낙하다. 제 12125일. 정손은
204일.

6월 29일 금요일. 비.
시편 75편, 여호수아 9장. 6-10·30.

어제 용강면 세무(稅務) 직원이 독촉 왔었다고 하여 5.35엔을 준
비하여 두다.
학교 정문 앞에서, 경성 인부(변소 치는) 한 명이 몰고 가던 마차에
치어 즉사하다. 모두들 애석하고 안타깝다고 하는데. 김형배(金亨
培) 씨만은 말하기를, "잘 죽었다. 내일도 똥통 칠 걸."
오늘 교정 마치다(〈성서조선〉 제66호). 독어 출석. 불어 라디오 듣다.
순선(順善)이 수색에 가서 오이, 상추, 쑥갓, 감자 등 한 짐 가지고
오다.

6월 30일 토요일. 비.
시편 76편, 여호수아 10장. 5-11.

등교하여 수업 후 오후 1시 반 차로 수색 행. 호박 덕[37]을 만들고,
뒤 시내를 손보아 고치다. 모친님은 정혜, 정옥의 살림방에서 함
께 주무시다.

오늘도 〈성서조선〉 검열이 나오지 않다.

6월도 끝 날이 갔다. 잡지 외에 한 일, 읽은 일 없이 또 한 달이 갔
도다! 제12127일. 정손 200일.

【1934년 7월】

7월 1일 일요일. 비.
시편 77편, 여호수아 11장. 6-12.

상쾌하게 깨니 6시. 개천(小川) 공사를 더 하고, 오전 9시 반 차로
활인동으로 정혜를 데리고 오다. 오전 11시에는 활인동교회에서
설교. 오후 8시 반에는 남대문교회에서 설교. 최명학 박사의 친
밀한 정이 고마웠다.

〈성서조선〉 제66호가 나왔으나 검열 허가가 나오지 않아 발송하
지 못하다. 겉봉투까지 다 싸놓고도.

7월 2일 월요일. 흐림.
시편 78편, 여호수아 12장. 5·30-11.

수업 여전. 독어는 휴강이므로 오후 1시 반 차로 수색 행. 개천
공사 외에 고구마 싹 정리하고, 모친님 지으신 저녁밥 먹은 후 오
후 9시 차로 활인동으로 돌아오다. 기다릴까 하여 돌아오다.

오늘 농구한 후, 약 1600미터 연습하다.

7월 3일 화요일. 비.
시편 79편, 여호수아 13장. 6-11.

〈성서조선〉 허가가 나지 않았다고 하므로 경무국에 가 본즉, 이

---

36. 이윤재(李允宰, 1888~1943): 국어학자. 경상남도 김해 출생. 1921년 중국으로 가 베이징대학 사학과에서
수업 후 1924년 귀국하여 오산(五山), 협성(協成), 경신, 동덕(同德), 배재, 중앙(中央) 등의 학교에
서 교편생활을 했고, 연희전문학교 교수로 후학들을 가르쳤다. 한글맞춤법 제정에 참여하고 조
선어 사전 편찬 등 한글 보급을 통한 민족운동에 힘썼다. 조선어학회 〈우리말 사전〉 편찬 위원이
었고, 진단학회(震檀學會)의 국사 연구에도 참여했다. 조선어학회 사건으로 함흥형무소 복역 중
옥사. 저서로 〈성웅 이순신〉, 〈한글맞춤법 통일안 해설〉, 〈문예독본〉 등이 있다. 1962년 건국훈장
독립장이 추서되었다.

　37. 호박 덩굴을 보호하고 호박을 안전하게 얹을 수 있도록 나뭇가지나 담장 위에 만든 시렁.

찬갑 씨의 "오산학교에 불이 붙었다"를 첨가한 것이 문제가 되었다(인쇄소의 실수로). 〈성서조선〉의 부분만 다시 허가원을 제출. 독어 휴강.

7월 4일 수요일. 흐림, 비 조금.
시편 80편, 여호수아 14장. 6-11.

수업 후 오전 11시 반 차로 수색 행. 고구마 밭의 잡초를 뽑고 유숙하다. 모친님과 정옥까지 세 식구.

7월 5일 목요일. 약간의 비, 맑음.
시편 81편, 여호수아 15장. 6-11·30.

수색에서 등교. 오이 한 꾸러미를 활인동에 갖다 두고 학교로 가다. 인쇄소의 거듭되는 실수로 〈성서조선〉 제66호는 300부 모두 압수당하고 말았다.

7월 6일 금요일. 맑음.
시편 82편, 여호수아 16장. 5·30-10.

경무국, 경기도 경찰부에 가서 교섭하고자 하였으나 효과가 없었다. 독어 휴강. 오후에 농구하고 나니 오른쪽 발 엄지발가락이 아프다.

7월 7일 토요일. 맑음.
시편 83편, 여호수아 17장. 6-10.

수업을 마친 후에 Old boy 육상경기로 용산 철도 Ground에 가서 50m, 100m, 도움닫기 넓이뛰기, 400m, 수류탄 던지기 등을 하여 보다. 하나도 우승은 없었다. 양정 직원이 대부분이었다. 아내도 수색에서 돌아왔으므로 오늘 밤은 순선이 나가다.

7월 8일 일요일. 흐림.
시편 84편, 여호수아 18장. 6-10.

오전 9시 20분차로 오류동 행. 모친님과 양능점 씨가 동행. 송두용 씨가 류 씨 댁 자리로 이사한 후에 처음이다. 예배에 송 형의 뒤를 이어 감상을 이야기하다. 문자 보급 운동으로 왔다는 이전 (梨專) 문과 학생 3명이 기숙 중이었다. 점심식사 후 4시 반 차로 귀경.
모친님은 곧 수색으로 가시다(7시 차로). 오른쪽 발 엄지발가락이 점점 아파지다.

7월 9일 월요일. 비.
시편 85편, 여호수아 19장. 6·30-11.

등교하여 수업. 용산경찰서 고등계에 호출되어, 〈성서조선〉 7월호 인쇄의 자초지종을 조사받다. 독어 출석. 불어 라디오 듣다. 당직으로 학교에 머물다. 서봉훈 씨 내교. 류석동 씨의 자금운동(資金運動), 올 봄의 직원 변동 이유 등을 처음 듣다.
이창호가 오사카로부터 귀성하였다고 내방하여 오사카, 연락선 등의 조선인의 한심스러운 모양을 전하고 10시 지나 돌아가다. 윤호영(尹浩榮)이 도쿄→함흥으로 가는 길에 우리 집에 왔다고 하다.

7월 10일 화요일. 흐림.
시편 86편, 여호수아 20장. 5-10.

일어나서 기도하노라니 참새들도 차츰 울기 시작한다. 기도하고 또 찬송하는 중에 크나큰 영감으로 깊은 회개의 눈물이 있었다. 양정학교라기보다 기도의 봉래사(蓬萊寺)로 보아 감사로다.
내일부터 시작할 학기 시험문제를 제출하다. 발의 상처가 점점 심하다. 돌아오는 길에 목욕하다.

7월 11일 수요일. 흐림, 비 조금.
시편 87편, 여호수아 11장. 7-10.

발의 상처가 점점 심하여 결근하고 종일 자리에 누워 있었다. 오후에 적십자병원에서 진찰을 받다. 독어 참석. 양정 제1학기고사 시작일이다.
밤 10시경에 김진호 씨 내방. 출판 문제가 확대되었다고 하다.

7월 12일 목요일. 비 온 후 맑음.
시편 88편, 여호수아 22장. 6-11.

오늘도 결근. 오후에 적십자 피부과에 가서 수술하다.
용산서(龍山署) 고등계에는 전화로 하고, 시말서를 제출하다.

7월 13일 금요일. 흐림.
시편 88-89편, 여호수아 23장. 6-11.

오후 적십자에 가서 약을 교체하다. 독어 출석. 돌아오는 길에
양정에 들러 불어 라디오 듣고, 채점부(採點簿) 들고 오다. 이발
하다.
장도원 씨 편지가 왔기에 즉시 답장.

7월 14일 토요일. 맑음.
시편 89편, 여호수아 24장. 4·30-10·30.

결근하고 집에서 채점. 병원에도 안 가다. 오늘 아침 4시경부터
아내는 7, 8번이나 연달아 설사하고 한 번 토하여 갑자기 중환자
가 되다. 조학녕 씨의 한약 2첩과 알약(丸藥) 2개 가져다 먹다. 오
후에 설사는 멎다.
순선이 수색 갔다 와서 모친님이 옻이 올랐다고 전하다. 고약에
서 올랐다고.

7월 15일 일요일. 흐림.
시편 91편, 사사기 1장. 6-11.

새벽 2시경부터 정혜가 4, 5차례 토하고, 한 번 설사하다. 단, 오
후에 조금 나아서 안심하다.

7월 16일 월요일. 맑음.
시편 92편, 사사기 2장. 6-11.

오늘도 결근하고 정양하다. 오후에 적십자에서 진찰 받다. 돌아오는 길에 양정에 들러 채점. 사무 및 라디오 듣고 집에 오다.

7월 17일 화요일. 비.
시편 93편, 사사기 3장. 6-11.

다소 경쾌(輕快)하여 어제 걸었던 탓으로 발의 상처가 다시 악화되어, 오후 적십자병원에서 약을 받아오다. 밤에 신상철 씨 내방. 누워서 채점. 모친님 수색으로부터 돌아오시다.

7월 18일 수요일. 비.
시편 94편, 사사기 4장. 6-11.

제1학기 고사 최종일이나 발 상처로 인하여 등교할 수 없다. 누워서 채점. 정손이도 눈병이 옮아 오늘 적십자에 가서 진찰 받다. 시혜로부터 정옥이, 다음에 정손. 나는 병원 가는 것을 중지하고 조고약(趙膏藥)[38]을 붙이다.

7월 19일 목요일. 맑은 후 흐림.
시편 95편, 사사기 5장. 6-11.

채점을 교환하기 위하여 발 상처를 돌보지 않고 등교하다. 가고 오기가 곤란하여 오늘 숙직하면서 제1학기 성적표 작성.

7월 20일 금요일. 비.
시편 96편, 사사기 6장. 5-11.

오늘 아침 학생들 방학식(休學式). 일반적인 주의와 할인권 등을 주어 보내다.

---

38. 조고약(趙膏藥)은 1913년 조근창(趙根昶)이 창업한 천일약방(千一藥房)에서 조제하여 판매하기 시작. 그의 아들 조인섭(趙寅燮)이 일본 유학 후 물려받아 매약(賣藥) 사업으로 확장했다. 1938년에는 당시 최고의 고약으로 이름나 있어 1400개소의 특약점과 1만여 곳의 소매점에서 판매되었다.

오늘도 연달아 당직. 교년(教年)은 오후 5시 급행으로 귀성. 독어
결석. 불어 라디오 마지막 강의를 듣다.

7월 21일 토요일. 흐림, 비 조금.
시편 97편, 사사기 7장. 5·20-10·30.

헌직이 창 두드리는 소리에 깨니 5시 20분. 어제 학생들에게는
일찍 일어나기를 권하고 내가. 실천하지 않다니! 헌직은 아침 차
로 귀성.
성적표 작성을 마치고 학생들에게 발표. 오후 4시 집에 오다.
농구부 합숙소를 잠깐 살펴보다. 모친님은 순선을 데리고 오늘
아침에 수색에 가셔서 안 오시다. 정옥, 정손, 아내의 눈병은 여전
하고, 시혜는 눈병이 조금 차도가 있으나, 치통에다 목이 부어오
르므로 어제 적십자에서 약을 받아 왔다고 하다. 아내는 두통까
지 겹쳐 젖 부족으로 암죽, 밥물 등 야단법석을 떨어도 정손은 보
챈다. 모친님은 옻이 오르신 데다 귓병까지 겹쳤다 하며, 나의 발
상처도 아직 낫지 않고 있다. 병이 없을 때의 은총을 가르쳐 보이
시려 하심인가.
오늘로써 제1학기 완료. 감사와 하나님께 맡기는 기도로 박물실
을 나오다.
제12148일. 정손 227일.

7월 22일 일요일. 흐림.
시편 98편, 사사기 8장. 5·30-10·30.

종일 집에 있었다. 발 상처가 많이 나아졌으나 아직 보행은 불완전.
모친님은 순선을 데리고 고구마 기타 채소류를 많이 가지고 집에
오시다. 신촌역까지 정혜 혼자 마중 나가서 식구들을 놀라게 하
다. 석양에 정손이가 머리카락(머리끼) 한 올을 반이나 삼켜서, 하
라(原) 박사에게 전화로 물었더니 야단치다. 후에 젖 먹다가 나와
서 안심.
김윤수(金潤秀) 씨 또 선물을 보내어 불안하고 난처하다.

7월 23일 월요일. 비.
시편 99편, 사사기 9장. 5·30-11.

오전 중 원고 작성. 발의 상처가 조금 나아서, 오후에는 양정에 가서 농구부 합숙 상황을 보고. 함 형께 원고용지 여섯 권을 보내다.

저녁에 손윤학(孫允學) 씨로부터, 대지를 측량한 결과에 야마모토 (山本) 씨 토지 이외의 것이 약 1평 들어간 것을 알다.

7월 24일 화요일. 맑음.
시편 100-101편. 사사기 10장. 5·30-12.

오전 중 원고. 올 들어 처음으로 참외를 천신[39]하다.

양능점 씨가 주택을 아현 북리에 정하였다고 하여 오후에 함께 가서 벽지 바르다. 6칸 집(방 2칸)에 월 10엔씩.

7월 25일 수요일. 비.
시편 102편, 사사기 11장. 6-11.

모친님 귀 밑의 고약을 붙였던 곳에 옻이 번져서, 오늘 적십자에 진료 받으려고 함께 가다. 오는 길에 시혜의 학용품을 사기 위하여 조지야(丁字屋),[40] 미쓰코시(三越)에 들르다. 원고 집필.

오후 목욕.

7월 26일 목요일. 비.
시편 103편, 사사기 12장. 6·30-11.

경무국에 가보니 〈성서조선〉 7월호에 관한 조사는 마쳤고, 8월 발간에는 아무런 문제가 없는 듯하여 오늘 원고를 인쇄소에 넘기다.

삼남(三南)의 수재(水災)로 경부선이 불통이라고 하다. 작년 수해

---

39. 천신(薦新)은 "그 해에 새로 난 과실이나 농산물로 신(神)에게 차례를 지냄"을 의미하는데, 성경에서도 추수한 곡식의 첫 열매는 제물로 쓰이므로, 여기서는 "하나님께 감사기도하고 먹다"의 의미이다.

40. 자료에 따라서는 '丁子屋'로 표기되어 있기도 하다. 1921년 4월 충무로에 설립된 백화점. 1939년 9월 남 대문로 2가에 신축했다. 해방 후 미도파백화점으로, 2002년 롯데백화점이 인수하여 롯데 영플라자로 이용.

의 5, 6배 손실을 입었다고 하다. 오스트리아의 수상이 나치스에 피살[41]되었다는 호외가 돌다.

7월 27일 금요일. 비.
시편 104편, 사사기 13장. 6·30-1·30.

오전 중 성서(城西)통신 원고 쓰기를 마쳐서 인쇄소로 보내고, 오후에는 정숙(靜肅)한 곳을 찾아 학교 박물실에 가서 권두(卷頭)의 단문(短文)을 쓰려 하였으나, 1페이지 분을 겨우 쓰고, 밤 9시에 집에 오다. 밤 1시가 되도록 집필. 양능점 씨는 교장 전송 후 오늘 밤차로 함흥으로 돌아가다.

7월 28일 토요일. 비, 흐림.
시편 105편, 사사기 14장. 4·40-9.

오늘 아침까지 권두의 단문도 완성되어, 아침에 인쇄소에 가서 오후 5시까지 교정. 수면 부족으로 두통이 심하다.
부지(敷地) 문제로 야마모토(山本) 씨 댁과 상의하다.

7월 29일 일요일. 맑음.
시편 106편, 사사기 15장. 5·30-11.

일요일인데도 불구하고 아침부터 오후 6시까지 인쇄소에 가서 교정하다. 여러 날 만에 하루의 맑은 하늘을 보다.
매미의 소리 들리다. 오늘 이발.

7월 30일 월요일. 흐림, 비,
시편 107편, 사사기 16장. 5-11.

교정한 것을 보내다(인쇄소로). 오후에 다시 찾아 교정.
오후에 김영수(金永受)가 집에 와서 합숙소를 옮겨야 할 형편이라 하므로 함께 등교하여 교섭하고 내일 다시 의논하여 결정하기로 하다.
저녁식사 후에 마포까지 물 구경 다녀오다. 시혜, 정혜와 함께. 물이 많이 불어나지는 않았다.

7월 31일 화요일. 비 후 맑음.
시편 108편, 사사기 17장. 5-10.

오전 중에 문학영(文學永) 군이 내방. 어머님 수색에 가시다. 순선은 다녀오다.

등교하여 농구부 선수와 합의(合議)한 후, 김정현(金鼎鉉) 집에서 떠나기로 하고 학교 숙직실에 거처하기로 하였으나, 마침 근처에 하숙집이 발견되어 다행이었다. 단, 약정에 의하여 나는 당직하다.

또 다 갔도다. 7월도! 제12158일. 정손 237일.

【1934년 8월】

8월 1일 수요일. 흐림.
시편 109편, 사사기 18장. 4·30-10·30.

당직 제2일. 함 형의 교정지 도착. 〈성서조선〉은 오늘 겨우 허가되었으나 다섯 군데가 삭제되고 한 군데는 '일본사람'을 '내지인(內地人)'[42]이라 정정하라고. 이렇게 구차한 일을 아주 단념하고자 일단 내심으로 작정하였으나, 류영모 선생께 상의한 결과, "행랑살이하는 자와 안채 살림하는 자에게 구별 있는 것이 오히려 지당(至當)하니, 쓰라는 대로 쓰라"고 하는 말씀에 크게 이유가 있으므로 함 형께 상의하지 않고 그대로 인쇄하게 하다. 오후에 농구선수 연습.

---

41. 〈동아일보〉 1934년 7월 26일자에 "똘프스 수상 피살"의 제하로 이런 기사가 있다. "[프라그 25일 발] 첵크스로봐기아 주재(駐在) 오지리(墺地利) 공사관은 오지리 수상 똘프스 씨가 25일 폭도에게 습격되어 중상(中傷)을 받고 필경 사망햇다는 발표를 햇다." 27일자에도 같은 기사가 있다. 이때의 폭도는 나치스당원이었으며, 정부군과의 충돌 결과였다. 오스트리아 국민의 80%가 독일 민족으로, 독일과 합병되는 과정에서 발생한 사건.

42. 사전적으로는 '토박이, 그 고장 사람'을 의미하지만, 당시 일본인들은 조선 내에서 자기들을 '내지인'으로 부르게 함으로써 이 땅의 주인 행세를 한 셈이다. 그러나 징용이나 모병에서는 조선인을 황국신민으로 보고 내선일체를 주장하는 모순을 범했다.

8월 2일 목요일. 흐림.
시편 110-111편, 마태복음 3:14-17, 사사기 19장.
4·50-11.

시편을 읽고, 농구선수와 운동. 몇 번이나 계속하려다가 중단되었던 마태복음 공부를 다시 시작하다. 금년 2월 23일에 연속하여 제3장 끝부분을 읽으니, 4개월여 만에 바른 궤도로 돌아오다. 〈성서조선〉 제67호가 오후에 나왔다기로, 저녁 식사 후에 잠시 집에 와서 발송하다. 신상철 씨가 집에 와서 수박 1개를 주고 가시니 감사천만. 시혜가 밤에 외출하였으므로, 학교까지 데리고 와서 함께 유숙하다. 모친님은 아직 수색에 머물러 계시는 중이다.
오후부터 이성구(李性求) 씨가 와서 참여하며 합숙 지도하여 주다.

8월 3일 금요일.
시편 112-115편, 마태복음 4:1-11, 사사기 20장.
5-11.

오전 6시부터는 제1회. 오후 4시 반부터는 제2회로 매일 농구 연습하는 중이다. 코치가 와서 참여하여, 선수들의 원기(元氣)가 배가(倍加)되다.
오전 중에 김종흡(金宗洽) 씨 내방. 전주 신흥(新興)학교에서 화학선생을 구하기 위하여 약 1주일 전에 상경하였다고 하다. 감당할 수 없는 주선은 제쳐놓고, 교육 이야기, 산업 이야기, 신학 이야기 등으로 여러 시간 환담. 씨(氏)는 내년쯤 도미(渡美)할 의향이라고.
저녁식사 후 선수들과 과자와 과일을 함께 먹다. 시혜, 정혜도 함께 숙직.

8월 4일 토요일. 비.
시편 116-118편. 누가복음 4:1-13, 사사기 21장.
4·30-12·30.

식전 운동을 마칠 즈음에 시혜, 정혜도 잠에서 깨다. 아침식사 후에 아이들을 집에 돌려보내기 위하여 데리고 갔다 오다. 모친님은 어제 수색으로부터 돌아오셨다고. 〈성서조선〉을 추가로 발송. 김종흡 씨의 전화에, 현 모(某)를 아느냐고 해서 모른다고 답하다. 저녁에 송두용 형이 와서 이야기. 대화가 끝이 없어 11시 반 차도 놓치고 숙직실에서 함께 유숙하다. 최근에 순수한 신앙, 전도의 생활로 전향(轉向)되었다는 이야기. 어린 아이가 백일해 중이라고.

8월 5일 일요일. 맑음, 비 조금.
시편 119편, 마태복음 4:12-17, 룻기 1장.
5-12.

송 형은 식전에 떠나다. 시혜가 집에 온 우편물을 갖다 주다.
문학영 외 1명 내담. 더욱 비열한 거지 근성이 보여 불쾌하였다.
농촌생활을 찬동한다는 연고로 그저 구걸하려고 하다.
오늘 인천 행락객이 3천 명이라고 보도.
독일의 힌덴부르크[43] 대통령이 사망한 후에 오는 19일 대통령 선
거를 할 터인데, 히틀러 외에는 한 사람도 입후보를 불허하며 이
일에 관한 일체 논평을 금지한다고. 인류의 죄는 인류의 손으로
벌하심인가.

8월 6일 월요일. 맑음.
시편 120-123편. 마태복음 4:18-22, 룻기 2장.
4·30-12.

당직 제7일. 근래에 드문 장마도, 삼남(三南) 7도(道)에 걸친 대수
재(大水災)를 저지른 후, 이제는 맑은 하늘이 임(臨)하는 동시에 금
년 더위가 시작된다. 농구 연습에는 매우 적당하다.
저녁에 송두용 형이 내방. 긴 장마 후에 갑자기 뜨거운 열기가 심
하여 참외, 수박 등의 넝쿨이 마르게 되어(枯萎), 큰 손실이라고
하다. 수박 1개를 학교에까지 갖다 주어 맛있게 먹다.
김형배(金亨培) 선생의 교원 인가 과정을 처음 자세하게 듣고 놀라
다. 이번에는 무자격 교원을 일소(一掃)한다고. 우수한 교원을 일소
하는 결과가 되지 않으면 천행(千幸)이다. 제12164일. 정손 243일.

---

43. 힌덴부르크(Paul von Hindenburg, 1847~1934): 독일의 군인, 정치인. 국가적 영웅이던 그는 당시 결선투
표에 해당하는 대통령 재선거(1932년 4월 10일 실시)에서 히틀러를 압도적으로 누르고 당선되었으
나, 나치에 우호적이던 귀족들과 부르주아 계층의 압력에 못 이겨 히틀러의 수상 임명안에 서명
했다. 1934년 8월 2일 그가 사망하자 국민투표를 통해 히틀러가 총통에 오르면서 제3제국의 막
이 열렸다.

8월 7일 화요일. 맑음.
시편 124-127편. 마태복음 4:23-25, 룻기 3장.
4·30-12.

어젯밤에 수박을 과식하고 설사하다. 사랑이 지나치면 이렇다.
잠시 낮잠. 시혜, 정혜가 우편물을 가져오다. 연속 당직 제8일.
오늘 아침에 금성, 화성 및 토성 등을 관찰하고자 5시 전에 나가
보았으나, 구름 사이로 금성이 확실히 보일 뿐이었다.
영국 연습(동양)함대의 군사들과 조선 O. B. 축구단과 시합을 한
다고 하여 농구 합숙원(合宿員) 전체와 함께 참관하다. 오후 5시
부터 7시경까지 경성구장에서, 5:2로 영국이 지다.
오는 길에 지난번에 신설된 풀(pool)장을 구경하다. 대단한 광경
(偉觀)!
저녁에 정관현(鄭寬鉉)의 부모님이 수박, 평과(平菓),⁴⁴ 복숭아, 사탕
등을 가지고 합숙소에 내방. 깊고도 크도다, 어버이의 사랑!

8월 8일 수요일. 흐림.
시편 128-131편, 마태복음 5:1-12, 룻기 4장.
4·30-10.

새벽별들은 역시 맑지 못하다. 연속 당직 제9일. 농구선수들과
아침저녁으로 운동하니 신체는 매우 가뿐하고 건강하여지다. 합
숙 최종일이므로 저녁에 기념촬영. 미쓰코시 다녀오다. 저녁식사
에는 전골.
합숙 20일 중에 그 절반 기간을 학생들과 가깝게 지내니 친밀의
정도가 더하여짐과 육체적 건강을 증진하는 데 유익하였으나, 김
녕원(金寧元), 김근배(金根培), 두 아이가 그 의무를 감당하지 않는
것이 불쾌하다.

8월 9일 목요일. 비바람.
시편 132-134편. 마태복음 5:1-12, 사무엘상 1장.⁴⁵
4·50-10.

어젯밤부터 중부 조선에 폭풍우 경보가 있었으나, 작정(作定)하였
던 바이니 선수 일동(14명)과 함께 인천에 가기로 하다. 새벽 연습
은 종전과 같이 마치고, 보슬비(부스럭비)가 내리기에 한 차 늦게
10시 40분 차로 인천으로 향하다. 우선 월미도에서 해수욕. 단,

백남진(白南震), 신종순(申宗淳), 김녕원 등은 태어나서 한 번도 수영한 일이 없다 하며, 부모의 당부라 하여 물에 들어가지 아니함도 우습다. 미두취인소(米豆取引所)[46]를 견학하고, 점심으로 국수를 먹은 후 오후 3시 55분 차로 인천을 출발. 오류동에 하차하여 송두용 형 댁에서 수박, 참외의 귀한 잔치로 매우 배부르게 먹었다. 각 사람마다 농구부에 선물로 보내는 수박 두 개씩을 어깨에 메고 오후 7시 귀경하여 해산하니, 이로써 합숙을 마치고 오랜만에 집에 돌아오다.

8월 10일 금요일. 흐리고 비 조금.
시편 135편, 마태복음 5:13-16, 사무엘상 2장.
5·30-10·30.

연일 운동과 수면부족으로 피로를 일시에 느껴, 종일 집에서 잠도 자고 쉬기도 하다. 학생들 통신에 답으로 〈성서조선〉 구호(舊号)를 발송하다.

오늘 모친님 수색에 가시다. 순선은 채소를 가지고 돌아오다.

함 형 원고 19매 왔는데 나의 것은 아직 1매도 쓰지 못하다.

《산상수훈 연구》와 〈성서조선〉 구호가 산더미같이 쌓여 있는 것을 볼수록, 출판하는 일을 단념하고 고구마 농사나 전념하고 싶다. 고구마는 아무라도 줄 수 있고, 주면 고마워하려니와, 출판물은 그렇지도 못하다. 정손을 이발하여 주다. 이번까지 두 번째. 247일.

8월 11일 토요일. 흐림.
시편 136-137편. 마태복음 5:17-20, 사무엘상 3장.
5-11.

모친님 수색에서 돌아오시다. 오른쪽 귀앓이로 적십자에서 진료

---

44. 일기의 다른 곳에서 사과는 '평과(苹果)'로 표기되어 있다. 당시 저장능력으로 8월 중순에 사과를 쉽게 구하기는 어려웠을 것이다. 여기서는 납작납작한 막과자를 의미하는 듯하다.

45. 원문에는 '삼우엘 I '로 되어 있고, 다음 날부터는 '삼 II ' '삼 III '으로 되어 있어 '상' '하'의 구별이 없으나 '하'부터 읽을 특별한 이유가 없어 '상'으로 표기했다.

46. 미두취인소(米豆取引所): 쌀 수매와 쌀값 조정 및 한국 쌀의 질적 향상에 기여한다는 구실을 내세워 1896년 인천미두취인소를 설립했다.(쌀과 콩을 취급했지만 쌀이 주를 이루었다.) 일제강점기에도 그 기능을 발휘했고, 일본의 쌀 수탈 기구로 기능했다. 선물거래(先物去來), 청산거래(淸算去來)를 주로 하였으며 현물 없이 보증금만 가지고 거래가 이루어지고, 어느 때나 처분할 수 있었다. 요즘의 증권선물거래와 같은 투기 대상이 되어 수많은 조선인이 이곳에서 패가망신의 길을 걸었다.

277

받다.

오전 중 전도서 공부. 오후 목욕.

양인성 군이 내방. 지난 겨울 오류동 집회에 참석하려다가 불참한 후로 처음 걸음이었다. 공민과(公民科) 강습회에 참석 중이라고.

8월 12일 일요일. 흐림.
시편 138편, 마태복음 5:21-26, 사무엘상 4장.
6-11.

〈성서조선〉 고본(古本)과 《산상수훈 연구》 등을 정리하다.

이정섭 씨로부터 성서통신을 읽고 모 의사에게 《어떻게 살까》를 더 줄 수 있다 하므로 씨(氏) 댁을 방문하였으나 부재중.

류영모 선생 댁에 들러, 오는 14일 북한산 등산을 언약하다.

정상훈 씨로부터 엽서 오다. 기이한 일. 보고 또 보았다.

정손이가 잠깐 혼자서 서다. 제249일. 나는 12170일.

8월 13일 월요일. 비.
시편 139편, 마태복음 5:27-32, 사무엘상 5장.
5·30-10.

오전 중 이정섭 씨가 집에 오다. 《어떻게 살까》를 20권 갖다 주시고, 두세 시간이나 유쾌한 이야기 나누시다. '물에산에회'는 시작한 지 8년 전부터라고.

어제 야마모토(山本)의 토지를 좀 더 사용하도록 작정하다.

오사카마이니치(大阪每日) 지상에서 안남인(安南人)[47] 소식을 듣고 동정을 금할 수 없다.

정상훈, 안상철 두 분께 발신.

8월 14일 화요일. 비.
시편 140편, 마태복음 5:33-37, 사무엘상 6장.
4·30-10.

북한산에 갈 날이었으나 어젯밤부터 호우가 그치지 않아 종일 집에 있으면서 낮잠 및 이발. 모친님은 어제부터 이틀째 한증하러 가시다.

우편물 발송할 것도 내어가지 못하게 한 비바람.

8월 15일 수요일. 흐림, 비 조금.
시편 141편, 마태복음 5:38-42, 사무엘상 7장.
5-12.

개일 것 같으면서 오늘도 때때로 비가 오다.
오전 중 원고 쓰기 시작하였으나 2매도 다 못쓰고 우편물을 발
송하러 등교. 돈 11엔 50전을 꾸어 오다. 안상철 씨께 《어떻게 살
까》 스무 권을, 정상훈 씨께 《루터전》과 《어떻게 살까》 각 한 권씩
보내다.
모친님은 3일째 한증하시다. 귓병은 차도가 없다.
오후에 수색에 가서 열무와 고추, 호박 등을 따오다. 오후 10시경
에 집에 오니 함흥 숙부님이 상경하시어 지난날의 회포를 풀면서
유숙하시다. 정손에게 은 숟가락을 주시다.
어제의 호우에 북쪽 석축이 무너지다.

8월 16일 목요일. 흐림, 맑음.
시편 142편. 마태복음 5:43-48, 사무엘상 8장.
6-10.

오전 중에는 숙부님의 이야기 듣다. 숙부님은 시내 여관으로 가
시다. 모친님 오늘 적십자병원 이(비인후)과에서 진찰 받다.
오후에 책 몇 권을 지고 수색에 오다. 시혜와 순선이 함께 와서
음식을 끓여주고, 나는 앞뒤 마당의 잡초를 뽑고, 뒤 개천 공사.
〈The Expository Times〉 7월호가 도착하지 않아서 어제 그
조회 서신 보내다. 초옥(草屋)이 천막 친 것만큼 간소한데, 4면에
오이, 호박, 고지박, 수세미, 땅콩 등의 넝쿨이 만연하여 청옥(靑
屋)이 되었다. 단, 빗물에 북쪽 토담이 조금 무너져 내리다.
늦도록 개천 공사를 하고 나니 벌써 아이들은 잠들었다. 사무엘상
7, 8장을 낭독하고 10시에 잠자리에 드니, 물소리도 잔잔하다.

47. 인도차이나 반도 동쪽 베트남 지역에 거주하는 남방계 몽고족의 한 갈래로, 남북 베트남 인구의 약
   90%를 차지한다.

8월 17일 금요일. 맑음.
시편 143편, 마태복음 6:1-4, 사무엘상 9장.
5·20-10.

식전에 개천 공사. 오전 중 포플러 숲 제초, 아카시아 가지치기.
오후에 호박을 수확하니 큰 것이 23개. 다소 피로하여 저녁에는
몸살이 나다. 제초의 쾌미(快味)!
순선이는 열무 기타 한 짐 이고 활인동에 다녀오다. 그래서 저녁
밥은 시혜를 데리고 손수 지어 먹음.
밤에 동네 어린 아이들이 늦도록 떠들고 야단치다. 어디든지 불
량배는 있는 모양. 단, 불량의 정도와 규모는 도시보다 차이가 있
는 듯하다.

8월 18일 토요일. 맑음.
시편 144편, 마태복음 6:6-15, 사무엘상 10장.
6-10.

피로가 조금 풀리다. 식전에 독서. 오전 중엔 뒤 개천 주변을 제
초 및 가지치기하여 포플러나무를 구원(救援)하다.
오후에 골목 안을 산보하면서 수채 텀을 찾아보고자 하였으나
적당한 곳이 없었다. 면유림(面有林)에서 풀을 베던 노파가 나를
산림간수(山林看手)인 줄 알고 딴청부리는 모양이 우습다.
최이순(崔○淳), 복현옥(卜鉉玉)이 방문하여 수색의 한적(閑寂)을 깨
트리다. 고구마를 점심으로 대접하다. 오후 깨밭 제초.
보고 견딜 수 없어, 잡초에 얽매인 포플러, 참깨 등을 구원하며,
개천 공사를 하고 나니 독서는 역시 부진. 장소를 바꾸어 보아도
소용없다. 무능률자(無能律者)의 탄식! 12176일, 255일.

8월 19일 일요일. 쾌청.
시편 145편, 마태복음 6:6-15, 사무엘상 11장.
5·30-12.

이정섭 씨의 초청에 의하여 '물에 산에 회(會)'에 참여하고자 식전
에 수색을 출발. 열무 한 짐 지고 걸어가다. 활인동에서 아침식
사. 오전 10시에 효자동 집합. 일행은 남자 5, 여자 4, 합 9명. 이
덕봉 씨도 참가. 창의문 밖, 독박골[48]로 해서 양철리(梁鐵里),[49] 불
광리(부인 신앙?)를 지나, 진관사(津寬寺)에서 점심식사. 목욕하고

승가사(僧伽寺)를 넘어 오다. 상쾌한 하루였으나 막차 시간까지 놓치고 활인동에서 자니, 수색에 남아 있는 두 아이가 기다리는 일이 미안스러웠다. 산길 약 24km, 전차 8km.

8월 20일 월요일. 맑음, 흐림.
시편 146편, 마태복음 6:16-18, 사무엘상 12장.
5·30-11.

6시에 출발하여 장작 한 짐 지고 수색으로 걸어서 돌아오다.
낮잠 후, 집필하였으나 9월호로 겨우 원고 10매만 되다.
시혜는 내일부터 개학하므로 순선이와 함께 오후 1시 차로 보내고, 초가를 혼자 지키다. 밤중부터 비 내리다.

8월 21일 화요일. 비.
시편 147편, 마태복음 6:19-24, 사무엘상 13장.
5·40-12.

땀띠 돋은 것이 가려워서 어제 밤에 편안한 잠을 자지 못하다. 아침 식사 후에 소작인 신범천(申凡天)을 데려다가 회계(會計)할 것을 말하고, 열무를 2엔 30전에 팔기로 의논 후 결정.
오전 10시 차로 등교. 용무를 마친 후 땀띠에 약이 된다 하여 목욕. 활인동에 들렀다가 창의문으로 이사하기를 의결하다. 양능점씨 가족이 상경.
몹시 화가 나서 정옥이를 때려주고, 후에 깊이 후회하다. 인간 중에도 나는 바닥이다.

8월 22일 수요일. 흐림, 비 조금.
시편 148편, 사무엘상 14장. 6-10.

오전 중에 류영모, 혼마 슌페이(本間俊平), 후키모토 키이치(吹本喜一) 제씨(諸氏)께 발신하다. 어제 밤 12시까지 가족회의하여, 창의문 밖에서 전원생활이 될 수 있으면 이사하고, 그렇지 않으면 활인동 집을 수리하고 다시는 이전(移轉)을 논의하지 않기로 한 것이다.

오후에 등교, 우편물 받아오다. 목욕하여 땀띠 치료하다.

양능점 씨 댁(아현 북리 141)에 들렀다가 수색 초가에 돌아오니 오후 7시가 지나다.

8월 23일 목요일. 비.
시편 149-150편, 사무엘상 15. 6-1·30.

오전 10시 차로 순선을 활인동으로 보내다. 아침부터 또 비가 내리다. 김장거리 심는데 큰 타격이라 한다. 아침에 지은 것으로 세 끼를 먹으면서 종일 집필하여, 단문(短文) 약 5페이지와 전도서 대지(大旨)를 쓰기 시작하니 오전 1시가 넘었다. 종일 가랑비가 그치지 않다. 찬송도 하며 기도하다. 정숙하다.

8월 24일 금요일. 맑음.
전도서 1장, 사무엘상 16장. 6·30-12.

창이 밝아서 깨니, 또 집필할 만하다. 시간 여유도 소용없고, 공부도 직효(直效)없고, 오직 성령의 기름이 부어져야 펜이 움직이게 됨을 다시 깨닫고 항복. 오전 10시경에 모친님이 정혜와 순선을 데리고 오시다. 아침밥을 지으려는데 갖다 주셔서 잘 먹다.

아침 식사 후 참깨 수확하니, 앞밭의 것만 66묶음이 나오다. 모친님과 교대해서 나는 오후 5시 차로 활인동에 오다. 정혜, 순선이가 함께 오다.

8월 25일 토요일. 맑음.
전도서 2장, 사무엘상 17장. 6·30-1.

종일 집필하여 9월호가 거의 완결되었으므로 오늘 인쇄소로 넘기다. 오후 목욕하다. 양정에 들렀다.

함석헌 형이 저녁식사 후에 경성에 도착. 정회(情懷)가 막혔던 냇물이 터짐 같아서 오전 1시가 지나도록 이야기를 나누고 또 나누다.

8월 26일 일요일. 맑음.
아가서 1-8장, 사무엘상 18장. 4·50-12.

약속에 의하여 물에산에회에 가게 되었으므로 함 형도 동행. 이
창호도 함께 가다. 진술은 동무가 없어서 혼자서 수색에 가고, 우
리 일행 5명(이정섭, 홍씨)은 이전(梨專), 연전(延專)을 지나 수색에
가서 점심식사. 한강 연안으로 해서 양화도(楊花島) 서양인 묘지를
보고 집에 오니 오후 8시가 지나다. 노정(路程) 약 20km.

8월 27일 월요일. 맑음.
전도서 3장, 사무엘상 19장. 4·30-12·30.

오전 중 함 형은 시내에 들어갔다가 한성도서에서 만나 오류동
행. 송 형도 함께 시내로 나와 류영모 선생 댁에서 만찬. 박 선생
도 합석. 전날 제의하였던 창의문 밖 건에 대하여 다소 언급하였
으나 결론에 이르지 못하다. 내일을 기약하고 오후 11시 지나 물
러나오다. 함, 송 형도 함께 와서 자다.

8월 28일 화요일. 비.
전도서 4장, 사무엘상 20장. 5-12.

오전 중 함 형은 류석동 씨를 찾아가고 송 형은 창신동에 다녀오
다. 오후엔 비가 내려서 사근리(沙芹里) 행은 중지하고, 류영모 선
생을 활인동에서 맞이하여 회의. 창의문 밖 건은 단념하게 되다.
친히 경영하실 의향이신 듯하다. 오후 6시 반경 류 선생은 떠나
시다.
김면오(金冕五) 씨가 개성까지 다녀오던 길에 내방. 저녁식사에 초
청하여 함, 송, 신 제씨와 함께 식사하고, 김 형의 최근 참사(慘事,
재작년에 5-6세 되는 아들을, 작년에 80노모를, 금년에 어린 딸을 연달아 사별)
를 위로하고자 하여 기도회.
나는 이사야 49장과 62장에서 몇 절을 독해하여 사회하고, 함,
송, 신상철 제씨의 기도도 간절하였거니와, 김 형의 감화(感話)와
기도는 절실하였다. 11시에 신 군은 떠나고, 김 형은 다른 두 형
과 함께 유숙하다.

8월 29일 수요일. 비.
전도서 5장, 사무엘상 21장. 5-12.

일기가 불순하여 더 구경할 것도 없다면서 김면오 씨는 함흥으로 돌아가다. 함 형도 출발하므로 오전 8시 40분에 역전에 나가 전송하다.
교정을 어젯밤부터 시작하다. 인쇄소까지 송 형이 함께 가서 도와주다. 송 형은 오후 3시경 오류동으로 돌아가고, 밤 9시경까지 교정하다.

8월 30일 목요일. 맑음.
전도서 6장, 사무엘상 22장. 4·50-11.

오전 중 등교하여 교정. 오후에는 인쇄소에 가서 교정. 밤 9시경까지 제3회 교정을 마치다. 정신적 피로가 심하다.
《방애인 소전(方愛仁 小傳)》[50]을 함 형이 두 권 사갔기에 나도 어제 한 권 사다. 위대한 여성도 있다. 진술에게 읽게 하다.

1934년 8월 31일 금요일. 맑음.
전도서 7-12장, 사무엘상 23장. 5·30-10.

연일 수면 부족과 교정으로 오른쪽 눈이 충혈.
양정에 등교하여 내일 개학 준비. 농구 제2차 합숙을 어제부터 시작. 연전(延專) 선수와 함께.
9월호(제68호)의 출판 허가되다. 단, "두더지의 사회"라는 하나의 글은 삭제당하다. 학교에서 교정. 또 오후에는 인쇄소에 가서 교정을 마치다.
모친님과 진술이 수색으로 나가시다.
교년이 상경. 그간 인사도 없이, 고향 생각으로 울기만 한다. 저렇게 하고도 장래에 상당(相當)한 인물이 될는지, 염려를 금할 수 없다.
저녁에 김신도(金信道) 씨가 집에 오다. 속회(屬會)라고 전하므로 함께 예배하다.
독서도 못하였고, 한 일도 없이, 아아, 40일 휴가도 다 갔도다. 아, 곡(哭)한들 시원하랴. 죽은들 가(可)하랴. 제12189일도 간다. 정손은 268일 자라고.
혼마 슌페이 씨의 사절(謝絶)과, 류영모 씨의 주저하며 결정하지 못하는 것(逡巡未決)이, 모두 성의(聖意)의 발현(發現)인 듯하여 오히려 감사하다. 사업의 확장보다 독립자족(獨立自足)이 귀한 것이니. 〈성서조선〉지는 300부씩 인쇄하여도 족한 것이오. 농촌에서 생활할 자는 어디에나 있으며, 광활한 산과 들에서 건강한 몸을 마음껏 즐기기보다 어두운 서재에서 〈성서조선〉을 제작하는 일이 나에게 배당(配當)된 영역인가 보다. 큰 파동(波動)이었다. 유혹이었다.

50. 방애인(方愛仁, 1909~1933)의 신앙과 삶을 그린 전기. 방애인은 황해도 황주읍 벽성정 출생. 황주 양성학교를 거쳐 개성 호수돈여자고등보통학교 졸업. 전주 기전여학교 교원(1926-1929, 1931-1933). 황주 양성학교 교원(1929-1931)을 지냈다. 첫 번째 기전여학교 교원 때는 평범한 신여성의 모습이었으나 1929년 고향으로 돌아가 양성학교 근무 중 새로운 신앙의 전기를 맞이했다. 1931년 9월 다시 전주기전여학교로 돌아와 병들고 소외된 자들의 친구와 어머니로서 헌신적 희생과 사랑을 실천하다 건강 악화로 장티푸스에 감염되어 전주에서 24세의 나이로 생을 마감했다.

발문
'일보'를 통해 본 김교신

이번에 해역(解譯)한 김교신의 미발표 일기는 1932년 1월 1일부
터 1934년 8월 31일까지의 기록이다. 그가 쓴 일기장의 제28권
과 제29권으로, 이번 해역은 그의 일기 중 극히 일부에 해당한
다. 그렇다면 앞으로 해역할 미발표 일기가 더 있다는 것인가? 그
렇지 않다. 이게 전부다. 그럼 나머지 일기는 어찌된 것인가? 그
것은 당시 담임반의 한 학생 일기가 발각되어 문제가 됨으로 다
른 학생들에게도 소각할 것을 명령하고 자신의 것 또한 모두 소
각했기 때문이다.
이 일기는 누군가 보기 전에 태워야 할 만큼 공개하기를 거부한,
극히 개인적인 일기이다. 그런데 모조리 소각했다는 일기가 두
권 남았다. 어떻게 남게 되었는지는 아무도 모른다. 김교신 자신
도 몰랐을 것이다. 하나님의 섭리라고 할 수밖에. 그래서 이 일기
는 더욱 귀하다.
기적적으로 살아남은 이 두 권의 일기는 철저한 사생활의 일기로
비공개가 원칙이겠지만 일기 전문이 영인본으로 나와 있고, 일부
는 이미 발표되었으며, 이제는 세월이 흘러 사생활이라도 밝혀지
는 것이 무방하리라는 생각에 김교신선생기념사업회에서는 여러
차례 협의 끝에 이 일기의 해역을 우선 사업으로 선택하여 완역
하기로 했다.

해역 작업을 시작하면서 적잖이 걱정되는 것이 하나 있었다. 아
무리 훌륭한 사람이라도 인간인지라 이중적인 면이 있게 마련이
어서, 김교신도 사적인 일기가 공개되면서 남에게 알려져서는 안
될 부분이 드러날지도 모른다는 것이었다. 많은 사람 앞에서 부
르짖은 사상이나 철학이 자신의 본 모습과는 다른 표리부동(表裏
不同)한 사람이 얼마나 많은가? 실제로 우리가 숭배하는 많은 위
인들도 그 범주를 벗어나지 못하는 경우가 많기 때문에 다소 걱
정되었던 것은 사실이다. 그러나 그것은 기우(杞憂)였다. 물론 김
교신은 일기 여기저기에 자신이 용서받을 수 없는 죄인이며 못된
인간임을 고백하고 있지만, 그것은 모든 것을 내려놓고 하나님
앞에 꿇어 엎드려 순종하는 욥의 마지막 모습을 연상케 할 뿐이
었다.

해역을 시작할 때는 그리 어렵지 않으리라 생각했다. 불과 80여 년 전 글이고, 당시 출판된 〈성서조선〉을 영인본으로 볼 때 어렵지 않게 읽을 수 있었기에 '일보' 또한 쉽게 해역될 줄 알았다. 그러나 착각이었다. 문제가 한두 가지가 아니었다. 〈성서조선〉은 당시의 한글 맞춤법에 따라 여러 차례 교정을 거쳤고 인쇄되어 나온 글인데 반하여, '일보'는 잉크를 펜촉으로 찍어 쓴 탓으로 글씨가 잘 안 보이는 곳은 물론 교정을 보지 않아 오자나 탈자로 보이는 곳이 여러 군데 있었다. 또한 김교신 선생의 고향인 함경도 사투리인 듯한 말도 있고, 80여 년의 세월 동안 말이 변하여 오늘에는 쓰이지 않는 말, 사전에 없는 한자어 등으로 무슨 의미인지 확실치 않은 곳이 많았다. 아직도 해역하지 못하고 원문대로 놓아 둔 곳이 여러 군데 있다. 독자 여러분과 함께 바로잡아 가야 할 부분이다.

해역할 때의 목표는 크게 세 가지였다. 하나는 원문에 충실하여 앞으로 김교신 연구자들에게 도움을 주고, 정본으로서의 가치를 높이자는 것이었다. 그러려면 원문을 가능한 한 손상시키지 않아야 했다. 또 하나는 20~30대 젊은이들도 쉽게 읽을 수 있도록 해역하자는 것이었다. 그래서 어려운 한자어는 풀어 쓰고 젊은이들에게 낯선 옛말은 현대어로 고치고자 했다. 그러면서도 김교신의 문장에서 느낄 수 있는 담백하면서도 진취적인 특유의 글맛을 살리려 했다. 그러나 실제로 해역하다 보니 이 세 가지가 서로 충돌하는 경우가 많았다. 그래서 괄호 안에 원문을 병기하기도 하고 각주를 이용하기도 했지만, 결국 어느 하나도 만족할 만큼 이루지 못했다는 생각이 든다.

일기를 읽다 보면 이상한 점이 눈에 띌 것이다. 김교신이 어느 날은 오전에 늦게 출근하여 수업을 했다 하고, 오후에는 자유롭게 학교 밖을 드나든 기록이 그것이다. 이는 그가 양정에 부임하는 조건으로 출퇴근을 자유롭게 해줄 것을 요청하여 승낙 받았기 때문이라고 한다. 실제로 일기를 보면 수업이 끝난 후 퇴근 시간까지 학교에 있었던 예가 거의 없을 정도로 〈성서조선〉 발간 사무 및 학생 가정방문 그리고 가사노동에 시간을 할애했다. 따라서 수업 후에 있는 직원회의나 퇴근 후의 회식 자리는 빠지게 되어 교사들 간에 뒷이야기가 많았던 것 같다. 그래서 1932년 "1년 첫날 아침에 등교하여 나는 모든 의식에 불참하는 자라는 별명이 있다 함을 서봉훈(徐鳳勳) 씨에게서 듣다. 금년부터 잘 참석하라고 하기에 신년식의 말석에 섰다"고 일기에 적고 있다. 그러나

이후 일기를 보면 각종 회의에 참석하지 못하는 것을 불안해하면

서도(1933.12.27) 이를 잘 지킨 것 같지는 않다.

이제 '일보'에 비쳐진 김교신의 모습을 몇 가지로 나누어 조명해 봄으로써 그에 대한 이해를 독자 여러분과 공유하고자 한다.

첫째, 눈물 많은 사람

김교신의 제자들(류달영, 윤석중, 김성태, 최남식 등)의 추억문에 의하면 김교신의 눈물에 관한 이야기가 많은데, 학생 개별 지도 중에는 물론 시험 감독 중에는《에반젤린》을 읽으며 운 일이 있고, 심지어 수업 중에도 제갈량의 〈출사표〉를 읽으며 울었다고 한다.

이번 해역한 부분의 일기에서도 스스로 울었다고 고백하는 곳은 많다. 조선극장에서 연극 〈춘향전〉을 보다가 심히 울더니(1932.8.21), 숙직 후 새벽에 박물실에서 시편 102, 137편을 읽고 울고, 다시 찬송가를 부르며 눈물이 샘솟듯 흘러(1932.10.8) "병적(病的)이나 아닌가 하고 의심할 만큼 감동이 격하였다"고 한다. 그래서 조용하고 방해하는 사람 없는 새벽의 "박물실은 찬송과 기도하기에 가장 알맞은"(1933.5.14) 장소이고, "기도하고 또 찬송하는 중에 크나큰 영감으로 깊은 회개의 눈물이 있었다. 양정학교라기보다 기도의 봉래사(蓬萊寺)로 보아 감사로다"(1934.7.10)라고 고백한다.

'양칼'이라는 그의 별명에서 보듯이 우리는 김교신을 강인한 사람으로 알고 있고 분명 그에게는 그런 면이 있지만, 한편 천성적으로 측은지심(惻隱之心)이 많고 특히 신적(神的)인 감화에는 격한 감동을 눈물로밖에 표현할 길이 없었던 순박한 신앙인임을 확인할 수 있다.

둘째, 충성스러운 가장

사적인 개인 일기의 특성상 가정 이야기가 많을 수밖에 없는데, 김교신의 가정생활은 당시의 소위 지식층에 속하는 사람들의 일반적인 생활과는 너무도 달랐다. 누군가가 세상의 큰일을 위해 가정을 소홀히 하고 버릴 수밖에 없었던 것이 오히려 그를 더욱 위대하게 만드는 경우가 있지만, 김교신은 결코 그렇지 않았다.

우선 가정에서 그의 노동량이나 노동 강도는 가사 돕기 수준을 넘어섰다. 농업이 본업인 사람도 힘든 일을, 학교 수업을 정상적으로 마치고 난 후 집에 돌아와서 하였다. 이렇게 힘들게 일하여 몸살이 나면서도 "제초의 쾌미(快味)!"(1934.8.17)라며 노동에서 느끼는 재미가 컸던 모양이다. "저녁에는 손수 저녁을 지어먹으면서." 그렇게 열심히 일하였지만 그는 늘 경제적으로 궁핍했다.

"근래 매달 적자가 나는 것은 한심한 일이다(1933.3.1)"라며 걱정하고, "집세가 밀려 차압당할 뻔(1932.9.15)"했으며, "호세(戶稅) 미

288

납으로 차압 관리가 오기 전에 금10엔 48전을 급히 송금하고 면(免)(1933.3.9)"하기도 한다. 그리고 다시 밤이 깊도록 가계부를 정리하고……

또한 가족들의 질병 치료에 최선을 다하면서도, 가족의 질병이 자신의 "신앙 없는 생활에 있는 것은 아닌지 뉘우치고"(1932.3.31), 온 가족이 동시다발적인 질병으로 고생하자 "병이 없을 때의 은총을 가르쳐 보이시려 하심인가"(1934.7.21) 하며 순종의 자세를 보이기도 한다.

셋째, 〈성서조선〉 발간

〈성서조선〉이 아무 일 없이 나온 것이 몇 호나 되던가. 집계해 보지는 않았지만 순조롭게 나온 일은 거의 없는 것 같다. 시말서를 숱하게 쓰고, 기사를 삭제당하고, 총독부와 도 경찰국, 용산경찰서에 수시로 호출당하고, 접수 기간이 아니라고 접수를 거절당하고, 내용을 고쳐 써서 다시 출원(出願)하고, 책은 나왔으나 검열 허가가 나오지 않아 발송하지 못하고, 제66호는 300부 모두 압수당하고(1934.7.5), 우여곡절 끝에 〈성서조선〉은 "겨우 허가되었으나 다섯 군데가 삭제되고 한 군데는 '일본 사람'을 '내지인(內地人)'이라 정정하라"고 하여, "이렇게 구차한 일을 아주 단념하고자 일단 폐간을 내심으로 작정"(1934.8.1)했다가 다시 계속하면서 "출판이 자유로운 나라가 간절한 소원이다"라고 하소연한다.

참담한 것은 잡지 발행만의 문제는 아니었다. 잡지 판매 부진은 김교신을 맥 빠지게 했다. "예수교서회의 작년도 1년 판매 대금이 2엔 4전(서점에 12전에 납품하였다 하니 1년 판매가 17권)이고"(1932.3.7), 종로 제일서방에서는 제49호 5권이 그대로 반품되기도 한다. 또 심혈을 기울여 쓴 《산상수훈 연구》와 〈성서조선〉 구호(舊號)가 산더미같이 쌓여 있는 것을 볼수록, 출판하는 일을 단념하고 고구마 농사나 전념하고 싶다. 고구마는 아무라도 줄 수 있고, 주면 고마워하려니와, 출판물은 그렇지도 못하다"(1934.8.10)라고 어려움을 호소한다. 이 밖에도 그는 인쇄소의 비협조와 우체국 직원의 괄시까지도 감당해야 했다.

그럼에도 "원고가 써지지 않는 것이 근심이로다"라고 호소하다가도 "사상이 용출(湧出)하여도 기록할 시간을 얻지 못함"(1934.2.24)을 안타까워하고, "새벽 3시까지 손이 둔하고 건강이 부족함을 느낄 따름이고 생각은 계속하여 일어나""은혜에 감사"(1934.2.27)하기도 한다.

넷째, 교회와의 관계

김교신을 아는 사람은 누구나 인정하겠지만, 그는 무교회인으로서 일부 교회 지도자들로부터 이단시되어 무차별적인 공격을 받았다. 이에 대하여 김교신은 나름대로 굽힘없이 당당하게 맞섰다. 사실 그는 교회와 싸운 것이 아니라 교회 안에서 이루어지는 비신앙적인 문제들과 싸웠고, 자기 교회 안에만 구원이 있다는 주장에는 단호히 "NO"라고 외쳤다. 또한 "교회 밖에는 구원이 없다"는 주장 앞에서는 "무교회" 간판을 높이 들었다. 반대로 무교회를 향해서는 "무교회라는 범주 안에 우리를 구류하려는 모든 세력과 유혹에서 우리를 해방시켜야 할 것을 절감한다"(《성서조선》 1937년 2월)"고도 했다. 그가 무교회 안에만 구원이 있다거나 교회 밖에만 구원이 있다고 주장한 일은 없다. 그에게 교회와 무교회 사이에 문턱은 전혀 없었다. 우리는 이번 '일보'를 통해 김교신이 교회를 얼마나 아끼고 사랑했으며, 교회를 위해 얼마나 애썼는지 알 수 있었다.

실제로 김교신은 이웃에 있던 공덕교회에서 여러 차례 주일 예배 설교도 하고, 청년회 요청으로 성서연구회를 담당(1933.2.23)하기도 했으며, 야학 설립자가 되기도 하고(1933.3.12), 주일학교장을 맡아(1933.7.9) 학생들을 지도하기도 했다. 김교신 전 가족이 교회원으로 등록하고, 부흥회에도 참석하고, 교회당 개축 중에는 김교신의 집에서 예배를 드리기도 했다.

이 밖에 소사 감리교회에서는 1932년 1월 27일부터 31일까지 사경회(查經會)를 인도하기도 하고, 수색장로교회에 출석하고 (1933.11.26), 모리스 홀(Morris Hall)에 출석했으며(1932.4.3), 내리교회(1933.11.18)와 남대문교회에서 설교(1934.7.1)하고, 어머님은 시내 승동(勝洞)예배당 도사경회(都查經會)에 참석하기도 했다 (1934.3.6).

이처럼 김교신은 참된 말씀이 있는 곳이면 어디든 참석했고, 교회가 어려운 사정에 있으면 〈성서조선〉 발행에 지장이 없는 한 교회를 돕는 데 주저하지 않았다.

다섯째, 건강 문제

김교신은 건강 체질로 정구, 농구 등 구기 종목은 물론 씨름도 수준급이었고, 후에 흥남질소비료공장에서는 깡패를 팔씨름으로 제압했다는 이야기도 있지만, '일보'에 나타난 김교신은 감기, 몸살, 두통, 눈병 등을 거의 달고 산 것 같다. 물론 그 원인은 몇 사람이 감당하기에도 벅찬 일들을 혼자 감당해야 했기 때문이다. 학교 수업은 물론, 전업농부에 버금가는 농사일에서부터 〈성서조선〉 발행, 담임교사로서의 직무 수행, 농구부장으로서 선수 관리 지도 및 시합, 적어도 일주일에 3회 이상의 성경 강의 준비는 일의 양도 양이지만 그의 성격으로는 하나하나가 대강 넘길 수 없는 중요한 일이었다. 그렇다 보니 열거하기도 민망할 만큼 잔병이 끊일 날이 없었다.

이렇게 힘든 상황에서 사촌 제부(弟婦) 주공순의 입원과 뒷바라지에(1932.6.12) 심화(心火)가 난 터에 부동산 경매에 연대채무자가 되었다는 소식을 듣고(1932.6.14), 그날부터 설사를 시작하더니 급기야 자기도 모르게 잠옷과 요에 똥칠(1932.6.16)을 하기도 한다. 김교신은 질병의 원인이 과로에 있었음에도 "병이 들고야 건강했던 때의 게을렀던 것이 후회된다"(1934.1.20)고 반성하며 "괴롭기도 하나, 힘껏 일한 것만은 감사"(1932.8.1)하고 있다.

이렇게 지치고 힘든 생활 중에도 김교신은 매일같이 상당한 양의 성경 읽기를 끊이지 않고 계속한 것을 볼 수 있다.

여섯째, 시국에 대한 태도

김교신은 만주가 일본에 넘어간 것에 "이 나라가 망할 때에도 저처럼 싱거웠을 터이지"라며 애처로워하고, "역사를 쓰게 하시는 이의 의도를 따져 헤아리기 어렵다"(1932.1.6)고 괴로워하며, 일본의 대표적인 기독교인이 미국에 가서, 만주에 대한 일본의 태도를 변명하는 것을 보고 "기독교도 별 수 없는 모양이다. 편견은 역시 편견이다"라며 실망하기도 한다. 리튼 보고서의 "안목 있는 자의 관찰을"(32.10.3) 다행으로 여기며, 독일 히틀러의 등장에 "인류의 죄는 인류의 손으로 벌하심인가"(34.8.5)라고 한탄한다.

한편, 김교신은 출전(出戰)하는 일본 군대가 용산역을 지날 때마다 학생들을 인솔하여 영송(迎送)했는데, 〈성서조선〉을 출간하고 학교를 사직하지 않는 한 어쩔 수 없는 일이었을 터이다. 그래서 1933년 2월 6일 일기를 보면 "오후는 만주행 일본 군대를 영송하기 위하여 오후 3시부터 4시까지 5학년 학생 및 직원 몇 명과 함께 용산역에 가다"라고 하고, "〈성서조선〉의 속간과 폐간을 또다시 생각하다"라고 참담한 심정을 토로한다. 또 1934년 3월 10일 일기에는 "오후 2시에 1학년 갑(甲)조 학생을 인솔하여 역에 나가, 만주로 건너가는 일본 군대를 영송(迎送)하니, 느낌이 많다"고 했는데, 그날의 느낌을 김교신은 "군대를 영송함"이란 제목으로 〈성서조선〉 1934년 4월호에 실었다. 그는 마태복음 8장 9절의 백부장의 예를 들면서, 부모형제, 처자, 친지를 두고 절대절명(絕對絕命)에 어쩔 수 없이 전장으로 끌려가는 젊은이들에게 "이처럼 생각하여 참회의 눈물이 복잡한 가슴을 암류(暗流)함을 깨달으면서 젊고도 단순한 무인(武人)들의 열차를 다대한 경의로써 영송하다"라고 표현했으니, 그의 심정을 행간을 통해 읽을 수밖에 없다. 그러면서도 때로는 "만주로 건너가는 군인 영송(迎送)하러 용산에 간다는 것을 신병으로 불참"(1934.4.27)하고 "학교에 들러 우편물"을 가져와 보지만 무슨 의미가 있었겠는가.

일곱째, 헌신적인 교육자

그는 언제나 학교에 사표를 낼 각오가 되어 있었고, 실제로 사표를 제출(1933.2.17)한 일도 있다. 그럼에도 재직하는 동안의 학생 지도는 매우 헌신적이었다. 때로는 학생들을 과격하게 체벌하고 자신의 급한 성질을 후회하기도 하지만, 수업은 물론 학생 성적 처리, 가정방문, 농구부 지도 및 시합, 정학생 지도, 학부모 면담, 학생 진로 지도, 견학, 교외지도 등 어느 것 하나 소홀함이 없었다.

특히 '일보'를 해역하며 놀란 것은 김교신의 가정방문 기록이다. 당시 많은 학생들은 시골에서 유학하여 여관에 묵거나 자취, 하숙 혹은 친척집에 와 있는 학생들이 많았다고 한다. 그들에 대한 담임교사의 가정방문은 생활지도에 중요한 역할을 했을 것이다. 거의 매일 적게는 한두 명, 많게는 십여 호씩 가정방문을 했다. 특히 와병중인 학생이나 정학생, 퇴학생을 비롯한 졸업생에 이르기까지 각자의 처지에 맞추어 상담하는 세심한 지도는 눈 여겨 보아야 할 부분이다. 또한 농구부장으로서 학생들 훈련은 물론 생활지도에 힘쓰고, 전날 밤 심한 설사로 똥칠을 하고도 오후에는 농구전 참관(1932.6.16)을 나갔다. 농구시합에서 우승한 뒤에는 잔치를 베풀고(1933.5.17, 1934.5.19) 기쁨을 함께 나누기도 한다.

김교신이 맡은 반의 일기 쓰기 지도는 남달라서, 나중에 문제가되어 모두 소각하도록 지시하지만 "일기를 쓰게 하고 확인하는 중 선량한 학생이 많음을 알고 감사"하기도 한다.

양정에 근무하는 동안 또 하나 기억할 것은 '물에 산에'회이다. '물에 산에'는 원래 이정섭으로부터 안내 받아 참석하기 시작(1934.8.19.)했지만 교육적으로도 필요하다고 생각하여 교내에 '무레사네'라는 서클을 (학생들과 함께) 만들고 양정을 그만둘 때까지 계속 지도했다. 양정학교 산악회 연혁을 보면 "당시 양정고보의 김교신 선생이 학교에 '무레사네' 서클을 만들고 산악부원이 주축이 되어 전국의 산과 사찰, 고분, 고적을 답사하며 그에 얽힌 역사, 연구 활동을 시작하였습니다"라고 하여 '무레사네'가 양정 산악부의 모체가 되었음을 밝히고 있다.

'일보'는 지난 4월 '김교신 선생 기념강연회' 때 출판하고자 준비했는데 이런 저런 이유로 지연되었다. 아직도 여기저기 미진한 곳이 발견되지만, 부족한 점은 독자 여러분의 질책을 받아 추후 보완하고자 한다.

해역을 마치면서 바람이 있다면 이 '일보'를 통해 김교신에 대한 이해의 폭이 넓어지고 그의 신앙에 공감하는 이들이 많아졌으면

하는 것이다. 그래서 김교신이 꿈꾸었던 "조선(한국)을 성서 위에" 세우는 데 보탬이 되기를 소망한다.

이 '일보'가 젊은이들도 손쉽게 접근할 수 있는 책으로 나올 수 있도록 애써 주신 홍성사 가족 여러분께 감사드린다.

2016년 10월
김철웅

김교신의 주변 인물

이 도표는 〈김교신 일보〉에 등장하는 김교신 주변 인물 가운데 가족과 친척, 양정고보 제자와 교사, 〈성서조선〉과 성서집회 관련 인물 등을 중심으로 정리한 것이다. 이 가운데 가족들의 증언에 기초한 것은 불확실한 부분이 있을 수 있는바, 추후 확인되는 대로 수정 보완할 것이다.(전인수)

이름	주요 내용
김염희 (金念熙, 1883~1903)	김교신의 아버지. 경주 김씨 김태집(金泰集)의 장남. 김교신과 김교량 두 아들을 남기고 21세의 젊은 나이에 폐병으로 사망했다. 이 때문에 집안 대소사는 김염희의 동생 김충희가 맡게 되었다.
양신 (楊愼, 1882~1963)	김교신의 어머니. 20대 초반에 남편이 사망하자 아들 김교신과는 둘도 없는 관계가 되었다. 친오빠에게 부탁하여 김교신의 유학비를 대었고, 유학 후 건강해진 아들 모습을 보고 예수를 믿게 되었다. 유머 감각이 뛰어났으며, 유가적 가풍과 기독교적 신앙이 어우러진 모습을 보였다. 며느리 한매에게 한글을 가르쳐 주기도 했다.
한매 (韓梅, 1897~1989)	김교신의 아내. 김교신보다 4세 연상. 본가는 함흥 주복 흥덕리. 김교신이 8세, 한매가 12살 때 정혼했으나 김교신의 할아버지가 돌아가시는 바람에 3년상을 치르고 김교신이 12세 때 결혼. 광복 후에는 미국으로 건너가 살다가 그곳에서 사망했다.
김교량 (金敎良, 1903~?)	김교신의 친동생. 부친 사망 10일 후 유복자로 태어났다. 김교신과는 흑마와 백마처럼 달랐다는데, 김교신이 성실하고 공부를 즐긴 반면 김교량은 공부에 관심이 없고, 사업을 했으나 자주 실패했다. 훗날 만주에서 살고 있던 교량을 모친이 서울 정릉에 불러 근처에 함께 살기도 했다. 결혼한 후 자식이 없어, 이것이 어머니의 기도 제목이기도 했다. 경혜라는 딸을 낳았으며(1938. 2. 19.) 성인이 된 후에는 김교신과 매우 우애가 좋았다.
김진술 (金鎭述, 1916~2014)	김교신의 장녀. 진명여고 졸업(23회) 후 이화여전에서 공부. 남편 조성진은 양정학교 출신이고, 집안은 매우 부요했다.
김시혜 (金始惠, 1926~)	김교신의 차녀. 부모 말 잘 듣는 착실한 아이였다 한다. 생존해 있으며, 아들 정덕영과 손녀 정기주, 손주 정기흔이 있다.
김정혜 (金正惠, 1929~)	김교신의 3녀. 김교신이 요셉이라고 불렀으며, 매사에 소신껏 임한다고 칭찬했다. 현재 미국에 거주.
김정옥 (金政玉, 1932~)	김교신의 4녀. 아들이 아니라는 실망감 때문에 양신은 그녀를 '똥옥'으로 불렀다고 한다. 효성문화재단 이사장이며, 김교신선생기념사업회 유족 대표로 활동하고 있다.
김정손 (金正孫, 1933~1977)	김교신의 5번째 자녀이자 장남. 정손이 태어났을 때 김교신을 비롯한 집안 친척의 기쁨은 이루 말할 수 없었다. 1956년 류달영의 장녀 류정숙과 결혼. 1977년 6월 9일 사망

김정복 (金正福, 1936~)	김교신의 5녀. 미국 샌프란시스코에 거주. 남편은 한국전쟁 참전용사.
김정민 (金正民, 1939~2015)	김교신의 6녀. '뚱뚱이'라는 별명. 미국에서 사망.
김정애 (金正愛, 1945~)	김교신의 7녀이자 유복자로 태어났다.(8. 11생) 미국 LA 거주. 남편 박헌주는 본래 김교신을 존경했다고 한다.
김충희 (金忠熙)	친숙부. 아버지 김염희의 동생. 김씨 집안의 증언에 의하면 일제강점기 때 김충희가 중추원 참의였다는 주장이 있으나, 정부 기록에는 없는 것으로 보아 잘못된 기억인 듯하다. 아버지의 재산을 빼앗았다고 생각하는 유족들은 충희 숙부에 대한 기억 이 좋지 않다.
김교란 (金敎蘭)	김교신의 사촌동생. 김충희의 장남. 식산은행에서 근무.
김교인 (金敎寅)	김교신의 사촌동생. 김충희의 차남. 함흥 마장동 거주. 1933년 4월 16일 결혼
김교년 (金敎年)	김교신의 사촌동생. 김충희의 막내아들. 경성공립제2고교(경복중학교) 다녔음. 김교신의 집에서 하숙(1934. 1. 7부터)
김순 (金淳)	김교신의 사촌동생. 김충희의 딸로, 박흥기와 결혼(1934. 5. 23) 김교신의 자녀들은 '순이 고모'라고 불렀다. 바느질로 생계를 유지했다고 함.
주공순 (朱恭淳)	김교란의 부인. 잠시 정신병원에 입원한 적이 있다. 딸 김영자.
김교순 (金敎舜)	김교신의 6촌동생. 그림을 잘 그려서 시혜의 숙제도 해주었으며 그 그림 으로 상도 받았다고 한다. 양정 학생.
김순선	김교신의 집에서 심부름하던 여자 아이. 아이 보는 것이 주 업무였으며, 정혜―정옥―정손이를 돌보았다. 정릉에서는 보배라는 아이가 심부름을 했다고 한다.
박흥기 (朴興基)	함흥 거주. 부잣집 출신. 연희전문 다님. 김교신의 공덕리 집 아랫방에서 하숙. 김교신 몰래 김순과 교제·결혼.
양만영 (楊萬英)	김교신의 외삼촌(양신의 이복동생). 양신의 아버지는 농인(聾人) 후처를 들였는데, 그 사이에서 다섯 아들을 낳았다. 그들이 양만영, 양능점, 양인 성 등이다.
양능점 (楊能漸)	양인성의 형. 연희전문 다님. 함흥에서 아현동으로 이사. 김교신이 취직을 주선. 아들 양인민(楊仁敏).
양인성 (楊仁性)	김교신의 동갑내기 외삼촌. 양신의 아버지의 막내아들. 〈성서조선〉 동인
양택점 (楊澤漸)	양정 학생. 성서집회 출석
양인원 (楊仁媛)	양신의 오빠 양만기(김교신의 큰외삼촌)의 딸. 김교신의 자녀들은 '인원이 아재'라고 불렀다. 이화여전 가사과 예과에서 수학. 1933년 10월 28일 결혼.

양인민 (楊仁敏)	양능점의 아들.
양인보 (楊仁補)	함흥에서 가게 운영.
김종희 (金悰熙)	김교신의 친척으로 보임. 함흥 사람. 동생은 세자(世子). 양정 학생으로, 김교신의 집에서 하숙.
류달영 (柳達永, 1911~2004)	김교신의 양정 첫 제자 중 한 명. 류달영의 장녀 류인숙과 김교신의 장남 정손이 결혼하여 두 집안은 사돈이 되었다.
윤석중 (尹石重, 1911~2003)	김교신의 양정고보 제자. 1925~1929년까지 재학했으나 광주학생운동을 계기로 자퇴했다. 동요작가로 유명하며 〈어린이〉 주간으로 근무. 1987년 5월 15일 양정고등학교에서 명예졸업장을 받았다.
김헌직 (金憲稙)	양정 학생. 김교신의 집에서 하숙.(1933. 10. 4부터) 김시혜의 회고에 의하면 양정고보 입학 전 이미 결혼했는데, 하숙생일 때 신부가 해준 새 이불을 사용했으며, 충청도 사람으로 기억한다.
김은배 (金恩培, 1907~1980)	양정 학생. 마라톤 선수.
민원식 (閔元植)	양정 학생. 김교신의 집에서 하숙.(1933. 11. 6부터)
이창훈 (李昌勳)	양정 학생. 김교신의 제자. 신학교 졸업 후 목사가 됨.
조성빈 (趙誠斌)	양정 학생. 김교신의 제자. 성서집회 참석. 경성대 입학시험에서 기독교 신앙을 고백하여 김교신을 놀라게 함.
한홍식 (韓泓植)	양정 학생. 김교신의 집에서 하숙. 양정에서 퇴학당하여 전학. 한상용(韓商鏞)은 그의 부친.
안종원 (安鍾元, 1874~1951)	양정고보 제2대 교장(1931년 5월 27일 부임). 서예가. 1913년 교원 겸 학감으로 양정 부임 후 28년간 봉직.
서봉훈 (徐鳳勳, 1891~1947)	양정고보 교무주임. 양정의숙 3회 졸업. 양정에서 37년 동안 봉직. 1941년 양정고보 제3대 교장으로 취임.
장지영 (張志暎, 1887~1976)	양정고보 국어교사. 주시경의 제자. 조선 문화 연구를 목적으로 김교신 등과 문흥회 창립(1933. 1. 11). 조선어학회 사건으로 옥고. 연희대학교 교수 역임.
서웅성 (徐雄成)	양정고보 체육교사. 양정 출신. 1934년 3월 양정 사직.
이동근 (李東根)	양정고보 교사. 김교신과 테니스를 치기도 함. 1934년 3월 사직.
이상민 (李常敏)	양정고보 교사. 1934년 3월 사직.
함석헌 (咸錫憲, 1901~1989)	독립운동가, 언론인, 출판인이며 기독교운동가, 시민사회운동가. 광복 이후 비폭력 인권 운동을 전개했다. 김교신 등과 무교회 운동을 하기도 했다.
한림 (韓林)	함흥 원동(院洞) 사람. 사회주의자로 이데올로기는 달랐으나 김교신과 둘도 없는 친구. 와세다대학에서 유학했으며, 사회주의를 접한 후 전향했다.
김종흡 (金宗洽)	김교신의 친구. 고창고등보통학교 교장. 서울대 부총장 역임.
김정현 (金正賢)	활인동 장로교회 담임목사. 김교신에게 교회 등록을 권유했으며, 청년부와 주일학교 지도를 부탁.
조금용 (曺今用)	수색에서 김교신의 농사를 소작.

김영환 (金永煥)	조금용 다음으로 수색에서 김교신의 농사를 소작해 줌. 수색장로교회 출석. 김봉수(金奉守)의 형.
안상영 (安商英)	동계성서집회 참석. 예천에 거주.
이덕봉 (李德鳳)	최태용, 김성실 등과 수원농림학교에서 공부하며 기숙사 기도회 운영. 1932년 6월부터 〈성서조선〉 독자가 됨.
최태용 (崔泰瑢, 1897~1950)	무교회주의로서 김교신의 선배. 개인 잡지 〈천래지성〉, 〈영과 진리〉 발행. 김교신과 무교회주의 때문에 논쟁. 복음교회 창립(1935).
최병수 (崔炳洙)	〈성서조선〉 독자, 소록도 자혜병원 근무.
최태사 (崔泰士, 1909~1989)	오류동 거주. 오류동 무교회집회 참석. 성서조선 사건으로 서대문형무소에서 1년 옥고.
베어 (Miss Bair, 1888~1938)	Blanche R. Bair(한국명 배의례裵義禮). 감리교 선교사로 1913년 언니 채핀 선교사 부부와 한국에 왔다. 한국에서 여성 계몽운동에 힘쓰고 영어를 가르쳤다. 양정에서도 영어회화교사로 있었다. 1938년 3월 사망하여 양화진에 묻혔다.
맥레인 (Miss Mckrane 1882~1959)	캐나다 장로교 선교사. 영생여자고등보통학교 교장. 함흥영생여학교는 김교신이 1927년 만1년 근무했던 곳이다. 교장은 Miss Esther McEachern(麥愛蓮, 1882–1959). Miss Mckrane은 Miss McEachern을 잘못 표기한 것으로 보인다.
김정식 (金貞植, 1862~1937)	한말 독립운동가이자 청년운동가. 황성기독교청년회 초대 한인 총무를 지냈으며, 도쿄조선기독교청년회를 창설하고 초대 총무 역임. 귀국 후 YMCA운동을 계속했고, 무교회주의 신앙을 우리나라에 도입하는 데 큰 구실을 했다.
박정수 (朴晶水, 1898~1996)	덕적도교회 전도부인, 전도사. 1931년 인천내리교회에서 열린 부흥회에서 이용도가 준 〈성서조선〉을 통해 정기 독자가 되었다.
성백용 (成百庸)	오류동 거주. 오류동 집회 출석.
이찬갑 (李贊甲, 1904~1974)	역사학자이자 《한국사신론》의 저자 이기백의 부친. 오산 성서집회 출석. 성서조선 사건으로 6개월 수감 생활. 충남 홍성에 덴마크의 국민고등학교를 본뜬 풀무학원 세움.
신상철 (申翔哲)	오류동 성서집회 참석. 오류학원을 도움.
이용도 (李龍道, 1901~1933)	일제시대 감리교 목사 출신의 전설적인 부흥사. 장로교로부터 한때 이단시되면서 조선 자립교회인 예수교회를 1933년 설립하였다. 1999년 감리교회는 이용도를 복권시켰다. 최근 이용도 목사 재평가 작업이 활발하다.
이계신 (李啓信, ?~1934)	함흥 사람, 공립보통학교, 공립농업학교 졸업. 1931년 4월부터 병상에서〈성서조선〉을 읽으며 신앙이 성장했다. 폐결핵으로 몇 년 투병하다가 1934년 2월 19일 사망.
최영해 (崔暎海)	정음사 사장, 출판인. 1933년 2월, 양정 졸업 송별회에서 무례한 언사로 퇴학 처분.
곽인성 (郭仁星)	성서집회 참석. 곽옥임과 남매.
곽옥임 (郭玉任)	성서집회 참석. 백남주의 《새 생명의 길》을 김교신에게 전해 주었다. 최태용과 함께 복음교회를 이끈 백남용(白南鏞, 1897~1950)의 아내.

박승봉 (朴勝봉)	우치무라 간조의 〈성서지연구〉의 오랜 독자. 김교신에 앞서 우치무라를 추종.
전계은 (全啓殷, 1869~1942)	장로교 목사. 김교신은 전계은을 "우리 신앙의 노부"라 했으며, 개척전도자로 기억한다.
장도원 (張道源, 1894~1968)	함경남도 함흥 출생. 함흥에서 1919년 3·1운동에 참여하여 8개월 실형을 받고 복역. 일본 오가키(大垣)교회에서 목회하면서 〈성서조선〉에 많은 글을 기고. 해방 후 경기도 양평 양동교회를 비롯하여 경북 상주 함창교회, 안성장로교회 등에서 목회. 2007년 8월 15일 건국훈장 애족장을 추서받음.
안상철 (安尙喆, 1898~1982)	14세 때부터 예수(장로교회)를 믿음. 김교신은 안상철을 "우리의 누가"라고 부르며 가깝게 지냈고, 김교신이 사망할 당시 그를 치료했다.

김교신 일보

A Daily Walk:
Kim Kyoshin's Journal

2016. 11. 1. 초판 1쇄 인쇄
2016. 11. 10. 초판 1쇄 발행

지은이 김교신
엮은이 김교신선생기념사업회
해역 김유곤 김철웅
펴낸이 정애주
국효숙 김기민 김의연 김준표 김진원 박세정
송승호 오민택 오형탁 윤진숙 이한별 임승철
임진아 정성혜 조주영 차길환 한미영 허은
펴낸곳 주식회사 홍성사
등록번호 제1-499호 1977. 8. 1.
주소 (04084) 서울시 마포구 양화진4길 3
전화 02) 333-5161
팩스 02) 333-5165
홈페이지 www.hsbooks.com
이메일 hsbooks@hsbooks.com
페이스북 facebook.com/hongsungsa
양화진책방 02) 333-5163

ⓒ 김교신선생기념사업회, 2016

ISBN 978-89-365-0341-3 (03900)